發現東亞

East Asia

現代東亞如何成形？全球視野下的關鍵大歷史

宋念申 著

目次

導讀
中華的失焦與現代東亞的形塑

深圳大學人文學院歷史學系助理教授　蔡偉傑

近五年來，兩岸出版界分別從海外引介了許多從宏觀視角來敘述中國與世界歷史的套書。以中國大陸為例，二〇一四年廣西師範大學出版社引進了十卷《講談社・中國的歷史》，而二〇一八年中信出版社引入六卷本《哈佛中國史》。在臺灣，則有二〇一七年臺灣商務印書館引進全套日本講談社十二冊《中國・歷史的長河》套書，以及二〇一八年八旗文化所引進的日本講談社廿二冊《興亡的世界史》套書等等。這些作品的共同特點在於試圖跳脫傳統以漢人敘事或民族國家視角所寫成的歷史框架，從外部立場（例如日本或美國）或其他歷史動因（例如東印度公司與吉哈德）的視角來重述中國與世界歷史。然而，市場上，以中文寫就的類似原創作品，相對較少。而二〇一八年七月在大陸所出版的《發現東亞》，則是其中不可多得的佳作。

本書作者宋念中為美國芝加哥大學歷史系博士，現為美國馬里蘭大學巴爾的摩郡分校助理教授。研究領域為晚期帝制與現代中國史，主要關注中國東北邊疆。這本書原本是脫胎於作者在美國開設東亞史概論課程時的講義，各章節也曾經在「澎湃新聞」上連載過，後來結集成書，也因此這本書的章節相當有系統，而且為了教學，書中不僅回顧了過往美國東亞研究的重要成果，同時也展現了作者對這些研究典範的批評與思考。作者受到現今流行的區域史與全球史取向所影響，希望在這本書中探討現代中國何以形成的問題，並期待能夠把「中國」的經驗匯聚成有普遍解釋力的話語。而且把中國（以及日本跟韓國）放在區域跟全球的框架中加以認識。

作者自言自十八世紀的孟德斯鳩以降，亞洲對於西方人而言，一直都是作為對照組的反題：一個專制、落後而愚昧的亞洲相對於自由、先進、文明與進步的歐洲。但是後來亞洲作為他稱逐漸被東亞各國所轉化與接受，並且用以形塑自我認同。在這個過程當中，脫離亞洲與現代化被綑綁在一起，成為後來東亞歷史的發展主軸。

作者將一五九二年日本豐臣秀吉入侵朝鮮作為現代東亞的起點。在此之前以明朝為中華的天下，仍然是當時東亞大多數精英確認身分的重要參照系。但是日本首先公開挑戰了這樣以中華為主的天下秩序，使得東亞的格局開始震盪重組。日本逐漸游離於傳統中國的宗藩體系之外，而朝鮮雖然對明朝的援助感恩戴德，但是隨後滿洲人在中國東北崛起，取代明朝統治中國，使得朝鮮認為清朝不足以代表正統中華，而逐漸發展出自己的獨特意識。而清朝的開疆拓土也逐漸使得漢人士人改變了對中國的認識，過往被視為蠻夷胡虜的東北、蒙古、新疆與西藏等地，如今也被接納為中國的一部分。即便到了清末，革命黨人反對滿洲人的異族統治，但是卻接受了由清朝奠定的中國格局。其代表就是在辛亥革命成功後，革命黨領袖孫文的立場就從驅逐韃虜轉為五族共和。此後清末以降，西力東漸，東亞各國在救亡圖存的焦慮與民族主義的傳入下，走向了更加分歧的歷史道路。

過去認為十六至十九世紀的東亞是個封閉保守的世界，然而作者在此透過說明自明末以降的天主教傳入東亞中日韓三國的過程，反思了這種陳說。在中國與日本，從原先耶穌會士作為中西文明交流的媒介，到後來分別被雍正皇帝與豐臣秀吉禁絕，背後還有天主教涉入內部政治過深的疑慮。在中國與韓國，天主教受到拒斥的原因，除了干涉政治外，還加入了與固有習俗與儒家思想相牴觸的因素。這中間的過程並不是用閉關自守就能夠概括的。作者也利用日本的黑人家臣、茶葉在西方的流行、菸草在東亞的接受來說明早期全球化中東西方密切的互動。而且透過對於過去明清海禁情況的重新評估以及馬戛爾尼使團的探討，說明其實中國海禁並未使中國自外於全球化進程中，而中國閉關自守的印象是馬戛爾尼使團之後才形成的。

此外，近世東亞停滯說在作者看來也是相當偏頗的，從思想層面來看，朝鮮的姜沆促成了朱子學東渡日本，而明末清初的朱舜水則促成了尊王攘夷的批判性儒學在日本的扎根。在中國，則有明清時代江南風格與朝廷主流的對立。江戶則有迎合商人與一般大眾偏好的浮世繪出現。另外還有考據學與實學在東亞的流行等等。這些都說明，在近世東亞雖然並未按照歐洲版本的「普遍」模式向現代化轉變，但是這並不代表東亞思想界內部也是停滯而封閉的。

一八四〇年，清朝在鴉片戰爭中敗給了英國；一八五三年，日本在美國的逼迫下被迫開國。而一八九五年，清朝與日本簽訂《馬關條約》，韓國脫離了中國的宗藩關係。對作者而言，東亞三國在面對西方的衝擊下，雖然都被迫作出回應，但是實際上內外的危機對於各國的影響不一。例如太平天國等內部危機對清朝造成的影響更大；而日本在應對內外壓力上，比中國來得成功；至於朝鮮則面對外有日本，內有黨爭的情況下，雖然脫離了中國，但是並未因此而取得真正的獨立，反倒是成了日本的保護國。但無論如何，東亞的世界觀在十九世紀末確實是有了重大變化，因為東亞區域權力結構的崩壞，西洋不再是天下傳統的一部分，而成為了其相對的一面（洋）。由原先的一體多元的天下，變成東洋與西洋的二元對立，這是對世界格局的新想像。

十九世紀殖民現代性的衝擊，不但使東亞原有的區域秩序加速崩潰，更重要的是它徹底改變了東亞人理解自己的方式。以「物競天擇，適者生存」的社會達爾文主義為理論基礎，歐美的民族主義輸入了東亞，並且在經過改造後，為東亞三國所接受。三個國家的歷史也按照民族國家的理路來重新書寫。日本在東亞三國中，成為現代化最成功的國家，故提出了亞細亞主義，主張亞洲應該在日本的領導下，反抗歐美殖民霸權。然後日本的亞細亞主義最終演變成以殖民亞洲來振興亞洲，無法超越殖民主義本身的問題。中韓兩國為了擺脫被殖民的困境，試圖加速自身的現代化進程，最終變成了自我東方化，發明出了國民性的概念，並且比西方的東方主義者更加堅定地批判東方。然而選擇什麼的途徑達成自身的現代化，東亞各國對國家主義與共產主義等路線都進行了探求。

日本的大東亞戰爭未能變成超克近代的解放任務，最終失敗。但是中國卻在這個過程中浴火重生，中國構建民族國家的努力，至今也還在持續中。韓國在二戰後，作為受害國反倒面臨被分割的命運，至今仍舊無解。而東亞進入冷戰後，中美和中蘇之間的博弈才是主線，而非美蘇之間的博弈。中國和美蘇之間的博弈，無法只用意識形態衝突或國家利益爭奪來解釋，而必須從十九世紀以來的殖民與反殖民、霸權與反霸權的深化來理解。而冷戰期間的「東亞奇蹟」與「中國落後」的經濟情況，也必須放在這個冷戰中的國際格局中來理解才適當。最終，作者提出隨著中國崛起，必然要面對當年困擾日本知識人如何超克（殖民）現代的問題。怎麼樣走出一條不依附歐美，又不重蹈日本的殖民帝國老路，是一大挑戰。東亞很早就開始現代化，需要正視外部世界衝擊，但是這也不是唯一的歷史推動力，而是要注意東亞各國如何在外部衝擊下將這些挑戰的反應內化為本土歷史動力的過程。

由於原先是課堂講稿跟報刊文章，為了拉近學生與大眾讀者對於歷史事件與人物的距離，作者在書中也運用許多流行文化中的文字與影視作品。譬如書中提到美國好萊塢電影《末代武士》（*The Last Samurai*）片中日本武士拒絕使用槍炮來維持自己的榮譽感，但是作者指出實際上火器在日本在十六世紀後期就已經風靡武士與大名階層為例，說明西方對東亞的香格里拉式幻想。在談到韓國與中國跟日本的關係時，他則舉了二〇一四年的韓國賣座電影《鳴梁海戰》（臺譯《鳴梁：怒海交鋒》）為例。一五九七年在李舜臣率領下，朝鮮海軍在鳴梁打贏了一場沒有明軍參與的對日勝仗。而鳴梁海戰之所以得到歡迎，一方面彰顯了韓日關係的黯淡，另一方面在當代韓國的民族主義下，明軍援助朝鮮的作用需要被淡化，才能凸顯韓國的主體性。這樣的寫作筆法，相信更能跟讀者熟悉的事物相結合，從而在閱讀後留下更深的印象。

本書提出中華「失焦」的天下，可以對照東京大學教授平野聰的《大清帝國與中華的混迷》（八旗文化，二〇一八）所提出的中華的混迷概念來讀。平野聰在書中提到的傳統中國的華夷思想因素，在如今中國對日本與韓國之間的關係，以及中國政府對待少數民族的關係如何起作用的討論，其實很適合作為本書的補充。

筆者對於書中部分的觀點，也想做一些討論跟補充。例如作者認為滿洲與蒙古興起的地區是大黑龍江地區，但是滿洲先世的建州女真其實是在牡丹江、綏芬河與長白山一帶興起的。不僅生態環境不同，生業方式也不一樣。蒙古主要以游牧為主，而滿洲則是以狩獵採集為主。在談到宗藩的關係時，本書主要談的是中、日、韓三國的關係。實際上宗藩關係在清代的實踐相當複雜。中國社會科學院近代史研究所研究員扎洛《清代西藏與布魯克巴》（中國社會科學出版社，二〇一二）一書中，就以不丹（清代稱布魯克巴）作為清朝藩部西藏的屬國的例子，探討帶有地域性特徵的清代喜馬拉雅山宗藩關係模式。就如本書中引用美國耶魯大學教授濮德培（Peter Perdue）所言，「宗藩制度是一種跨文化語言，使用者有相當大的靈活性來為不同的目的服務。」我想清代西藏與布魯克巴的例子可以作為在東亞宗藩關係在內亞應用的一個補充。

總而言之，本書融合了最新的學界討論成果與個人思考，對東亞如何進入現代的問題提出了具有特色的看法。不僅在寫作上深入淺出，而且搭配了不少的時事與流行文化，不僅能作到雅俗共賞，而且也適合作為大學東亞史課堂的教科書或補充教材。相信讀者在讀過本書之後，能夠對明清以降的東亞局勢和演變有概括的了解，而且能為更深入的思考提供準備。

前言

本書嘗試從歷史角度探討「東亞」與「現代」的關係。我們日常所說的「現代」，往往指十九世紀隨著歐洲殖民勢力擴張而到來的經濟、社會、政治和文化轉型。特別是冷戰以來，主流的「現代化」理論更成為一種指向發達資本主義國家的發展主義論述。我把這種狹義的現代觀稱為「殖民現代」，它只是多元現代化道路中的一種。在殖民現代語境中，「東亞」不是一個純粹的地域概念，而帶有強烈的時間性和種族性。我試圖梳理出一個不以歐洲殖民現代觀為參照的「東亞現代」，並把這個現代的起點，定為十六世紀。不以歐洲為參照的意思，是既不全盤接受，也不全盤否棄；反思歐洲中心主義，但也不塑造一個東亞（或中國）中心主義。也就是說，歐洲、亞洲、美洲乃至非洲的多元的現代歷史，都可被看作是整體歷史的地方性部分，不同地域和文化環境中的人既不共享一套時間觀念，也不遵循同一種發展邏輯。同時，這些觀念和邏輯又不是各自孤立的，人類的現代狀況是它們相互影響、吸納、對抗、對話的結果。

從二〇一五年秋天起，受單雪菱的邀請，我開始在澎湃新聞發表「發現東亞」專欄。前後斷斷續續寫了兩年多。現在這本書，是這個系列的修訂結集。它的大框架，來自我在美國所教的東亞史概論（survey）課。

我自知學力不逮，想要概括出如此廣闊的區域在如此漫長的時間段中的發展演變，實在有些不知天高地厚。但最終鼓起勇氣一試，一是因為我自己的研究就在一直強調跨區域的視角；而更主要的是：在我的教學實踐中，「東亞現代」一直是一個核心命題。既然教學的目的是提供知識和歷史認知，那麼把課堂中的討論適度增刪，變成適合漢語讀者的簡明讀物，大概還不算太不務正業。

所以，我必須要向對本書抱專業期待的讀者致歉：它不是一本研究性著作，並無對史料的深度挖掘或獨創的發現。使用的材料，除了很少數來自我的研究和個人經驗，大都提煉自現有的著述。書中涉及了很多不同領域。對這些領域的專家而言，我的介紹可能是常識性的。我的工作是儘量摘取較為前沿的研究，加以整理，用幾個連貫的主題串聯，加入我自己的視角和理解，然後轉化成面對普通讀者的文字。

我曾以為學者的任務僅在於研究，教學只是輔助。直到畢業開始工作，才體會到教學對職業學者而言同樣重要。我二〇一三年在美國瓦薩學院（Vassar College）教授東亞史，三年後開始任職於現在所在的馬里蘭大學巴爾的摩郡分校（ＵＭＢＣ）。美國的大學裡，對學者（特別是人文社科學者）的升遷評價，都是科研與教學並重（此外還有對學校的服務）。即使是研究型大學（比如ＵＭＢＣ），對教學的評估比重也不低於研究；而文理學院（Liberal

Arts College，比如瓦薩學院）的教學甚至更重於科研。在這兩個學校，我都被指定教授一門面向本科生的東亞史入門課。在UMBC，東亞文明史屬於「文化核心」課中的一門——所謂核心課，即所有本科生，不分專業，都要修習的通識性課程。

也許在不少人看來，教學等於傳授知識，無非是講課、測試、評分。實際則遠非如此。教學對我而言是一種全新的智識訓練，尤其是通識課。歷史教學中，介紹知識固然重要，但面對美國本科生，特別是非歷史專業，甚至非文科專業的本科生，更重要的是教會他們如何批判性地理解過去，如何把思考方法應用到對現實問題的分析上。歷史不是背完就忘的死的知識點，而是鮮活地存在於我們對現實的認知當中。因此，歷史教學不僅是以通俗易懂的方式傳播信息，更是要提出一種觀察和思考的角度，讓過去與現實產生關聯、生發意義。教學必須從受眾，而非研究者的角度，去呈現思考。

職業化的歷史研究，往往針對具體而微的題目；教學則逼使研究者從相對狹小的領域中走出來，為更寬廣的時空脈絡提供解釋。而拓寬視野、進入陌生，又是對研究最好的刺激，能讓我對自己熟悉的課題不斷產生新的聯想，發現新的意義。「教學相長」的含義，便在於此吧。從這個角度上說，上課也好，寫作也罷，都不是由上而下地「普及」知識，也不是把複雜歷史作娛樂化處理，而是挑戰自己是否能用相對簡明的材料揭示更大的問題，提出有效的思考路徑。

所謂更大的問題，對於我來說，是討論現代中國何以形成，修正近代以來對本地區歷史的一些成見。我採取的視角，是把中國放在區域（東亞）甚至全球的框架中，探討較長時段中的演變。這當然受到今天區域史、全球史思潮的影響，但另一方面也是教學的需求。美國的大學歷史課堂，分量最重的自然是美國史，其次是歐洲史。東亞／中國史地位雖然日益上升，但仍屬於邊緣。除了少數幾所最頂尖的研究型大學，一般學校提供的國別史課程，只能顧及幾個最重要的大國。

非美國史的學者，往往要承擔區域史，甚至世界史的教學，所要了解的範圍不能囿於自己研究的國家。當今全球史的領軍人物，大都出自正統美國史以外的領域，恐怕和這種教學機制不無關係。

說起來，相比其他區域（比如中亞、中東、非洲），東亞的國別史教學還算是美國課堂中最突出的。因為中國、日本、朝鮮半島不但有較長的延續性，而且都形成了今天全球化時代重要的國家。但把中、日、韓的歷史分開講述，強化了晚近才形成的民族國家邊界，容易過度強調三者之間的差別，而忽視它們內部的多樣性，以及東亞社會在長期交往中形成的密切關聯。跨國史、區域史、全球史之所以成為越來越多東亞研究者所採用的視角，也是因為它們挑戰了僵化的國家邊界，拒絕把世界看作是一個個孤立單元的拼貼，而是透過關注人口、物質、制度、思想的跨社會流動，探索東亞社會的有機互動。

美國史學家杜贊奇（Prasenjit Duara）曾指出，中國的現代國家進程，只有放在東亞區域中，與日本和朝鮮半島的同一進程一起觀察，才可以更好地理解。本書即大致沿著這樣一個線索展開。但需要提請注意的是，今天的中、日、朝／韓，和歷史上的中、日、韓並不一致。讀者應避免用二十世紀形成的民族國家概念，去套用十六到十九世紀的狀況。明清時代中原、朝鮮半島和日本之間當然有各自的認同，但這種認同相互交疊錯落，不是像今天的邊境、護照那樣界限清晰。最近不少著作都在談「去中國中心」，突出半島和列島在明清之際產生的獨立於中原的身分訴求。我想指出的是，它們當時「求異」的努力恐怕和「求同」的努力一樣大。我們不應把這種身分與以國籍標誌的民族主義混為一談。描述這兩者之間的聯繫和轉化，正是本書的任務之一。

與此相關，我也懇請讀者不把「中國」、「日本」、「朝鮮／韓國」這些概念作本質主義解讀。本質主義假定在「外部文明」到來之前，存在一個固定不變的「本土」（indigenous）傳統。常有論者致力於向內尋求中國／東亞的「核心」、「精髓」，以找出一套獨立於西方的文教制度，比如漢字、儒家，以及（本地化的）佛教等等。可是文化一刻不停地在變化，總在內外互動中吐故納新——就好像源於印度的佛教被逐漸內化成本地信仰一樣。我們今天認為的「傳統」，大多是到了晚近才重新發現或發明的（想想《弟子規》或者「漢服」），很多特徵是參照「西方」而刻意塑造的（比如「西洋畫寫實，中國畫寫意」）。這種邏輯和殖民現代性邏輯一致，並不是歷史實相。本質主義的「西方」和「本土」，就像殖民主義與民族主義的關係一樣，看似對立，實則是一體之兩面。

「東亞」、「中國」、「日本」、「朝／韓」在不同時代有不同的內涵。這些概念是在區域內部交往以及區域與外部互動中逐漸形成的。塑造它們的過程遠沒有結束，未來也一定會有舊的內容被捨棄，新的內容增添進來。唯一不變的，是對它們的不斷定義、否定、再定義。也正因如此，關於東亞的歷史書寫，乃至任何歷史書寫，都是進行式而非完成式。在幾年的教學和寫作後，最初的一些認知已經需要進一步反思。所以這本小書呈現的不是定論，而是思考的可能。它歡迎討論、批評、糾正和補充。

感謝單雪菱、楊曉燕兩位編輯，沒有她們的鼓勵、支持（以及慫恿），就不會有這些文字。不少篇章曾得益於和朋友們的討論，在此特別鳴謝王元崇、張楊、劉文楠、楊成、張昕、周宇、張平、蘇福兵、丘培培、王立平、田耕和蔡偉傑。我夫人趙燕靈常常是第一位讀者，對我的文字提出過諸多修改意見，時刻提醒我避免語言的生澀和學術化。發表在澎湃的文章得到過許多讀者的批評指正，使我有機會訂正錯謬，在此一併致謝。

第一章 亞洲反題

何為「東亞」？為何「東亞」？

一八八五年，日本明治十八年。在三月十六日這天，東京出版的政論新聞《時事新報》上，刊載了一篇沒有署名的社論，題為〈脫亞論〉。文章提出，日本要與西洋文明國家共進退，要拒絕與中國（支那）、朝鮮這樣愚昧落後的「惡鄰」為伍。

這篇文章在今天廣為人知，一般認為其作者是維新思想家福澤諭吉。不過關於這點，學界還有爭議。更重要的是，和我們的想像相反，它發表後影響甚微：直到一九三三年收錄於《續福澤全集》，它再沒被人提起過。日本學者重新發現〈脫亞論〉，並且把這篇兩千四百字的小文和近代日本的國家走向相互印證，是在二戰結束後的二十世紀五〇年代。而它成為討論焦點，被普遍認定為日本走向近代、走向殖民侵略的先聲，更晚至二十世紀六〇年代。儘管文章被長期遺忘，但因「脫亞」二字形象地概括了明治維新以來日本的某種心路歷程，所以在沉睡近百年後幽靈般甦醒。它迅速成了一個符號，象徵一個國家（日本）對其所置身的共同體（亞細亞，或者東亞）曾經的態度。而對〈脫亞論〉的重新「發現」和討論，則表現了一種特定時空中的歷史思考。

二〇一五年，中國高調紀念了抗日戰爭勝利七十周年。此時距〈脫亞論〉發表，正好是一百三十年。東亞近現代諸多轉折性事件，在二〇一五年都是整年紀念：中日甲午戰爭結束一百二十周年，日俄戰爭結束一百一十周年，以及二戰結束七十周年。它們分別標誌著東亞傳統宗藩體系的崩潰、日本確立東亞霸權，以及此霸權的終結。對這幾件事情的記憶，可以串聯起一個半世紀以來的東亞歷史。那麼，我們對於自己所處身的國家和區域在這一百三十年來的際遇，應該有怎樣的理解呢？

我想從「脫亞」的「亞」字說開去，先看看我們和這個「亞」，或者具體說是「東亞世界」，是怎樣一種連結。為什麼我們是「東亞」？「東亞」對我們又意味著什麼？

小時候學世界地理，都說世界有「七大洲」：亞、歐、非、大洋、南美、北美和南極洲。這看似是個客觀的自然地理描述，但是攤開一張世界地圖，疑問就來了：其他大洲都邊緣清晰、相對獨立，為什麼歐洲和亞洲明明屬於一個大陸板塊，卻被分成兩個「洲」？是，烏拉山脈、高加索山脈、黑海和土耳其海峽這些「天塹」，構成了歐亞的地貌分界，可第一，它們並不比喜馬拉雅山更有地理分隔意義；第二，也並未成為東西交往的屏障，怎麼就成了洲界呢？搞得今天「橫跨歐亞」的大國——俄羅斯和土耳其——很煩心，時不時糾結於自己姓「歐」還是姓「亞」。

所以，與其說「亞洲」是一個天然的地理單位，不如說是人為的認知單位（當然嚴格說起來，其他「洲」也是）。製造這個亞洲概念的，是它的鄰居——歐洲。

「亞細亞」（Asia）一詞來自古希臘語，意思是東方。這個「東方」最早僅指希臘毗鄰的所謂小亞細亞地區，後來逐漸擴大，變成了涵蓋地球上近三〇％的陸地面積、超過六〇％人口的超大區域。在歷史沿革中，「亞細亞」又包含了「中東（又叫近東，此概念還含北非）」、「遠東」等次區域。我們今天所說的「東亞」，就和「遠東」有較大重疊。經過了二十世紀後半期的去殖民化運動，「遠東」這個明顯帶有歐洲中心主義色彩的概念，在創造它的歐美知識界，被逐漸拋棄，代之以似乎更為中性的「東亞」一詞（今天「遠東」大概只在俄羅斯還作為官方概念使用）。可是認真的話，東亞（East Asia）從詞源上講，就是「東方的東方」的意思，屁股還是坐在西邊的。

住在東亞的人本對「東亞」不明就裡。儘管早在十六世紀，歐洲傳教士就帶來「亞細亞」這個新鮮詞，也沒人說：好吧，咱是「亞洲人」或「東亞人」了。東亞人接受並自覺認同「東亞」標籤，也就是從〈脫亞論〉發表的那個時代才開始的。而這種身分的逐漸清晰，正是形成於和「歐洲」的互動。

在十九世紀的歐洲，「東亞」或者「亞洲」，並不是個單純的地理存在。伴隨著資本和殖民擴張，這個地域被賦予時間性，成為一個歷史和文明概念。德國哲學家黑格爾（G. W. F. Hegel）大概是最早把各大文明區域納入時間序列的人之一。這位唯心論者把世界歷史歸攏到一個「絕對精神」自我實現的階梯過程，而各大文明在這個過程中占有不同的位置。他認為，中國和印度文明就像心智未開的兒童；近東文明（埃及、敘利亞）則像剛剛成長的少年，而且它們因為先天缺乏「自由意志」，所以停滯了，再長不大；希臘文明算是青年；而羅馬文明才代表人類歷史的成年。接下來，「絕對精神」在日耳曼世界的基督教文明那裡達到最高峰。黑格爾認為，最終所有人類歷史都要沿著這個路徑達致「自由」，無一例外。

馬克思（Karl Marx）一生受黑格爾哲學影響，他繼承了黑格爾歷史哲學中的時間性，但對他來說，物質生產才是最本質的歷史動力，因此人類歷史是個生產力不斷進化的過程。歐洲資本主義生產方式，是迄今最先進的生產方式，雖然它最終會被消滅，但其他生產方式也必然先要被資本主義取代。馬克思把最為典型的前資本主義農業生產，命名為「亞細亞生產方式」，其中由大規模灌溉需要而產生的集權性統治模式，導致社會過於穩定而缺乏發展動力。相對於黑格爾的全然蔑視，馬克思對亞洲的態度比較複雜。一方面他抨擊歐洲資本主義對亞洲的殘酷殖民，另一方面則認為亞洲只有藉外在衝擊才會發展出資本主義，並最終加速整個資本主義體系的滅亡。

在黑格爾和馬克思那裡，亞洲是專制、落後、愚昧、停滯的，反襯出歐洲的自由、先進、文明和進步。歐洲人對亞洲／中國從讚美轉為批判，雖濫觴於法國的孟德斯鳩（Montesquieu），但十九世紀之前，還沒有誰把地理上的「亞洲」看作是人類「大一統歷史」中的初級階段，一個時間性的存在。此後，社會學鼻祖馬克斯・韋伯（Max Weber）也分析了中國、印度等亞洲國家的宗教，以論證為什麼「資本主義精神」只存在於奉行基督新教的國家。雖然韋伯沒有把亞洲作為時間概念處理，但和黑格爾和馬克思一樣，亞洲實際上是作為歐洲的反題（antithesis）來提出的。也就是說，亞洲存在的意義，在於證明歐洲何以是歐洲。一八八五年〈脫亞論〉，某種程度上體現著黑格爾以降歐洲思想中的這一「亞洲反題」。

從那時起，中國、日本、朝鮮、越南等地，一批接觸歐洲思想的知識分子才開始明白：

「哦，我們是亞洲人。」其實相對於「脫亞」論，在明治中後期的日本，建構一個以日本為軸心的亞洲共同體，以拒斥歐洲殖民的呼聲，倒是有著更大的市場。日本近代的「亞細亞主義」，以種族對抗、文明競爭為核心，勾勒出一個反東方主義的東方主義幻象。這一思潮隨著日本國內與國際局勢的變化而逐漸走向政治舞臺，最終演變成建設「大東亞共榮圈」的擴張野心。但早期中國、朝鮮、印度的民族主義者，因為「亞細亞主義」蘊含的鮮明的反抗意識，都曾受到過它的激勵。

二戰結束後，反殖民浪潮席捲全球。獲得獨立的新中國，堅定站在被侵害被壓迫的國家一邊，把自己的歷史命運和責任，自覺放在「亞非拉」民族解放的大框架下。此時中國對「亞洲」的身分認同，既不是地理的、文明的、種族的，也不是意識形態的；「亞洲」是象徵第三世界革命的政治標籤。

「亞洲」本來是別人眼中的他者。但東亞人拿來這個概念，反客為主，把他者變成主體認同了。日本近代的「亞細亞主義」和中國的「亞非拉」革命觀，標誌著東亞人對「亞洲」概念的轉化和創造。在很大程度上，自我認定的「亞洲」也是以歐洲（或者「西方」）為反題的。當然這裡的歐洲／西方同樣不是地理概念：「亞細亞主義」中的西方是種族與文明，第三世界理論中的西方代表殖民主義和帝國主義。

這個漫長的轉化過程，在我看來，和所謂的「現代化」（日語中叫「近代化」）息息相關，它是內外合力的結果。不過，在歐洲中心視角的長期影響之下，〈脫亞論〉中「亞洲反題」式的自我認知，在所有東亞國家都曾經很流行。有一種對〈脫亞論〉的簡化解讀，就是把「現代化」和脫亞等同起來。直到今天，很多人還習慣以「愚昧、封閉、野蠻、專制」這樣大而無當的帽子來否定東亞的歷史經驗，其內在邏輯和「脫亞」一脈相承，甚至在智識上更為懶惰粗暴。在今天，為數眾多的中國、日本、韓國知識人已意識到，「東亞」這一蘊含豐富可能性的歷史載體，應該超越和歐洲／西方相對的維度，超越近代一百三十年的歷史。我們需要在更長的時間段、更廣闊的視野中，來檢視東亞（以及東亞中的每個國家和社群）何以成為自己。因此，探討「發現」（甚至可以說「發明」）東亞的軌跡，就是從一個新的角度，探討我們的現代命運是如何發生和展開的；今天的身分認同（不論是國家、民族，還是區域），又是如何在這個過程中被塑造的。

「東亞」的概念雖屬外來，卻嫁接在這個區域的內部資源上。而我們更熟悉的「中國」、「日本」、「朝鮮／韓國」的概念看似內生，其實有很強的外來性和互動性。下面就談談這些概念是怎麼回事。

中國不是China，日本不是Japan

假想一下：你生活在古代——比如明代吧。一天，打西邊來了個神父，向你打招呼：「你好，我是葡萄牙人。」你怎麼回答呢？你多半不會說「你好，我是中國人」，而會說「我是大明國人」。因為那時，「中國」還不是國家的名稱。清朝以前的更多時候，「中國」是指相對於周邊地區的「中原」地帶，有時也指相對於「夷狄」的「華夏」集團。

那麼，假如你生活在高麗王朝時期的朝鮮半島呢？同樣，你會說「我是高麗人」，而不會說「我是朝鮮人」或「韓國人」。如果你是個戰國時代的日本人，你大概有了「日本」作為群島上大大小小政權／國家總稱的意識，會說「我是『霓虹』（Nihon）國人」。但是葡萄牙神父可能會有些恍惚，因為他只聽說過「Cipan」或者「Jepang」，要費點力氣才能把「接棒」和「霓虹」聯繫起來。

「中國」這個詞出現得很早，但用來稱呼我們這個幅員廣大、人口眾多的東亞多族群國家，是晚近的事情。否則黃遵憲、梁啟超等也不會感嘆中國有國無名。這個要仔細說起來，怕幾本書都說不完。我們只需要記得一點，那就是「中國」是個不斷發展演化的概念，就像它的幅員、人口和族群一樣，也是不斷在變化的。現在的人們已經習慣於用近代主權國家體系中的民族國家（nation state）觀念，來理解中國，可中國以民族國家面貌出現，也不過就是一百來年的事情。說「中國歷史悠久」，當然沒問題；但要注意，悠久的這個主體，其實在每個時期都有差異，不能拿現在我們有的（或沒有的），去套用這個不斷演化中的主體，否則會時空錯亂。同樣的道理，對別的國家也是一樣。

今天朝鮮半島上有兩個國家實體：朝鮮和韓國。「朝鮮」來自於半島上延續時間最長的王朝（一三九二至一九一〇）的名字。開闢王朝的李成桂擬了兩個國名，拿給明太祖朱元璋裁定。朱元璋選了「朝鮮」。而再往上追，則來自中國史書中記載的半島北部國家「箕子朝鮮」及「衛滿朝鮮」。一般認為「朝鮮」取「朝日鮮明」之意。「韓國」一名源自半島南部、中國史書中統稱為「三韓」的古代部落國家。中日甲午戰爭後，朝鮮王朝脫離了與清國的宗藩關係，曾短暫改國名為「大韓帝國」。二戰後南北分裂，兩個國家都宣稱是半島唯一合法政權，互不承認。因此韓國稱朝鮮為「北韓」，朝鮮稱韓國為「南朝鮮」。是朝還是韓，有著強烈的政治含義，不能用錯。漢語中有時會看到「北朝鮮」或者「南韓」的誤用，其實無論南北都不這麼說。

和半島國家一樣，早期日本的歷史，是記載在中國史書上的。日本列島政權和漢朝接觸時，自稱為Wa，漢廷以「倭」字表記。這個倭，只是當時列島諸多小國之一。他們後來覺得「倭」字不雅，改為「和」（Wa），並以「大和」（Yamato）為名。大約七世紀前後，大和勢力北擴至本州北部，改國名為「日本」（Nihon），即太陽升起之地。很明顯，這樣起名字，和「朝日鮮明」一樣，是說給西邊的人（也就是大陸上的人）聽的。如果日本人碰到夏威夷人，當然不能說自己來自「日出之國」。可見，雖是自命名，視角卻在中國，是在和東亞大陸的交往中產生的。早期日本人當然也有從自己視角出發書寫的身分，比如成書於八世紀早期的《古事記》和《日本書紀》。歷朝著史，都是為給政權找個神聖的權力來源，因而越溯到上古，就越是神話。據這兩本書，大和政權的天皇家族一脈，源自天照大神。神話時代對日本的命名有很多種，比如「豐葦原中國」，或者「豐葦原千五百秋瑞穗國」。不過這些命名本是神話產物，也就不像「日本」那麼被大家普遍接受。

前面談到過，「東亞」（East Asia）是個外來概念，本地人很晚才接受這麼一個分類，並加入自己的理解，塑造身分。同樣，西歐語言中的「中國」、「朝／韓」、「日本」（以英語的China、Korea、Japan為代表），也都不純是中日韓的本土概念。想想，中國人啥時候自稱過「拆那人」？那麼這些概念又是怎麼來的呢？

「China」一詞，目前較通行的說法是來自梵語中「Cina」一詞，可能是「秦」的音譯。日本人有段時間稱中國為「支那」，亦源於此，起初倒無貶義。歐洲與中原遠隔萬里，耳聞口傳，一是透過印度—波斯帶去的「Cina」；二是蒙古西征時帶去的「Cathay」（契丹，後泛指中國，現通用於斯拉夫語系）。兩個信息來源不一，以致十六世紀之前的很長時間裡，歐洲人不知道二者指的是一個國家。

Korea和Japan，傳說都由馬可・波羅（Marco Polo）最早記錄。他到中國那會兒，半島正是高麗（Koryo）王朝。Korea一詞在演化過程中雖有不同拼寫方式，發音倒近似。風雲變幻，如今生活在朝、韓的人都不自稱高麗。而韓國語中的「高麗人」（고려사람）則成了一個特定名詞，指的蘇聯中亞地區的朝鮮移民後裔。當然，Korea的好處是不論朝韓，政治中性。日本在馬可・波羅那裡記為Cipangu。為啥這樣拼？用上海話讀「日本國」三個字就明白了。估計他是聽當時和日本往來頗多的江浙人聊起的。Cipangu轉到葡萄牙語，就成了Jepang，再到英語，慢慢就成了現在的樣子。所以這個Japan，是歐洲語言多次轉譯的中國南

方方言中漢字「口本」的讀音，跟「霓虹」當然差得遠。

字音、字義的轉化從來不只是語言變化，背後必然帶入新的認知框架和意識形態。當用「China」，特別是用其背後那套認知框架，來討論「中國」的時候，「中國」自身的變動、雜糅和多元性，就被西歐現代國家體系所強調的那種界限感和同質性取消掉了。特別是在處理帝國（empire）、國族（nation）、族裔（ethnicity）這些議題的時候，China和「中國」之間往往顯現巨大的裂痕。「中國」是個多語言、多族群的複合體，但Chinese僅指漢語漢字，很多語境中僅指漢族人。試圖用語言文字、人種、宗教這些通行的現代標準來定義「中國」的努力變得無效：使用漢字和崇奉儒家的不一定是中國（比如朝鮮、越南、日本），而中國內部不都是傳統的漢字儒教區（比如疆、藏、蒙）。域外學界會提出「清朝是否Chinese王朝」這類問題，作為學術討論當然可以。但是二十世紀以來，政治上操弄「滿蒙非支那」、「疆藏非中國」，亦屢見不鮮。

無奈在主權國家體系下，China所代表的話語邏輯是唯一被接受的邏輯，有一整套科學、法律、倫理、哲學理論來為這個邏輯背書。不要說域外人士，就是中國人自己，在晚清到共和國這段動盪時期，在試圖糅合China話語和「中國」經驗時，也困惑於兩者間既連結又矛盾的關係。很多人試圖以現代西歐標準定義中國，總不得要領。當然，這絕不是說「中國」經驗多麼獨特。正相反，變化、多元和交融雜糅，是所有國家、族群的共性。漢人、日本人也好，朝鮮／韓國人也罷，從來都不是同質的群體。明確的國族界限是近代西歐產物，但它實際也掩蓋了歐洲自身的雜糅性。西歐邏輯是在殖民擴張過程中，和殖民地社會相互碰撞衝擊後逐漸塑造的，它當然吸納了其他地區的經驗，只不過最終還是要為霸權服務。同理，中國也吸納、轉化了許多西歐邏輯（比如民族主義），才成為現在的「中國」，只不過這套邏輯的侷限性在二十一世紀日益凸顯。

在這個意義上，如何超越China，把「中國」的經驗匯聚成有普遍解釋力的話語，實在是個大課題。把中國（以及日／韓）放在區域和全球的框架中認識，是很多人正在嘗試的一個方向。法國史學家布勞岱爾（Fernand Braudel）說的「沒有法國史，只有歐洲史；沒有歐洲史，只有世界史」，或許就是這個道理吧。

浪漫化亞洲　最後的武士

從十八、十九世紀開始，亞洲被當作歐洲的反題，成為「文明」的反面。那麼順理成章地，當所謂文明的諸種病徵顯現，這個亞洲又莫名其妙地被賦予一種拯救性。物質過剩了，就到印度宗教裡尋找「靈性」；城市生活空虛了，到西藏雪原皈依「智慧」。所以很多時候，我們看到「亞洲反題」不光是愚昧、落後、封閉、保守，它也可以是落後得很浪漫，保守得很堅忍。停滯的「亞洲」與浪漫的「亞洲」看似矛盾，卻相輔相成：因為是停滯的，所以千萬別變化，停在那裡最好，否則就被破壞了、被污染了、被現代荼毒了。這個時候，亞洲成了一種懷舊的創意、異域的鄉愁。當然，這種創意和鄉愁跟現實或歷史並無聯繫，而且它無關歐亞，更無論東西，「亞洲」不過是「現代」人集體發明的另類「傳統」。很多時候，真實的歷史被這種虛構的「傳統」取代了。

文藝作品中的這種拯救式反題比比皆是。美國影星湯姆．克魯斯（Tom Cruise）主演過一部電影《末代武士》（*The Last Samurai*）。它以日本維新時期，明治政府與西鄉隆盛之間的鬥爭為藍本，力圖表現日本武士對榮譽和傳統的殊死堅守，和對非人化的工業文明的悲壯抵抗。湯姆．克魯斯扮演的美國軍官，因為目睹現代化軍隊屠殺手無寸鐵的印第安人而迷失自我——鋪陳了「現代病」的母題。他被請到剛剛開始維新的日本，幫助訓練新式軍隊。而維新政府的第一批敵人，則是一群由勝元盛次（以西鄉隆盛為原型，渡邊謙飾演）領導的拒絕西化、護衛傳統的武士。當然，和許多好萊塢電影一樣，代表現代文明的美國軍官，最終被代表東方傳統的武士們感化，自覺成為他們中的一員，又是一起學劍道，又是藉此找回了自我……。儘管工業化的槍炮最終把武士們無情碾碎，但英雄片嘛，一定是需要悲情才有英雄的。

影片裡，現代和傳統的矛盾焦點在於「火器」。火器代表工業文明，而拒絕使用槍炮，則代表武士高貴的榮譽感。有段美國軍官和英國記者之間的對話，十分點睛：

記者：勝元從不屈尊俯就（dishonor）使用火槍。

軍官：他不用火槍？

記者（笑了笑）：要知道對那些老派傢伙來說，勝元是個英雄。

傳統與現代的掙扎當然可以是表現主題，不過這種掙扎無論如何也跟用不用火器不搭界。實際上，火器在十六世紀後期就風靡日本，不要說打仗的武士，就是更高階層的大名們也對各種新槍械趨之若鶩。

一五四三年，一艘從明朝駛出的走私船遇到颱風，漂流到日本九州南部的種子島。船上除了明人（五峰）外，還有幾個被日本人稱為「西南蠻種」的葡萄牙海員。根據南浦文之在十七世紀初記述的〈鐵炮記〉，當葡萄牙人向島主種子島時堯展示了名為「鐵炮」的火繩槍後，立刻引起時堯的極大興趣。他以重金買下兩支槍，並虛心求教製造技術，「朝磨夕淬，勤而不已」。種子島製作的火繩槍迅即聲名遠播，所謂「一發而聲動扶桑六十州」，而且「復使鐵匠知製之之道，而遍於五畿七道」。以至於很長一段時間，「種子島」（Tanegashima）就是日本火繩槍的名字。

時值日本戰國時代，群雄並起，大小火槍迅速批量生產並裝備各大名的軍隊。日本人對槍械還多方改進（比如可以在雨天作戰），並逐步完善了戰術戰法。火器的使用大大改變了日本政治生態，在織田信長、豐臣秀吉和德川家康的統一戰爭中起到了關鍵性的作用。不但如此，豐臣秀吉一五九二年發動侵朝戰爭時，日軍也是因為有武器方面的優勢，在戰爭初期勢如破竹。同在東亞，明朝的軍隊建制配備火槍，遠遠早於日本；從葡萄牙人那裡引入並改進的佛郎機炮（一種早期滑膛加農炮）多次在戰場應用。朝鮮陸軍雖弱，海軍的火器配備則優於日本。三國在早期熱兵器使用上，完全站在世界前列。很難想像，在你死我活的戰場，有誰會放著更有殺傷力的武器不用。一個基本常識是，軍事需要總是人類技術革新的最主要動力之一。

可見，說火器有違傳統精神，為日本武士所不齒，滿足的不過是好萊塢對東方的香格里拉式幻想。這裡的亞洲「傳統」看似正面，但仍是把西方和東方按照時間序列對立起來，把傳統和現代做一個非此即彼的價值區分。在資本席捲全球的今天，這種東方主義浪漫也同樣被一些東亞人內化，他們以自我香格里拉化的方式，參與著把自身打扮成異域的努力。

因此，談「發現東亞」，如果只是要去發明一些東亞的「特有」的「價值」、「道德」和「傳統」，那並沒有脫離歐洲中心論最根本的二元對立邏輯。我們努力的方向，應是回到本地的政治、經濟、社會、思想脈絡中，來探討東亞的「現代」演進。

比如，我們不應先預設「日本武士精神拒斥火器」的文化本質主義觀點，而是問為什麼日本在十六世紀已經發展出世界領先的火器裝備，卻沒有保持到十九世紀。「精神」無法解釋變化，相反，精神本身是隨經濟、社會、政治的演進而變化的。

在十六、十七世紀，火器的掌握足以改變戰爭進程，因此任何政權都需要保證對這種高效武器的絕對控制——這和今天的國家嚴防「大規模殺傷性武器」的擴散是一個道理。統一日本後的德川幕府，最擔憂的事情，莫過於各大名割據一方、擁兵自重，重蹈戰國覆轍。因此幕府採取一系列措施，削弱地方大名的財力、軍力。在武器製造方面，嚴格限定槍械作坊的數量、所製造槍械的數量，以及可以配備的軍隊數量。日本在江戶時代承平兩百多年，不但大規模內戰沒有再發生，而且在驅逐了葡萄牙和西班牙人後，外部威脅也大大降低。大規模槍械生產的經濟環境和安全需求都不復存在。結果，不但製槍匠人日益稀少，生產的少量槍械也朝著精美而非實用的方向發展。

美國歷史學者諾爾・皮蘭（Noel Perrin）就此寫過一本小書《棄槍》（*Giving up the Gun*）。它特別有啟發性的一點是：我們長期以來總認為歷史是有個特定方向的，即由後進到先進、蒙昧到科學、低級到高級，可歷史並不按照這個有特定目的的線索展開。根據時代環境的變化，人們在發展了許多技藝的同時，也拋棄了更多技藝。歷史的演化形態不由我們規定，任何一種現象都是特定環境下的產物。要解釋現象，必先解釋產生它的環境。

就火器而言，它是「東亞現代」開端在技術方面的一個指標。槍炮在本地區的應用，推動了東亞權力格局一系列大震盪，一個新的時代由它間接引入。

那麼火器傳入時的「東亞」是什麼樣的？十分籠統地說，是一個以中原的明王朝為「中華」的「天下」秩序。這個秩序在理想上，是以儒家學說的等級建構的：統一的明朝是域內政治、經濟、軍事和文化諸方面的超級大國，也是最大的市場和財富集散地。周邊出於各種需要，不同程度地承認差序格局，並在朝貢制度安排下，以各種名義從事多邊交往和貿易。

和清朝不同，明朝的直接統治區域，並不及於今天中國西北、東北、西南的許多地方，也不包括臺灣。雖然有著邊貿和政治聯繫，明朝在多數時候，仍視北方統稱為蒙古的游牧政權為敵手，並對東北女真諸部和西南土司實行「羈縻」管理。永樂至宣德年間的國家「探險」活動：鄭和七下西洋、亦失哈十巡奴兒干都司、陳誠五使西域，既在一定程度上繼承了蒙元時代的外拓，亦構建了基本的對外聯絡圖景；東南沿海居民對「南洋」（東南亞地區）的大規模移民開發，也會從小說家筆下流露；陸路和海上交錯的貿易網絡，連通了東亞與中亞、印度洋、歐洲、非洲、美洲。

中原之外，一些政權（如朝鮮、安南、琉球）引入儒家禮制秩序、或多或少接受中原的領導地位。朝鮮是最典型的例子，它從創立之初就奉明朝為上國，使用明朝正朔，引入中原典章制度，意識形態上恪守理學思想，內政和外交實踐上也嚴奉禮法規範。但接受以中原為坐標的等級次序，並不意味朝鮮在自我貶低。在某些時候，朝鮮甚至覺得自己才是中華文明的真正代表，僅僅體量稍小而已。我們可以從十五世紀初朝鮮人摹繪的一幅世界地圖中略窺其自我定位。《混一疆理歷代國都之圖》是朝鮮最早的世界地圖，表現了從東亞到非洲的廣大疆域，涵蓋當時已知的世界。圖中雖仍把中原放在偏中的位置，但面積要縮小很多。朝鮮居其右，但面積幾乎像最左邊的非洲大陸一樣大。至於近鄰日本，則只是半島南方的幾處小島。

其他一些國家，雖然在意識形態上也接納「中華」和「天下」的坐標，但政治上並不奉

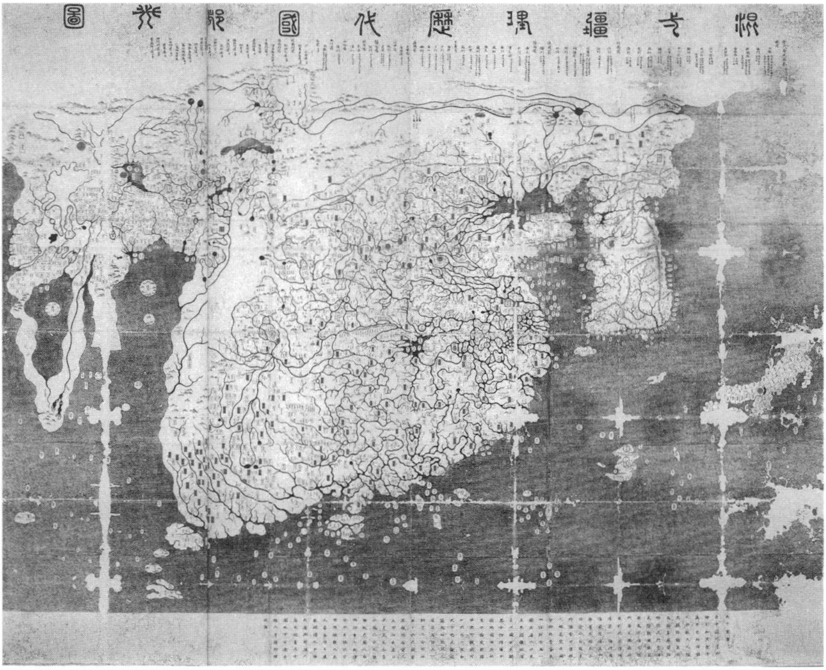

《混一疆理歷代國都之圖》

原圖製作於1402年的李氏朝鮮。今原圖已不可見，僅存的兩件複本均藏於日本。此處所載為長崎島原市本光寺所藏江戶時代日本製複本。另有龍谷大學圖書館藏複本。

明朝為上國。典型的就是日本。日本在十六世紀之前已經廣泛吸納了漢字、佛教等外來文化，但仍保持著自身政教制度的獨特性，在多數時間內採取游離於明朝的立場。其思想中還有非常強烈的本土神道的影響，以日本為神國。它認同等級次序的存在，但並不認為自己在政治等級上是次一級。

火器到來後不久，天主教就隨著貿易而來到日本和明朝。透過和來亞耶穌會傳教士的接觸，明朝和日本一些士人對「天下」之外有了初步了解。很多人認識到，至少在地理上，所謂天下只是更大的世界的一部分。儘管如此，以明朝為「中華」的「天下」，仍是當時大多數精英確認身分的重要參照系。

直到有一天，一個叫豐臣秀吉的日本人決心更改這個參照系。東亞格局震盪重組的第一波，可從他發動的侵朝戰爭講起。

第二章

朝鮮之戰

開啟東亞現代的「世界大戰」

下克上——豐臣的抱負

日本天正十九年，西元一五九一年。豐臣秀吉五十四歲，得到位高權重的「關白」（攝政）一職已有六年。此時他已基本肅清敵對大名，一統扶桑，但心中仍有兩件事情放不下：一是屢次派人與朝鮮溝通，欲拉攏朝鮮攻打明國，可不見回音；二是自己年事已高，卻沒有子嗣承繼霸業。就在當年秋天，他極為寵愛的兒子鶴松夭折，只活了兩歲。鬱鬱寡歡的秀吉只有藉出遊來排解悲傷。江戶時代後期的史家賴山陽在他的《日本外史》中寫道，一天，秀吉登上京都清水寺閣，向西遙望，忽然對侍從們說了一句：「大丈夫當用武萬里之外，何自悒鬱為！」

也許感到時不我待，豐臣秀吉不再指望朝鮮的回覆，他把關白職位傳給外甥，自任掌權幕後的「太閣」，專注備戰。次年春天他突襲朝鮮，兵鋒直指大明。明、朝在半島聯手抵抗，直至豐臣秀吉病死、日本敗退。這場斷斷續續打了七年的戰爭，不但是東亞三個統一國家間的一次「世界大戰」，從軍事規模和技術角度講，亦堪稱當時的世界級戰爭。更重要的是，它奠定了其後三百年的區域權力格局，其政治、社會、經濟和文化影響至深至遠。

此戰之後，豐臣勢力一蹶不振，東瀛諸島由德川家康收拾一統，鋒芒內斂，開闢了兩百六十多年的江戶幕府時代。大明和朝鮮則元氣大傷，努爾哈赤領導的女真部在遼東迅速崛起，並在此後幾十年中攻半島、結蒙藏、入中原，創立了盛極一時的清帝國。而清朝的政治、經濟、文化實踐，又令區域內認同於「天下」秩序的各個政權，對作為天下核心的「中華」產生了迥異於前代的理解，自我觀和世界觀均深刻變化。「天下」秩序表面上維繫並擴張，但其內涵已和此前極為不同，更孕育了日後與現代國家制度、國際體系相互吸納演化的契機。正是在這個意義上，我們可以說，從十六世紀末到十七世紀中的幾十年，由朝鮮之戰和滿洲崛起帶來的大變動，是東亞整體步入現代的一個開端。

歷史皆有其必然性和偶然性。考慮豐臣秀吉發動的這場戰爭是如何到來的，需要對當時東亞三國的內政狀況，以及三者相互關係，有大致的了解。先來看看日本列島的情況。

江戶時代以前，一個貫穿日本政治百餘年的主題是「下克上」。中世的日本是等級森嚴的社會，代表貴族的「公家」集團和代表武士的「武家」集團掌握實權，世代沿襲。在他們之外還有代表佛教勢力的寺院集團。日本的等級制度有個特點：名義上的不可撼動，和實際操作中不斷破壞，和諧共處。「下克上」就是低等階層以強權僭越高等階層的意思。十二世紀鎌倉幕府體制建立，以「征夷大將軍」為實際掌權者，天皇淪為虛君。但很多時候，將軍的權力又被強勢的大名取代，大名又被家臣取代……如此等等。有趣的是，不論內部如何動盪傾軋，天皇－將軍－大名－武士這一套政治等級體制基本維持。這點和中韓歷史上的朝代更替很不一樣。

從十五世紀後半期開始，日本陷入諸侯爭霸的戰國時代，（室町）幕府式微，群雄逐鹿。經過一個半世紀的混戰，到十六世紀後期，尾張地方大名織田信長逐步擊敗其他豪強，奠定日本統一的基礎。他死於兵變後，原為織田家臣的豐臣秀吉（當時叫羽柴秀吉）在內部鬥爭中取勝，繼承了織田的基業，進一步統一了日本。

套用時下流行語，豐臣秀吉大概可算是「屌絲逆襲」的經典案例。（編按：「屌絲」為中國時下流行用語，意近臺灣的「魯蛇」。）同他之前的織田信長和他之後的德川家康不同，秀吉出身農民，本不屬統治階層。但容貌醜陋的他從織田的家僕，逐漸成為戰國時代最有勢力的大名，最終由天皇賜姓「豐臣」，位列公卿。如果不是因為出身於動盪的戰國——一個危險和機遇並存的「下克上」時代，這樣的逆襲多少有些不可想像。自然，混戰後的統一，上位者最為關切的，當是如何保證權力的穩固，令握有重兵的地方諸侯不再「克」了自己。因此有學者認為，秀吉發動侵朝戰爭，本質上是為了解決國家統一後，如何鞏固地位、消化過剩武力的問題。

這種說法有其道理。不過歷史的偶然性在於，如果不是秀吉這樣一個個性和野心都爆棚的逆襲者，其他人大概不會有蛇吞東亞大陸的胃口。秀吉攻明之心，在他還是織田手下家臣時就有了。到日本行將統一時，他更是多次表露要横掃大陸的決心。為此他多方聯絡周邊政權，包括琉球、呂宋、高砂國、南掌、暹羅以及葡萄牙屬殖民地，要它們稱臣並協助攻明。可以說，這是一場事先張揚的戰爭。一五九一年，他更藉朝鮮使者訪日之機，向朝鮮傳達了攻明計畫，要其為日本前導。

使者記錄他「面色皺黑，如猱玃狀」，但「深目星眸，閃閃射人」。接見時，秀吉過了許久才出來，沒有客套的禮節，只三巡濁酒招待。他著便服，懷中抱著小兒（鶴松），徘徊堂上。鶴松尿了他一身，秀吉笑著喚來女僕，旁若無人地更衣。這一切在朝鮮使者看來極為無禮。

辭行時，使者請要國書，秀吉讓他們先行，臨到離港，才送來一封大逆不道的〈致朝鮮國王書〉。信裡，他先是炫耀平定日本的功績，然後自我神化，說母親懷他時，夢見太陽入懷，所以他戰必勝、攻必取，創下如此盛業。接著筆鋒一轉，大談平生志向：「欲假道貴國，超越山海，直入於明，使其四百州盡化我俗，以施王政於億萬斯年。」

當時日本與中國到底是什麼關係？在以中原王朝為中心的「天下」中，日本顯得很游離。日本上一次受中原王朝的冊封，是在一四〇二年，室町幕府的第三代將軍足利義滿被明朝永樂帝賜以「日本國王」封號。但那一次與其說是日本「接受」冊封，不如說是幕府為了把持與明朝的官方貿易，連蒙帶哄地「索要」來的。彼時朱棣剛剛篡奪帝位，急需「四夷」認同，就順水推舟地給了。此後日本與中原以「朝貢」名義進行的勘合貿易斷斷續續，到十六世紀中期就徹底終止了。而即使是室町時代的請求冊封，也不過是為了加入以中原王朝為核心的貿易圈而已，並不表明日本在政治上認同中國的「天子」。幕府將軍對外稱「國王」或「日本國大君」以合中原禮制，對內則仍虛尊天皇。當官方貿易徹底切斷，日本統治者哪怕在名義上都再沒有認中原王朝為上國。

但是另一方面，長期受儒家和佛教文化浸染的日本，對儒家發源地及日本佛教來源地的中原，有著特殊的情感。日本士人視中國為本國聲教的源頭活水；在文化心理上的尊崇，和對儒式天下觀的認同，是一直存在的。比如，織田信長在奪得本州中部重鎮美濃國後，以周王出岐山而推翻殷商的典故，將稻葉山城改名「岐阜」，並以「天下布武」的口號宣揚以武家執掌政權。當然，這是以儒家理論的天下，來類比天皇體系的天下。

豐臣秀吉的中國觀，也體現了這種兩重性。他蔑視大明，視之為可輕易攻取的對象；但他著迷於日本之外的那個「天下」，認為大丈夫一生最宏偉的事業，就是入主中原，令「四百州盡化我俗」——實際就是取中國而代之，把大明、朝鮮，甚至印度，都納入日本那個「天下」。

禮制天下——明朝與朝鮮的內憂外患

儘管豐臣秀吉一五九一年已經明告朝鮮，即將兵發大明，為什麼仍然沒有能夠引起朝鮮和明朝足夠的警覺呢？根據《朝鮮王朝實錄》記載，朝鮮使臣歸國後的彙報，就出現了嚴重的信息分歧。

那次朝鮮派出的通信使團，由黃允吉擔任正使，金誠一擔任副使。他們一五九〇年四月即從釜山出發，從朝日間最重要的貿易、交通樞紐對馬島開始，且行且住，歷時數月才抵達大阪城。此後因日本內戰未歇，又待了好幾個月才見到秀吉。第二年得國書返回釜山，黃允吉急報「必有兵禍」。而朝鮮宣祖詢問究竟時，金誠一的回答則是：「臣則不見如許情形。」還說黃允吉「張皇論奏，搖動人心，甚乖事宜」。國王又問，秀吉長啥樣呢？黃答：「其目光爍爍，似是膽智人也。」金卻說：「其目如鼠，不足畏也。」信息截然相反。

其實，兩位使者在逗留日本期間，就表現出迥異的作風。和黃允吉的內斂相比，金誠一鋒芒畢露，處處講究禮制，遇到日方不合禮法之時，常常甩臉，請辭、不見、不受禮。究其根本，兩人分屬當時朝鮮黨爭中的不同派別，黃屬西人黨，金屬東人黨，所以意見往往故意相左。結果，朝中官員對日本威脅的看法也分兩派。那一年，西人黨在立儲問題上失勢，因此東人黨攻擊黃允吉，說他有意蠱惑人心。

熟悉明史的人大概會覺得這一幕似曾相識。大明王朝和朝鮮真可謂一套體制下培育出來的君臣父子。兩個國家認同一個「天下」，奉行同一套宗法制度，穿同一套冠服，連政治上出的毛病都相似。

明朝以程朱理學治國，從意識形態到諸多政策皆是理學本位的。朝鮮在建國之初，即聽取朱元璋的意見，打壓在高麗王朝時代勢力頗大的佛教集團，獨尊朱子之學。當然，兩國社會情況並不相同，朝鮮的社會分層較中國更為嚴格，理學的引入更強化了這點。朝鮮臣民分為四等：兩班、中人、常民、賤民。出身兩班者幾乎壟斷了正統的科舉考試，因此兩班也就成為王族以外，掌握實權的貴族精英階層。明朝的社會流動性則要大得多，尤其中期之後，官方以戶籍來固化人口的政策日益失效，而科舉取士制度恰恰造就了社會等級的鬆動。

應該說，在經過元末和高麗後期的社會動盪後，以儒家教化安定士人、鼓勵農本經濟、穩定國家和社會關係、令君臣權力相互制約，還是頗有成效的。豐臣秀吉入侵時，明朝萬曆皇帝和朝鮮宣祖都已執政有年。萬曆前期，文有張居正力行改革，武有戚繼光平定邊患，明王朝又進入一輪昌平時期。朝鮮經過前期幾位明君執政，政權穩定，經濟文化皆有很大發展。朝鮮儒學兩大領袖，李滉與李珥，均成名於宣祖時期。

但是到了十六世紀晚期，兩個東亞國家也遇到了不少類似的內外困境，埋下了走向衰敗的隱憂。內政上黨爭、士禍不斷便是其中最大的一個。一五八二年張居正去世，萬曆藉反張官員狀告張濫權結黨，整肅朝中大批官吏。此後他怠於朝政，竟多年不上朝，君臣不和，已現朋黨亂政的先兆。朝鮮則已經經歷了幾次士禍。宣祖時任用士林派以抗衡勛舊派，士林派後又內訌，分化出東人黨和西人黨，各立山頭，勢同水火。黨爭的根本當然都是團團夥夥的利益，但表面文章則都是闡發義理、弘揚道德，拿禮制法度說事。巧合的是，當時明、朝兩國內政論戰的一個焦點，都是立儲問題。理學最講究嫡庶長幼的等級次序，立儲乃最為緊要之國本。偏偏萬曆和宣祖都想著廢長立幼（萬曆偏愛福王朱常洵，而非皇長子朱常洛；宣祖則遲遲不立長子臨海君為儲），搞得士林爭議四起，君臣、臣臣間相互掣肘，無心對外。就在豐臣秀吉整頓分裂、強化集權之時，明朝和朝鮮這兩個本來中央集權的國家，卻是朝綱鬆懈、難有作為。也因此，不但朝鮮對豐臣的威脅缺乏重視，當消息通過各種渠道（琉球國王，以及在日華民）傳到北京時，萬曆也根本沒當回事，簡單批覆、打賞，發發要求加強邊防的公文，如此而已。

但話說回來，明朝和朝鮮的掉以輕心，放在當時東亞地緣政治框架下，倒也可以理解：日本內亂多年，誰也不清楚其近況究竟如何。而在中原王朝的天下體系內，日本地位邊緣。過去跟日本有關的麻煩，不過是騷擾沿海的「倭寇」（而所謂倭寇問題，現在研究者的共識是：除了在初期，的確以受蒙古侵襲的日本沿海島民為主，到後來越來越以江浙閩粵一帶私商、海盜、船民為主，間或夾雜一些日本人、朝鮮人和其他人）。倭寇多是流竄侵擾，勢力並沒有大到會顛覆朝廷，剿撫並用也就解決了。與兩個王朝在早期急需應對的蒙古、女真邊患相比，並不是那麼緊迫。如果不是見到真刀真槍，僅憑豐臣一封口氣狂妄的信，沒人會相信日本已經是一個崛起的強權。

這倒不是妄自尊大、閉目塞聽的表現。以中原王朝為中心的「天下」，國家間自有一套對外交往的渠道。但因為這個「天下」以理學為正統，外事往來，自然也要符合這個正統，包括朝貢、冊封、互市等等。這套禮制得以推行，當然首先是以實力作為後盾，同時輔以資源、市場和文化方面的保障。比如，明朝初期如果不是將蒙古趕到長城以北，而且有效遏制了北元的侵襲，高麗大將李成桂也不會堅定要與明朝建立宗藩關係，甚至不惜推翻執意與明對抗的高麗禑王，創立朝鮮。

政治制度規範了經濟交往，與中國貿易的強烈需求，也刺激著周邊政權紛紛希望加入這套「天下」體制，奉中原王朝正朔，並藉「天下」的政治正統性處理自身合法性問題。這也就是為什麼十五世紀初，身為幕府將軍的足利義滿謊稱「日本國王」，和明建立宗藩關係，以便展開勘合貿易的原因。而在這套規範之外的往來，比如走私貿易，雖然也是東亞世界商品、情報互通的重要途徑，終歸不受國家保護，時不時還要被當作「倭寇」打擊一下。

在明、朝、日三國之間，明朝和朝鮮的交流渠道是最暢通的，雖然也時有齟齬，但政治互信和貿易互通最為堅實。明朝和日本之間，勘合貿易斷斷續續維繫了一百多年，在十六世紀中期就終止了，官方聯繫闕如。在這種情況下，朝鮮和日本的聯繫，就顯得尤為重要了。明王朝需要的銀、銅，和日本需要的絲綢、圖書，正是透過朝鮮得以互通。朝鮮不定期派遣通信使前往日本，而且在釜山等地開設倭館，供日商居住。

朝日官方交往的前提，是日本要遵從朝鮮所奉行的正統禮制，可日本又是拒絕加入這套禮制的，那怎麼辦呢？朝日貿易的主要操作者對馬島的領主，就只好玩兩面派，偽造竄改官方文書，讓兩邊都過得去。其實早在一五八七年。豐臣秀吉就透過對馬大名宗義智致書朝鮮，要求朝鮮稱臣並當攻明先鋒。宗義智為了不觸怒朝鮮、繼續做生意，將此信完全竄改，所以漢城壓根不知道豐臣的威脅。類似的事情，對馬島主前前後後幹了許多。

不獨古代東亞國家的交往講求禮制，現代外交其實更講究禮制，只不過兩種禮制不同罷了。碰到豐臣這樣不把禮制放在眼裡的日本人，任何制度都拿他沒辦法。

東亞「國際關係」的記憶節點

豐臣秀吉的侵朝戰爭及其結果，奠定了近代東亞國家間的基本權力格局。此後三國之間承平近三百年：這是東亞世界和歐洲世界，在近代國際關係史方面很大的不同。有沒有大規模戰爭的刺激，對國家社會的發展走向是大不一樣的。此處我們不談物質層面的演化，先來關注另外一種現象，關於對戰爭的記憶。

一五九二年四月，豐臣秀吉集結日本各藩大軍，以其中十五萬餘編為八組攻朝軍團，從對馬島渡海，突襲釜山。日軍一路攻城拔寨，於五月初占領漢城。朝鮮君臣先出逃到平壤，後至鴨綠江邊境的義州，同時緊急向明朝求援。七月，加藤清正率領的日軍第二軍團，在攻克半島東北的咸鏡道後，渡過圖們江邊界，劫殺建州女真部的幾個部落。豐臣秀吉聽聞大喜，指示加藤「今略明地」。鑑於西北方向的小西行長軍團尚未攻下平安道，加藤未敢孤軍深入，遂退回圖們江以南。與此同時，明廷終於確認日本攻朝意在中原，開始漸次派兵馬渡江援朝。明朝聯軍與日本的七年大戰由此開啟。

時間跳至二〇一四年八月十五日。在這一天，韓國史詩大片《鳴梁海戰》（臺譯：《鳴梁：怒海交鋒》）打破了此前由《阿凡達》保持的韓國觀影人次紀錄，並在兩天後成為該國首部票房突破一億美元的國產影片。到同年十月，累計國內觀看人次超過一千七百六十萬（韓國總人口五千多萬）。八月十五日，當然是現代史上極有含義的日子：日本的「終戰日」，中國叫「日本投降日」，韓國稱為「祖國光復日」。

電影講述的鳴梁海戰發生在一五九七年十月二十六日，豐臣秀吉發動第二次侵朝攻勢之時。朝鮮名將李舜臣，利用半島南端鳴梁海峽的險要地勢和複雜的水文條件，以十二艘板屋船（輔以一些民用船隻），阻擊了日本數量龐大的先遣艦隊。在世界海戰史上，這無疑是一次以少勝多的漂亮戰役。戰中擊斃的日將來島通總，是唯一一位戰死於朝鮮的大名。但也有觀點認為，如果從戰爭整體走勢看，鳴梁海戰沒有特別的戰略意義。今人所謂「擊沉日艦三十一艘，大破九十二艘，殲敵九千」的戰果過於誇張。李舜臣在日記中這樣描述：「賊船三十隻撞破，賊船退走，更不敢近我師。此實天幸。水勢極險，勢亦孤危，移陣唐笥島。」戰鬥結束當晚，他轉移了陣地。日軍主力則繼續北進。

歷史事件的意義，並不在當時顯現，而是此後被選取、記錄、書寫和建構的。一五九二年至一五九九年在朝鮮半島發生的三國大戰，在此後的四百多年中被不斷書寫和重新記憶，歷史敘述混入當代意識，其意義被反覆重塑，新的解讀被層層添入。電影《鳴梁海戰》安排在七月底上映，並果然在八月十五日那天創紀錄，或許不僅僅是一個巧合。它借古喻今，映襯出近年來區域政治關係——特別是韓日關係——的黯淡現實。

我們學習歷史，與其說是弄清過去「客觀」發生了什麼，不如說是探討對過去應有什麼樣的「主觀」認識。因為歷史敘述永遠是書寫者的作品，從落筆的第一個字起，就帶有判斷和評價，從來沒有絕對的客觀性可言。一千個人心中有一千個哈姆雷特，一個人在人生不同

横扫《阿凡达》韩国票房记录
世界海战史超强一战
鳴梁海战
非死即生
CJ ENTERTAINMENT
BIGSTONE PICTURES

《鳴梁海戰》海報

階段也有不同的哈姆雷特，說的就是這個道理。這當然不是說歷史上發生了（或者沒發生）什麼不重要，而是說我們對過去的認知總是和自己的現實經驗、價值、情感聯繫在一起。對過去的解釋——發生了什麼，如何發生，為何發生，有何意義——往往因人因時因勢而異。至於哪個解釋更有道理、更能站住腳，那就要靠對史料的辨析、對歷史語境的理解，以及眼界胸懷。歷史敘述不可能擺脫現實政治的影響；或者乾脆說，再看似客觀的歷史敘述，本身也是有政治性的。

從意識和認知角度看，朝鮮之戰的「現代」意義在於，它成為東亞國際關係記憶的一個重要節點（甚至某種意義上的原點）。表現在：第一，中日韓三國對此戰的書寫，一開始就指向了不同的方向，直到今天。第二，三國在此後不同時期，總是透過回溯這場戰爭，來尋求對當下自身命運、民族命運和世界格局的歷史解釋。儘管材料和研究已汗牛充棟，東亞人對於這場衝突的認知始終分散凌亂，因國因時因勢而異。對它的敘述關乎自我身分的認定，隨著身分的改變，敘述就改變。

三國對此戰的原始記錄，就充滿了差異和矛盾（比如，各自都傾向於誇大對手的實力和人數），給後世研究和評價帶來困擾。更不要說，對戰爭的性質判定根本不同，導致連一個統一的名稱都不存在。

明以來的中國史料，多稱呼此戰為「朝鮮之役」。明代作者（如茅瑞徵）已把它和前後另外兩次平定邊亂的戰爭（寧夏、播州之役）合稱為「萬曆三大征」。「征者，上伐下也，敵國（地位相等之國）不相征也」（語出《孟子》）。此後，一旦中原王朝要宣示保護屏藩的道德責任和政治權利，朝鮮之役就成為最為經典的先例。十九世紀後半期，清朝派兵平定朝鮮內亂，阻隔日本勢力滲透，甚至少數官員有郡縣化朝鮮之議，為證明歷史上中原與半島的主從關係，無不援此為據。甲午之戰後，日本一步步從半島蠶食到大陸，恰合當年豐臣秀吉「設計」的路線。因此在民族主義勃興的時代，朝鮮之役被看作是日本「帝國主義」「自古以來」就覬覦中國的鐵證。當代論者中，把二十世紀五〇年代的抗美援朝，看作是明代抗倭援朝的某種延續和回響的，亦不乏其人。

日本史籍在江戶及明治時期，稱此戰為「朝鮮征伐」或「征韓」，從用字上亦態度明確。二戰後則取一五九二年和一五九七年兩輪發動攻勢的年號，合稱為「文祿・慶長之役」。日方史籍突出豐臣雄才大略和武將勇猛善戰。江戶時期水戶學者川口長儒著《征韓偉略》，史料翔實，但明顯以日本為天下正統，朝鮮為逆臣。後來也影響到明治維新時期，西鄉隆盛等強烈主張的「征韓」之論。日本十六世紀末對朝鮮的「統御」，為二十世紀初的殖民朝鮮提供了某種「止當性」來源。甚至當日本圖謀進取圖們江北岸中國領土時，加藤清正曾渡江「征討」女真之事，也被用來極力凸顯日本在東北邊疆的「歷史存在」。至於鳴梁海戰，日本學界大多不承認存在「大捷」，認為日軍損失不大，且最終完成戰略意圖。

朝鮮王朝用戰爭開始的干支紀年，名之為「壬辰倭亂」。如今朝韓則稱「壬辰衛國戰爭」。從「倭亂」到「衛國」，行為主體悄然轉移。此戰朝鮮受害最深，創傷最大，夾在強國之間也有無奈。文臣武將和民間「義兵」的殊死抵抗，是反覆書寫的主題。戰後，政治上幾經沉浮、戰死海上的李舜臣被逐漸神化，成為歷史符號。今天，首爾光化門廣場上，李舜臣的雕像和創制朝鮮文字的世宗大王雕像前後矗立，一武一文，象徵意義宏大。十九世紀末二十世紀初朝鮮民間的抗日武裝，亦稱「義兵」，顯然是為喚起歷史記憶。最有趣的還是對明軍援朝的態度：很長一段時間裡，朝鮮官方和士子們認萬曆皇帝「恩同再造」，視此役為儒家政治倫理的最佳體現。也因此，明亡清興後，朝鮮精英們視滿清為夷狄，認為明是為救朝鮮才有此難，對前明正統性更抱極大認同。但到二十世紀，民族主義史學著力批判「事大」史觀，強調民族主體性。於是，抗倭戰爭中明軍的作用被刻意淡化，或著意突出聯盟內部的矛盾。

這也是為什麼，鳴梁海戰是最適合韓國的電影題材：它不但是場勝仗，更主要是一場少有的、沒有明軍參與的勝仗。李舜臣以一己之力以弱阻強，彰顯了韓「民族」「必死則生」的氣概。《鳴梁》的熱映，激起新一輪重塑記憶的旋風，成為對豐臣侵朝戰爭，乃至此後四個世紀來東亞史的一次集體認知創造。

戰和之間——歷史記憶與宗藩政治文化

對於豐臣侵朝戰爭的記憶，在中日韓，都經過加工和解釋。加工和解釋各有其政治和倫理目的，因此各種表述之間會相互偏離。但據此說作者在有意粉飾，就過於簡單化了。其實各人在尋求特定事件的意義的過程中，都會有所取捨、有所側重。作家王安憶說過一句話，大意是「寫作是用不靠譜的材料來建設不靠譜的存在」。這裡的寫作不僅適用於小說，也適用於歷史。但需要追加一句的是：正是這些「不靠譜的存在」，可能比實際的存在更「靠譜」。因為現實事件是碎片化的、孤立的，需要依靠解釋、建立關聯才能產生意義。也因如此，塑造、加工出來的記憶，也是真實的，因為它們對當世及後世的政治文化產生著實實在在的影響。

比如明援朝鮮。此後數百年，無論在中原還是在半島，大多被認為是體現了宗藩原則下的血盟，或者說中朝之間自古以來的特殊關係。這種思路，不管從儒家世界觀的禮制秩序，還是唇亡齒寒的地緣政治角度，都有解釋力。萬曆皇帝在得勝後的平倭詔中，對此役定調：「我國家仁恩浩蕩，恭順者無困不援；義武奮揚，跳梁者雖強必戮。」朝鮮君臣自然也萬般感激上國的無私相救。這在今天看來可能好笑：史料明明記載，兩國對待戰爭的態度，以及在戰爭過程中的態度變化，其實十分複雜；出於不同政治考量，兩國對日軍入侵的目的、戰和選擇、是否求援或援助、援助的目標、戰事緩急、戰場指揮權、後勤保障等各個方面，均存在矛盾，相互腹誹也不少。但歷史闡釋須求其大義，而且要結合當時的政治、經濟、社會環境來評價。歷史細節很多，面向也過於豐富，但細節之上總有大義。如果僅取片段而謗其大義，會一葉障目，導致價值虛無。

一五九二年六月，日軍攻克平壤，同時第一批明軍開始渡過鴨綠江。但明軍不熟悉日軍戰法，在平壤第一次交手時，遼東鐵騎完敗於日本鳥銃。隨後明逐步增加軍援力度，讓宋應昌和名將李如松總攬軍務，一方面派沈惟敬與日軍談判，拖延時間。翌年年初，靠著由南方調來的重炮部隊，李如松在平壤大敗小西行長，揮師南下直逼漢城。但在隨後的碧蹄館戰役中，明軍再度為日軍所阻，退回開城及平壤。到年中，日軍補給為明朝聯軍切斷，特別是在海上，李舜臣指揮朝鮮水師屢挫日軍，基本掌握制海權。在此情況下，豐臣秀吉不得不與明朝商討議和。負責談判的沈惟敬和小西行長為達成協議，各自欺上瞞下，以豐臣接受明朝冊封來換取日本占有朝鮮南方四道。豐臣識破後大怒，暗自備戰，於一五九七年藉故下令二度攻朝。主力已退出朝鮮的明軍再次渡江迎戰，雙方互有勝負。一五九八年十月，豐臣秀吉病亡，日軍無主，開始撤退。在一個月後的露梁海戰中，明朝聯軍重創日軍，但也付出了明水師副將鄧子龍和朝將李舜臣戰死的代價。整個戰事在一五九八年底結束，明軍第二年班師。

衝突雖跨七年，但戰鬥則主要集中在一五九二至一五九三年，以及一五九七至一五九八年，中間有很長一段僵持和休戰期。形成這樣的節奏，和明朝一位人物——沈惟敬——大有關係。今天無論在哪個國家的史書中，此人都是個反派角色。他出身嘉興，混跡市井，早年往來日本，會日語。人到暮年，遇到人生最大轉機——豐臣侵朝，遂被兵部尚書石星請來與日交涉。他認為日本要的無非是冊封和貿易，因此力主以和談化敵，甚至不惜偽造文書，在中朝日之間大搞糊弄戰術。沈惟敬的欺君罔上終被戳破，萬曆下令將躲在朝鮮的他捉拿歸案，並在戰爭結束後問斬。

這樣一個被後人稱為「無賴」的小人物，跟中日韓各方的宏大敘事都很不和諧。但恰恰是這個無賴，憑著三寸不爛之舌，先在明軍平壤首敗後，隻身赴日營談判，拖住日軍數月，為援軍贏得時間；後竟不費一兵一卒，說服小西行長退出漢城，歸還漢江以南諸道以及朝鮮人質，讓朝鮮君臣（乃至北京兵部）都視他為高人能人。他糊弄得太成功了，後來終於玩過火，把豐臣秀吉提出的苛刻的和談條件說成是請降求封，而且還真帶著明朝的冊封詔書，去日本參見一心以為明朝前來乞和的豐臣；被後者驅逐回朝鮮後，竟還敢偽造豐臣的謝恩狀給北京……活活將東亞三國戲弄於股掌。

為什麼他竟能如此遊刃有餘？從某種角度說，沈惟敬對東亞的宗藩體制是有深刻理解的，知道在這個體制的話語框架下，具體實踐有很大的迴旋餘地和操作空間。美國歷史學家濮德培（Peter C. Perdue）指出，宗藩話語是一種「跨文化語言」，使用者有相當大的靈活性來為不同的目的服務。沈惟敬深諳此道，他自認為很清楚中日各自的需要，只要能靠兩頭糊弄蒙混過關，令雙方各安現狀即可萬事大吉。至於現狀是什麼，完全可以按各自需要各自表述。而中日兩邊還真就被他說得一度止戰休兵。

沈惟敬在這場大角逐中的作用太突兀了。如果要緊盯著他來寫歷史，什麼「仁恩浩蕩、義武奮揚」都要灰飛煙滅的。但是，他給我們提供了不少值得回味的情節，道出了歷史認知和現實操作之間相互排斥的常態。戰時出任朝鮮領議政（相當於首輔）的柳成龍，在其《懲毖錄》一書中，收錄了沈惟敬寫給另一位朝鮮高官金命元的「自辯書」。其中，沈對一些朝鮮官員對他前恭後倨，口號喊得山響實際又很無能的表現很不以為然。他成功勸服小西行長歸還漢城及漢江以南諸道後，曾詢問朝鮮官員如何善後，對方一改前番「涕泣叩頭」的態度，應聲回答：「小邦君臣責任也，老爺不須掛意。」很有氣魄。可一旦日本再次發兵，朝鮮官員「只有號泣闕下之一策」。在沈惟敬看來，這明顯是「文章功業不相符合」。可他不知道，文章（認知、敘述、闡釋）和功業（現實）從來都有偏差，就像柳成龍對他的評價：「自平壤出入賊中，不無勞苦。然以媾和為名，故不為我國所喜。」雖然不少朝鮮官員對媾和的實質結果感激涕零，但在義理上他們絕不能接受媾和之名，自然對「不無勞苦」的沈惟敬甚為不敬。

同理，儘管明與朝鮮的聯盟問題多多，可朝鮮王朝在其後很長時間裡，仍然恪守宗藩禮制，讚揚援朝的道義擔當，甚至後來建大報壇，祭祀三位明帝（賜名「朝鮮」的洪武、「恩同再造」的萬曆，以及國破身死的崇禎），以誌銘記。須知在以理學為建國之本的朝鮮，恪守「事大」的宗藩政治與道德次序，不但是對外姿態，更是國內治理的需要，是穩定國家、社會、地方、家族，乃至家庭間關係的根本。國家需要以此來為士人和平民做出表率，各個階層也才能各安其道。對戰爭的解釋，必定要符合當時更高的政治和社會需求。政治理念和社會文化長期相互滲透，形成文化道統，兩者的界限也就模糊了。到後來，「事大」不僅是政治原則，更成為文化身分。

但必須強調，這和實踐操作中的以我為主、利益至上原則是並行不悖的，並不是後來民族主義者想像的「事大主義」自我矮化。恰恰相反，在宗藩原則下，藩國構建自身合法性的同時，也收穫實利。對任何政治文化的評價，都不能脫離其情境。崇奉等級次序也好，追求平等民主也罷，也都有其十分具體的環境因素，不是抽象的選擇。更重要的是，「跨文化語言」的靈活性並不和「現代」相反（如濮德培所言）。「現代」制度下的「文章功業不相符」其實同樣明顯。任何一種世界秩序，其理想狀態和現實操作，都有很大差距。

第三章

滿洲崛起

多元國家的塑成

邊緣異動——滿洲作為多邊邊疆

明、朝、日三國在半島的戰爭，最後誰也不算贏家。朝鮮社會經濟被嚴重破壞，很長時間不能恢復；戰爭迫使朝鮮宣祖分出一部分權力給儲君光海君，使敏感的立儲問題在戰後更加複雜，更導致日後光海君對明廷的不滿。日本豐臣政權崩盤，又進入新一輪政治動盪。但從另一方面說，社會結構的破壞也刺激了流動性。大批朝鮮中人、常民趁亂獲得兩班身分；日本也湧現新一批權貴階層。從地區格局看，由於各國更專注於內部事務，中日韓在其後將近三百年中沒有出現大規模國家間衝突。這可以說是明軍援朝奠定的歷史條件。

當然，如此大規模變亂，總是有獲益者的。獲益最大的有兩位。其一是日本的德川家康：這位大名沒有參與侵朝戰爭，保存了實力，這使他在後豐臣時代的角逐中最終勝出，得到「征夷大將軍」之位，建立統治日本兩百六十五年的江戶幕府。第二位則是努爾哈赤及其領導的女真／滿洲政權。滿洲的崛起多少有些意外，因為它本來是東亞地緣政治格局中不很起眼的一位。誰也沒有想到這個「邊緣」政權有朝一日竟然強大到入主中原，平定內亞，經略海疆，成為東亞歷史上一等一的強盛帝國；不但讓「中國」的概念為之一變，更使東亞地區格局煥然一新。

拜豐臣侵朝所賜，滿洲的崛起有其偶然性。明朝用來箝制東北女真、蒙古諸部的，是遼東的兵馬。但在援朝戰役中，遼東精銳作為主力赴朝，也就無暇顧及東北邊疆的內部權力變

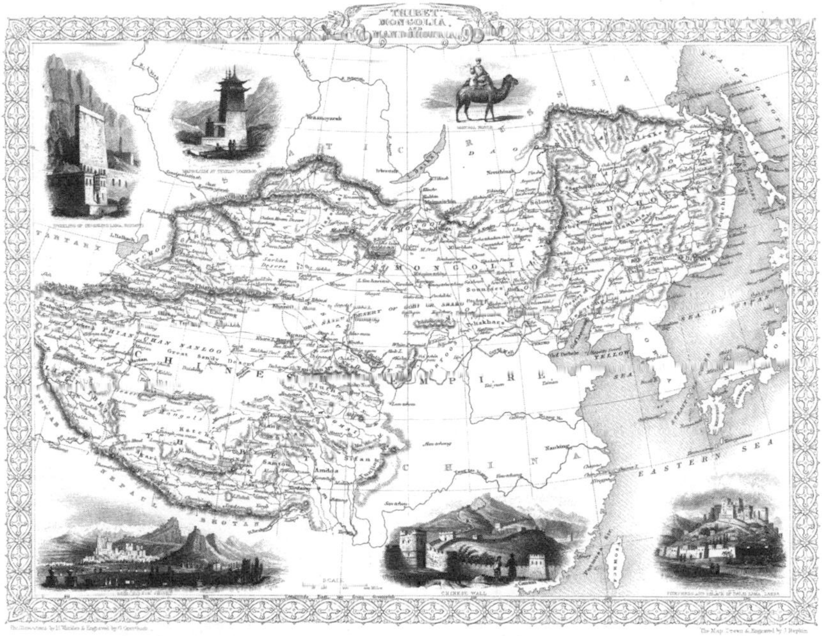

《中華帝國北部和西部地圖：西藏、蒙古和滿洲》

（據英國地圖學家 Jonh Tallis 出版於 1851 年的世界地圖集製作）

化。戰前，建州左衛的努爾哈赤已經將四分五裂的建州女真統一。至戰爭起，努爾哈赤趁機繼續坐大，令毗鄰的海西女真和科爾沁蒙古感到威脅。明軍從朝鮮班師那年，努爾哈赤吞併海西女真的戰役也開始了。此外，包括朝鮮之役在內的萬曆三大征給北京造成很大的財政負擔，其後以節流為目的的改革又動搖了政權的穩定性，終致內亂不已（李自成即為驛制改革中被裁撤之驛卒）；而軍隊要應付內地蜂起的叛亂，就更缺乏足夠的力量投入東北邊疆的防務。

但是從歷史長時段看，滿洲的崛起又屬必然。這和中國東北地區的地緣戰略位置有極大的關係。要把這層關係講清楚，我們需要轉換一下視角，不是從中原來看滿洲，而是以滿洲為中心來看整個東亞。

歐亞大陸板塊的東北部，冬長夏短，氣候苦寒，被周邊各個農業文明視為邊緣「蠻荒」地帶。這裡是通古斯人群為主體的人類世居之地。其南部與華北、朝鮮半島和日本列島毗鄰的區域（包括今天中國的東三省和內蒙古東部、俄羅斯遠東區的南部和西伯利亞區的東南部、蒙古國東部、朝鮮北部，以及薩哈林（庫頁）島—南千島群島—北海道一線），在歷史上產生過諸多大大小小的政治體，它們和周邊政權有著頻繁的交往，是溝通東亞的文化、經濟、交通樞紐。因為歷史上該地區最主要的人類活動圍繞黑龍江及其支流展開的，我暫且把它稱為「大黑龍江區域」，但它不僅包括黑龍江諸水系，也包含臨近的遼河、鴨綠江、圖們江水系流域。

漢文史料中，這個區域的世居族群包括扶餘、沃沮、肅慎、挹婁、室韋、靺鞨、蝦夷、契丹、女真等等，但這些族群的界限其實很不清楚。在長期歷史發展中，不但世居族群相互有交疊、融合、分化，和周邊的漢、韓、大和、蒙古等族群也有相互吸納和融合。總的來說，世居族群主要從事採集、狩獵和游牧，在南部靠近農業區域的地方，則有農業生產。他們接受周邊文化（特別是中原文化）的影響，但也保持自身獨特的社會、經濟、政治結構和文化特質（如薩滿敎）。

我們現在習慣認為東北自古就是中國的一部分，但在多數時間裡，中原王朝並不直接統治這一地區，漢時建立的四郡和唐時建立的安東都護府，僅及遼東到朝鮮半島北部。多數情況下，中原與東北或建立宗藩關係，或實施羈縻管理。反過來，歷史上這個地區興起過許多強國，往往對中原王朝構成極大威脅。扶餘後裔建立的高句麗（前三七—六六八），極盛時勢力橫跨遼東半島、朝鮮北部，直至日本海，先後擊敗過倭、百濟、新羅、隋唐等勁敵。其後靺鞨人的渤海國（六九八—九二六）被稱為「海東盛國」，對唐王朝稱藩屬，同時和日本有頻密的使節往來，與朝鮮半島上的統一新羅也強化了貿易關係，可以說是東北亞的樞紐之國。再後來，契丹建立的遼（九一六—一一二五）和女真建立的金（一一一五—一二三四）都曾進取中原，迫使宋王朝或納貢，或南遷、稱臣。

清代以前將全部東北納入「中原王朝」直接管轄的，其實只有蒙元。元中央政府設立遼陽行省，管理大黑龍江地區。但元是從北至南，滅了金和宋之後才入主中原的，而創建蒙古帝國的成吉思汗，則生長、起家於黑龍江源頭之一的鄂嫩河地區。因此元從根子上說，和清一樣，本就是從這個地域興起的。明朝雖設立奴兒干都司，統轄鴨綠江到庫頁島的廣大地域，但仍屬羈縻統治，且設司時間只有短短二十五年。

今天無論是在中國、朝鮮／韓國、日本，還是俄羅斯，東北歐亞／大黑龍江區域的歷史都是作為「邊疆」來敘述的。而恰恰因為它是「多邊的邊疆」，其歷史很難被任何一個當代主權國家的國內史所壟斷。如果我們把這個多邊邊疆視為一個相對獨立的歷史單位，有其自身的發展邏輯和脈絡，反而更清楚一些。可以看到：從高句麗擴張，到忽必烈進犯日本，大黑龍江區域興起的政權，在滿清崛起前就是衝擊東亞政治格局的重要因素。有歷史學家把中國歷史演進線索，總結為中原農耕區域與草原游牧區域的相互爭奪，但這個說法似乎過多強調兩個生產型態的對立。美國學者拉鐵摩爾（Owen Lattimore）指出，成熟的農耕社會和游牧社會，其內部是相對穩定的，而動盪的根源，往往是遊走於兩種社會型態之間的「中間」地帶。

中國的內亞邊疆，特別是東北，正是這樣一個中間地帶：它既不純是農耕，也不純是游牧。而且東北的震盪，波及的不僅是中原地區，而是整個東北亞。努爾哈赤和滿洲的崛起，也適合放到與明、蒙古和朝鮮互動的框架下來認識。

明代女真大致分為南部的建州女真、東部的海西女真和北部的野人女真三大部。各部之間和內部又多有爭鬥，各不相屬。明將元北逐之後，為清除蒙古影響，拉攏東北女真及其他部族，建立了對大黑龍江區域的羈縻管理。明在此地前前後後設立多達數百個衛所，儘管衛所的長官是由各部首領世襲，但明在名義上對長官有任命權。明對此地的羈縻手段是多方面的：在經濟上將中央冊封與當地人亟需的朝貢往來、互市貿易特權掛鉤；在政治上聯弱抑強，防止一家獨大；在軍事上聯合朝鮮，進剿侵擾邊境的小部落。明在建州女真部設建州衛、建州左衛和建州右衛三個衛所。努爾哈赤的先祖猛哥帖木兒，就是建州左衛的首任指揮使，其勢力範圍最早在長白山和圖們江兩岸。十五世紀後期，建州左衛西遷到遼東的渾河一帶。

蒙古方面，元朝被推翻後，蒙古分裂為瓦剌、韃靼和兀良哈三大部。其中最東部的兀良哈一度歸附明朝，活躍在與女真相鄰的松花江流域。十五到十六世紀，韃靼諸部逐漸控制兀良哈地區，南拓至長城及遼西，同海西女真有過衝突。到明末，其中的察哈爾部一枝獨秀，其首領林丹汗承襲蒙古大汗之位，號令諸部。科爾沁、內喀爾喀等部則和建州及海西女真交往頻繁，互市通婚不斷。在努爾哈赤下令創制「國書」（滿文）前，女真文書政令多依靠蒙古文。

朝鮮方面，十五世紀前中期世宗大王北拓版圖，在圖們江中下游設六鎮，對當地女真實施進剿和懷柔並用的政策。不少女真首領受朝鮮冊封，所屬族人融入朝鮮社會。所以儘管朝鮮和女真皆為明藩屬，朝鮮則更將女真視為朝鮮的藩屬。不過因建州女真時常侵擾擄掠，朝鮮亦視之為最大安全隱患。以至於豐臣侵朝時，努爾哈赤曾上書明廷，自告奮勇出兵援朝，卻遭到朝方的斷然拒絕。

建構大清——皇太極的多元帝國

雖然豐臣侵朝戰爭極具歷史意義，但在滿洲崛起前，東北亞地緣政治鬥爭的主線，仍是明和蒙古的爭奪。在明、蒙古、朝鮮和女真的多邊關係中，女真被擠在犄角，論人力、物力、財力都是最弱的一方。正因為處在多邊犄角，女真人一開始要處理的就不是和明的雙邊關係，而是多邊關係；也正因為女真實力最弱，所以滿洲政權不能僅滿足於當一個女真人的政權。它必須是一個多元的政權，才能在多邊競爭中存活、壯大。這一特點，勾畫了以後清王朝在區域格局中的基本面貌，也決定了十七世紀中期以後東亞地緣格局的基本面貌。從努爾哈赤到皇太極，他們所建立的國家，其歷史意義不在於取代了明朝——這和我們習慣的，從中原視角，把清朝的崛起僅看作「明清鼎革」很不一樣。特別是皇太極，他創建的大清，是一個容納滿、蒙、漢的「天下國家」。這與其說是他更有雄心／野心，不如說是地緣形勢使然。

一六三六年是滿洲政權極具轉折性的一年。三月，漠南蒙古十六部四十九位貝勒齊聚瀋陽，正式奉皇太極為蒙古大汗，奉尊號「博格達．徹臣汗」，意為「寬溫仁聖汗」。五月，皇太極把國號由「後金」改為「大清」（daicing gurun），改年號「天聰」為「崇德」。在漢臣獻上的表文中，將皇太極稱為「寬溫仁聖皇帝」。參加登基儀式的朝鮮使臣，礙於與明的宗藩關係，拒絕行三跪九叩之禮，即不承認他為天子。於是這一年年末，皇太極以朝鮮破壞盟約為由攻朝，這是他第二次入侵半島。上一次（一六二七年），皇太極逼朝鮮簽下兄弟之盟，並應允在滿洲與明之間保持中立；這一次，他迫使朝鮮斷絕與明的宗藩關係，成為清的臣屬，助清滅明。

這幾件集中發生的事情，標誌著滿洲政權至少在名義上，已經不再是一個女真人的國家，而是一個要成為「天下」的國家了。理解幾件事情的原委，我們可以看出，儘管此時距清軍攻占北京還有七、八年的時間，清帝國的國家意識形態建構，已初具雛形。

還是要先從努爾哈赤說起。上文曾提及，明代女真是個分裂的、互不相屬的群體。努爾哈赤憑藉他出色的外交和軍事手段，一邊不斷向明輸誠，一邊趁遼東空虛統一了建州女真。這使得鄰近的海西女真如臨大敵。其中實力最強的葉赫部，在一五九三年聯合同為海西的輝發、哈達、烏拉三部，併科爾沁蒙古、錫伯等共九個部族進犯建州。努爾哈赤在古勒山之戰中大敗九部聯軍，並在隨後的二十年中逐步吞併了哈達、輝發、烏拉。

一六一六年努爾哈赤在赫圖阿拉（今遼寧新賓縣永陵鎮）建立「後金」國（aisin gurun），稱「覆育列國英明汗」，定年號「天命」。兩年後，他以「七大恨」為藉口，宣告與明為敵，隨即攻下遼瀋，擄掠大量人口。明朝這時才意識到努爾哈赤的威脅，在一六一九年，聯合了名義上統治蒙古諸部的察哈爾部林丹汗、朝鮮和葉赫部，試圖剿滅後金，卻被努爾哈赤在薩爾滸一戰中各個擊破。隨後努爾哈赤消滅了葉赫，完成了對海西女真的吞併；又花了數年時間，將北部的野人女真諸部也納入統治之下。

雖然「後金」的國名明顯有追溯完顏氏建立的金朝的意味，但努爾哈赤在一統女真諸部的同時，十分注意籠絡蒙古。鄰近的科爾沁和內喀爾喀五部，都曾與建州對抗，努爾哈赤不以為意，透過聯姻、互市等方法逐一拉攏。身為蒙古大汗的察哈爾林丹汗，開始擔憂努爾哈赤對漠南蒙古的滲透，發兵征討科爾沁和內喀爾喀，但這反而促使它們成為最早與後金／滿洲聯合的蒙古部族。科爾沁尤其成為滿蒙聯盟的典範，對清帝國的創建和維護出力極大。著名的孝莊皇后，以及第二次鴉片戰爭時在大沽口重創英法聯軍的僧格林沁，都出自科爾沁部。努爾哈赤的年號「天命」，就是一種跨文化的政治目標。因為「天」在滿、蒙、漢文化中，都代表著政權合法性的最高來源，可謂三者的最大集合。

努爾哈赤去世時，其政權所轄，已是一個多元族群的國家。遼東有大量漢人從事農業生產，經過早期擄掠和招撫，這裡的漢人日益增多，總數甚至超過了女真。隨著蒙古部族加入，蒙古人的比重也在增大。此外還有為數不少的朝鮮俘虜，在薩爾滸之戰後被吸納進來。人口、土地增加，利益分化也越來越明顯。皇太極面對的，就是一個內部矛盾錯綜複雜、對立日益尖銳的國家。他一面繼續發展努爾哈赤創制的八旗制度，在滿洲八旗之外，分設蒙古八旗和漢軍八旗，讓各族群都有人口納入旗制。一方面因俗而治，以漢治漢、以蒙治蒙。對女真族人，他強化汗權，並以「國語騎射」來塑造認同。一六三五年，他正式命令，以「滿洲」作為女真諸部的統稱，把過去分裂的部落國家聚攏到一個新的名稱之下。尤其區別於努爾哈赤的是，他結束對漢人的苛政，保護漢民，重用漢官，以明朝為參照來建立、完善政府架構和法律制度，並開科取士招攬人才。經過這一番「天聰新政」，滿洲政權的軍事實力、生產能力、政治能力都大大增強，勢力在長城以北不斷鞏固。在滿漢大臣的不斷諫言下，入主中原也提到了議事日程上。

明初中原政權之所以能夠取得對北元的勝利，很大程度上取決於它建立了和朝鮮半島、女真，甚至是部分蒙古部族的聯盟。到了滿洲崛起之時，皇太極的戰略選擇也是如此。他曾言「取北京如伐大樹，先從兩邊砍，則大樹自仆」。地緣上看，中原的「兩邊」，正是察哈爾蒙古和朝鮮。一六二七年和一六三六年，皇太極兩攻朝鮮，最終斬斷朝鮮與明朝的同盟，並且強迫朝鮮派兵參與攻明。經過多年征戰，皇太極終於在一六三四年徹底打敗林丹汗，征服了察哈爾在內的整個漠南蒙古。

不過皇太極最大的成就，還不僅是奠定了一個多元帝國的軍事和政治基礎，而是締造了其多元一統的意識形態。清代文獻皆記錄，在征服察哈爾後，林丹汗的妻子奉上標榜政治正統性的「傳國玉璽」。這個消息大大神化了皇太極的地位，也直接導引出各部族大臣的勸進。一六三六年，他接受「博格達・徹臣汗」之號，名義上成了蒙古人的大汗，成吉思汗的繼承者。這標誌著數百年來只能由蒙古黃金家族（相當於是成吉思汗的後裔）承續大汗之制的終結，此後蒙古大汗皆為清帝。緊接著，他把國號改為「大清」，不再將這個國家說成是女真金朝的延續。特別有意味的是，在百官勸進皇太極受尊號時，由多爾袞代表滿洲、科爾沁的土謝圖濟農巴達禮代表蒙古、都元帥孔有德代表漢人，分別跪獻表文，顯示著這個新的最高統治者統合了滿洲汗、蒙古大汗和中原皇帝這三個角色。

就滿洲政權而言，迫使朝鮮臣服，原本是明清之戰中的戰略行為，但隨著政治形勢的變化，這種臣屬關係的建立很快就有了軍事征服之外的含義。歷史學者王元崇認為，清透過與朝鮮建立宗藩關係，在入關前幾年就已經在逐步塑造自己的「中國」認同。而入關後，清韓宗藩關係更成為此後清朝和其他屬國建立名分的模板，也成為清代宗藩制度中最為典型和牢固的雙邊關係。

皇太極雖然沒有活到清軍入關的那天，更未能預見此後一統漠西和漠北蒙古，但他的「天下」布局，在生前已現雛形。

「滿」與「旗」——族、籍之間

一六四四年四月二十五日，李自成攻陷紫禁城，明崇禎帝自縊煤山。駐守山海關的明將吳三桂，在闖軍和清軍之間，倒向後者，引清軍入關平叛。清國攝政多爾袞旋即迎順治帝入京。此時距離皇太極創建大清，已有八年。在此後的十幾年中，清逐步剿滅李自成和南明政權，定鼎中原。到康熙執政之時，清國平定三藩、克復臺灣；北遏俄羅斯、西征準噶爾，初步奠定了今天中國的版圖。

到了二十世紀初，曾經盛極一時的清帝國已經風雨飄搖。那時一批青年知識分子，面對列強的欺凌，力主以種族革命理論動員民眾。一位叫陳天華的湖南青年，在一九〇三年以通俗的鼓詞形式，寫了《猛回頭》一書。書中將滿洲、蒙古、西藏等視為「異種」，並呼喚「漢族」的種族意識：

> 俺漢人，百敵一，都是有剩；
> 為什麼，寡勝眾，反易天常？
> 只緣我，不曉得，種族主義；
> 為他人，殺同胞，喪盡天良。

和同時代許多受到歐洲近代思想影響的國人一樣，陳天華宣稱，世界歷史是一部「文明」戰勝「野蠻」的歷史：「我漢族對於蒙古、滿洲、苗、瑤自然是文明的，對於歐美各國又是野蠻的。倘不力求進步，使文明與歐美並駕齊驅，還有不滅種的理由嗎？」《猛回頭》是中國資產階級革命的重要文本，辛亥以來，貫穿於其中的民族主義、種族主義敘事，藉由教育的普及推廣，深刻影響了民眾的歷史觀和世界觀。它的意義在今天需要認真檢討。在早期革命者中，一方面要反抗歐洲殖民主義，一方面又把為殖民提供理論支撐的社會達爾文主義奉為圭臬，把中國的未來定位為「與歐美並駕齊驅」，是一個很流行的邏輯。拋開這套邏輯的內在矛盾不說，它把中國的歷史，嫁接於歐洲近代史邏輯，即把族與國對接，把歷史說成是「文明種族」與「蠻族」的爭奪史。其革命目的，雖然在於推翻清政府，但早期動員手段，卻宣揚以種族革命驅除作為「韃虜」的「滿族」。

今天看來，把清朝在東亞大陸的崛起僅視為「明清鼎革」，視為（落後的）滿族文明破壞了（先進的）漢族文明，不但根本無視清朝在政治、社會、文化諸領域取得的巨大成就，而且把近代才發明的「民族」和「進化」概念硬套到歷史身上。更進一步說，是消解十七世紀以來「中國」概念既有的演化。這裡並非要否認清朝崛起過程中，中原與滿洲政權之間激烈的衝突和對抗，更不是否認有清一代存在著族群壓迫，但這種衝突反抗在多大程度上是今天民族、種族意義上的呢？更進一步說，那時有沒有一個類似今天「滿族」的族群呢？

前面提出過，大清從建立之初，就已經是一個多元政權，融合了滿洲、蒙古、漢等各族群的政治制度、意識形態和國家想像。那麼其中最為典型的滿洲制度，就是八旗制。八旗制度是努爾哈赤在女真人原有的生產生活組織制度（牛錄額真）基礎上創立的。八旗既是軍事組織，也是社會組織和宗法行政組織，它有效地把努爾哈赤轄下的人口動員起來，分旗、分層管理和指揮。在滿洲政權擴張過程中，八旗的作用是決定性的。清朝定都北京後，從屬八旗的人口（包括官兵、家屬和奴僕）幾乎全部「從龍入關」，成為清政權依靠的主要力量。

此後，八旗主力除駐紮北京外，還在杭州、武漢、西安、荊州、廣州等幾十處重要城市駐防。旗屬人口逐漸由流動改為定居。其「旗」的身分，也從本來最重要的軍事組織標籤，漸漸擴大成戶籍、階層標籤，用來區別於普通的「民」。「旗人」在政治、經濟、社會各方面享有諸多特權。比如，旗人世代不必從事勞動生產，其生活來源全部由國家承擔。旗人比民人享有更多的機會做官，也不必經由科舉入仕（除非自己願意）。清代國家機關中，從八旗中選拔的「滿員」始終較考試上來的「漢員」地位略高，也有更多配額。此舉當然是國家為確保統治，給予精英集團世襲特權以鼓勵效忠。但同時，旗人也必須要恪守國家對他們的規範，比如「國語騎射」，不與民通婚等等。

「旗籍」與「民籍」的分立，在實踐中有時和「滿洲」、「漢人」的身分相互交疊，給人一種種族對立的印象。其實到了清代中後期，以語言、生活方式等標誌的族裔界限日漸模糊，「不問滿漢，但問旗民」的社會階層界限，才是關鍵差異。但在清末，早期革命者把歐洲種族差異話語嫁接到本地的社會政治差異話語上，塑造了一個與「漢族」相區隔的「異種」。只是到了這個時候，「旗人」才一變而成族裔身分。舉個不恰當的例子，就好像我們今天戶籍上分立的「城鎮人口」和「農村人口」，變成了兩個「民族」一樣。

問題是，一旦「民族」的身分被塑成，民族主義的歷史就按照這個身分展開了，好像城裡人和農村人從一開始就屬兩個相互競爭的文明單位，連人種都不同。這當然不是事實。

八旗制度是滿洲獨有的，但八旗卻不只是由滿洲／女真人組成的。眾所周知，隨著後金和清政權的崛起，聯合、歸附或投降的部眾越來越多，在皇太極時代，就從原有八旗之中逐漸分出了八旗蒙古和八旗漢軍。

如此劃分，自然出於方便平時管理和戰時調配的需要。比如，八旗蒙古在清初的蒙古用兵時作用突出，八旗漢軍則成為進取、鞏固中原的關鍵。但這種區分又不是嚴格按照族源來的。一方面，滿洲人、蒙古人和漢人，都有少部分因種種原因劃歸其他二部。另一方面，隨著清朝的歷次用兵，俘獲很多其他族裔的人丁，比如朝鮮人、回人、藏人、俄羅斯人甚至越南人，他們也都被編入八旗。

可見有清一代，「旗」與「女真／滿洲」不是直接對應的關係，旗本身就不是族屬概念。八旗之內雖有族源分別，但其界限不像人們想像的那樣清晰。旗人內部的融合是很明顯的，像不少漢軍就改了滿洲姓氏。到了清朝鞏固中原、平定三藩之後，八旗人丁的族屬構成中，漢軍的比例大大增多，已超過滿洲和蒙古。以至於到了乾隆年間，皇帝不得不令大量漢軍人口出旗，只保留入關前的漢軍的旗籍，以減輕國家負擔並保證滿洲在八旗中的主導地位。八旗之內，各族裔的身分認同也日漸趨同，大部分人「漸習漢俗」，最後差別甚微。到了近代，不管八旗滿洲、蒙古，還是漢軍，大都只認定自己是「旗人」。而這「旗人」與皇太極時代「滿洲」的族裔身分聯繫，實質已經相當遙遠。

在此後的民族建構中，「旗人」的概念被轉換成「滿族」，但兩者仍然不完全一致。比如，由於民國初期對「滿人」的社會歧視，很多滿姓旗人改漢姓，隱瞞自己的旗籍。而到了共和國時期，旗人及其後裔則又紛紛改回「滿族」，登記人口迅速增加。「滿」成為今天中國人數僅次於壯、回的第三大少數民族。再比如，過去在八旗滿洲中的達斡爾、鄂倫春、鄂溫克、錫伯等部，從滿族的類別中分出來，單獨列為官方認定的「少數民族」。

其實無論滿漢，都是在動態交往過程中產生的相對概念。和「滿族」一樣，「漢」作為「民族」也是從十九世紀末才逐步固化的概念。滿洲多元政權的入侵，對中原地區的文人精英來講，的確有極大的心理衝擊，但這衝擊的根本，與其說是種族競爭，不如說是深刻動搖了中原原有的華夷觀念。「夷」要成為「華」了，天下還是天下嗎？

「夷」在東亞——異族與正統

清雍正六年（一七二八），湖南士人曾靜，勸誘川陝總督岳鍾琪起事反清，結果反被誘捕送京。曾靜交代，自己是受著名儒士呂留良反清思想的影響。於是雍正皇帝刊行《大義覺迷錄》，從理論上駁斥呂留良「滿人為蠻夷」的觀點，並讓「改造思想」後的曾靜到全國現身說法，消除漢人士人的反滿情緒。轟動一時的「曾靜案」及其後續，既是大清大一統意識形態遭遇的一次公然挑戰，也是它的一次公開自辯。

前面曾探討過，清入主中原後帶來的族群矛盾，不能按照今天「民族」（nation）的概念去理解。這當然不是否認歷史上的族群壓迫和反抗。只是，當時像呂留良、曾靜這樣的中原士人，也包括日本、朝鮮、越南等深受中原文化影響的文人，更多是從「華夷變態」的角度來理解這種衝突的，屬東亞傳統政治文化中「夷夏之辨」的延續。所謂夷和夏的分野，在各個時代有差異，隨歷史語境的不同而不同。不能否認它有時包含種族含義，但更多時候，它強調地域、文化、禮教、政治制度、文明等因素，突出的是華夷之間的相對性。華夷二者實際是相互生成和轉化的動態過程。只不過到了十九世紀，社會達爾文主義大興，民族主義借用種族邏輯來反抗殖民壓迫，一些革命者很容易就把種族優劣的理論，嫁接到「華夷變態」上，導致華夷界限被扭曲成了僵化的「漢」與「非漢」界限。

近幾十年來歐美政治學中，對「民族主義」（nationalism）有深入的辯論。早期辯論的一個核心，簡單說來就是：「民族」（nation）究竟是自古即有，還是一個現代產物。原初派（primordialist）學者強調民族形成的自然基礎，比如共同的血緣、地域、語言、宗教認同等。而目前為更多學者接受的現代主義（modernist）觀點則相反，強調民族是在近代資本主義發展過程中才形成的，是在工業化、城市化、大眾媒體興起等條件下，構建和想像出來的。原初派看重的延續性和「傳統」，在現代派看來其實是後世的「發明」——即使真的存在，在現代民族主義到來前也無關痛癢。兩派都沒有把中國或東亞作為關注重點，用來解釋東亞世界，都有不足。

東亞各國的「民族主義」的確是十九世紀以後的意識，是受到全球資本主義和帝國主義雙重擠壓後被動發生的、「想像」的產物。但另一方面，它並非空中樓閣，而是嫁接在歷史形成的身分認同基礎上。這個身分不是「民族」，卻很容易被後人「改編」成「民族」。兩者都是人為而非自然的產物。但民族主義之前的精英階層，並不像現代民族主義者那樣，力圖動員包括下層民眾在內的全體「國民」，把「一盤散沙」塑成一個統一的「國／族」。他們更多還是把自己的認同訴諸本階層的文化、政治身分。在中原、朝鮮、越南及日本，這個精英階層以儒家士人群體為主要代表。

先不談域外。清朝統治者在中原地區要面對的一項重要挑戰，就是一些漢儒們「華夷之分乃域中第一義」的意識形態挑戰。在使用軍事和政治等硬手段（包括強制男性剃髮易服）高壓的同時，清廷還必須以文化等軟手段占據意識形態高位。更重要的是，清朝不是前一個中原王朝的替換，它雖然繼承了明朝的許多政治制度、理念、意識形態，但必須有所改造，才能體現出它是一個融合了滿、漢、蒙等群體的「天下」國家。換句話說，這套意識形態必須兼顧中原、滿洲和蒙古。過去中原王朝（特別是明朝）奉行的那套身分政治邏輯，是不適用的。

一個小例子可以體現清初帝王對建構大一統意識形態的重視。康熙四十八年（一七〇九），康熙和漢人大學士李光地有過一場有趣的地理討論。皇帝問大學士，知不知道山東山脈從何處而來。李答大約從陝西、河南來。康熙則否定說：不對，是從關外的長白山而來。為此，康熙還特地作一篇地理文章，論證泰山一脈源於長白山。他把長白山比作龍頭，龍身西展，在遼東和山東半島間潛入海面，龍尾則升為泰山。這種地理想像的政治意味非常明顯：它不但將作為愛新覺羅神話發祥地的長白山，和作為中原法統符號的泰山連接在一起，而且定下了兩者間的主從關係。

而到了雍正帝刊行《大義覺迷錄》，這種針對中原士人的意識形態構建達到一個高潮。

其中最重要的一個理論取向，是以「承仰天命」的最高政治合法性，消弭華夷界限。雍正在首篇上諭中緊緊抓住華夷概念的相對性，運用儒家經典，來論證清代統治的合法性，是來源於「有德」、「順天」。這是以儒家的天理觀否定華夷二元對立。上諭說：「自我朝入主中土，君臨天下，並蒙古極邊諸部落，俱歸版圖，是中國之疆土開拓廣遠，乃中國臣民之大幸，何得尚有華夷中外之分論哉！」而呂留良等儒生看不到清廷治下的文德武功，「於天下一統，夷夏一家之時，而妄判中外」，是「不知君臣之大義，不識天命之眷懷」，違背儒家政治倫理，直比禽獸。

很顯然，這部帶有自辯性質的文本，其目標讀者只是中原士人。它運用中原的理論資源，解決「異族」統治與「正統」合法性之間的關係。而同樣在版圖之內的蒙古諸部和西藏，他們本來就不以儒家政治倫理為統治原則，無所謂夷夏之分，清政權自有另外的政治邏輯來展示其統治正當性。但是，消弭華夷界限，實際也考慮到了中原和蒙藏幾種不同邏輯之間的自洽。這和明代初期以「驅除胡虜」為政治口號來強調「中華」身分，是很不一樣的。

那麼，這套意識形態構建，究竟成功了沒有呢？這恐怕是個沒有標準答案的問題。雍正去世不久，乾隆便下令將《大義覺迷錄》毀版禁刊，將曾靜等凌遲處死。後世猜測其中一個原因，大概是這本自辯書反而把帝國的政治軟肋（不但是華夷問題，更包括朝廷內部矛盾）昭告天下了。有清一代，以反清反滿為口號的叛亂不斷；而清末一部分革命者，更是把夷夏大防的邏輯改編成了種族革命的口號。這樣看的話，似乎帝國的思想工作是失敗的。

但另一方面，清朝的治理在很大程度上受到中原士人的認可。經過康乾盛世，擁護清朝法統的漢人官吏和知識分子已是大多數。到十九世紀上半葉，以魏源、龔自珍、林則徐為代表的一批近代思想先驅，更自覺認定「中國」是一個包含了中原和內亞邊疆的國家，把過去中原士人視為異域的滿、蒙、疆、藏，看作是與中原一體的。清末部分革命者們雖然學朱元璋高喊「驅除韃虜」，可這一口號並未得到多少實質性認同，且很快就轉而強調「五族共和」。如果從這個角度看，清代的意識形態構建又是相當成功的，它把過去漢人精英的「中國」概念，轉化成了一個新的東西。

當然，這種構建僅及於清朝直接統治的地帶。在同樣受到儒家思想影響的朝鮮和日本（也包括越南），情況就不一樣了。長期以來，半島和列島的政權，也在相當程度上以華夷對立來塑造身分。實際統治日本的幕府將軍，其全稱就是「征夷大將軍」。這裡的「夷」最早是指大和政權北擴過程中，被稱為「蝦夷」的古代住民。朝鮮政權更是長期把北方邊境內外的女真等部族視為蠻夷胡種，在建國數百年內，不斷驅趕土著、北拓邊疆。對同化入朝鮮社會的女真後裔，在社會、政治和經濟等方面有諸多歧視和限制。在日韓儒士眼中，滿洲政權毫無疑問就是「夷」，而蠻夷統治下的中原，還是不是過去那個「華」？如果不是，誰是今天的「華」？這些成了必須回答的、事關大義名分的問題。

在這種情況下，東亞世界在明朝統治時期形成的「中華」認同便發生了畸變。

第四章

新天下秩序

新的「中華」、新的天下

禮部「外交」──「朝貢」作為權力和文化

近年來的東亞歷史學界，越來越多的人開始使用域外漢文典籍來研究中國。最具代表性、被中國學者研究最多的史料，當屬朝鮮方面的一系列歷史記錄。其中既包括《朝鮮王朝實錄》等反映王廷日常行政的材料，也包括統稱為「燕行錄」的朝鮮赴明清使團紀錄，及反映中朝、朝日間交往的《同文匯考》等。對域外漢籍的使用，為過去過度以中原為中心構建的區域史敘事，提供了一個不同的、可貴的視角，即從「他者」的眼光來審視以中原為中心的東亞世界。

前文提到，滿洲崛起後，日、韓、越等域內崇奉理學的社會，對中華的概念發生了畸變。這點在近來的對域外漢籍的研究中被強調得很多，無須詳細展開。當代中國學者在「借用」朝鮮視角的時候，一方面特別看重朝鮮的所謂「小中華」意識，突出半島與明朝牢固的文化制度聯繫；另一方面則強調明亡清興後，恪守「夷夏大防」的朝鮮的離心傾向，認為在清代東亞世界已經沒有區域認同了。這兩類解讀凸顯朝鮮半島在近代三百多年來對中原的一種糾結矛盾的心態。其中的政治文化暗示是，「明清鼎革」對東亞區域認同帶來極大改變。

這種理解當然有價值，但並非沒有補充的必要。我們要把朝鮮等對「中華」的文化態度，和對區域秩序的政治態度，做一個區分。不少學者把十七到十八世紀，域外士人的離心心理當作區域關係史上的特質，強調特定條件下的斷裂性。但如果我們將它放回到更長的歷史時段裡，就可看到它其實有很強的延續性，並不是新現象。某種程度上，強調十七世紀後區域認同不再存在，是為當代主權國家體系下的外交現實找尋歷史回應；但它有意無意間以「現代」國家間關係（即主權外交關係）為模板，將傳統東亞國家間的關係模式（宗藩關係）與「現代」作切割處理。可以追問的是：如果朝鮮真的早在十七和十八世紀便沒有區域認同了，那麼為什麼朝鮮王廷還要自居清朝最忠實的屬國，一直到中日甲午戰爭？為什麼直到十九世紀晚期，朝鮮保守派官僚及儒生，並不情願脫離（甚至改革）與清的宗藩關係？換句話，上層精英心理上對滿洲政權的排斥，和國家社會整體對區域等級秩序的堅持，這種張力應如何理解？

這涉及到奠定區域國家間關係的主要因素究竟是什麼？是文化、制度、心理等，還是實力和地緣格局？更為重要的問題是，被諸多學者稱為「朝貢體系」的傳統東亞秩序，和現代主權國家構成的國際關係，是不是完全異質的兩套秩序，以至於傳統秩序在歐洲的堅船利炮下，被徹底推翻，並必然被「現代」的條約體系取代？

東亞世界在歷史上大多時候，是由一個超強國家（一般是中原政權）和若干實力、體量較小的國家構成的。這點和歐洲近代史上以均勢為主要特徵的國家間關係很不一樣。具體到中原和朝鮮半島關係而言，兩者體量和實力上的不對稱，以及地緣上的接近，構成相互關係的基本格局。如果我們相信現實主義國際關係理論的基本判斷，那麼，在一強獨大的權力結構中，弱小一方的理性選擇，是與大國結盟，並在既有權力格局內保障自身安全、謀求最大利益。當大格局改變，比如大國內部分裂，或者有新的強權崛起挑戰獨大格局時，弱小一方自然也會改變自己的結盟策略和對象。歷史上朝鮮半島政權和中原政權（新羅與唐，高麗與元，朝鮮與明清）正是如此。權力關係不直接轉化為政治認同，但持續穩定的權力關係會對政治認同有極大影響，高麗貴族在明初仍親近蒙古，朝鮮士人在清初仍崇奉明朝，其中有權力關係帶來的文化慣性。

必須強調，這種權力關係並不是單邊強加的，而是雙方共同構築的。一強獨大格局中，相對弱小的一方往往比大國更依賴秩序的穩定性，也更強調道義責任，以制約大國的權力。這恰恰是其從來就存在的自主意識的體現。在具體利益博弈中，大國則更傾向於以有限的實利讓渡來換取政治承認。這無論是在東亞宗藩體制，還是現代國際關係中，都是一樣的。

明清與朝鮮都以宋明理學為官方意識形態，在理學包裹下，雙方的權力關係也用宗藩禮制話語來描述。強調自身在這套意識形態中占據正統，是朝鮮政權立身之本。所以，所謂「小中華」意識，與其說是朝鮮甘於做「中華」支脈，不如說是朝鮮自認為「中華」，不過體量稍「小」而已。有種傾向認為，朝鮮的「小中華」意識是清朝之後才有的。但其實早在明後期，出使北京的朝鮮使臣已經屢次表達對明朝禮崩樂壞、人心不古的鄙夷。他們尤其看不慣當時明儒推崇的王陽明心學，斥之為偽學邪說，認為程朱理學正統只有在朝鮮才得到悉心維護。這個時候，「小中華」意識已經存在了。到滿洲入主中原，「華夷變態」，就更加刺激了精英士人的文化危機感和文化優越感。可見，這裡的「中華」首先不是國家意義上的中國，而指的是理學道統。如果再從朝鮮內政角度考察，則可看到：「小中華」意識形態，時常是朝鮮不同政治集團間內部鬥爭的話語武器，和現實中（從利益角度出發）的「事大」政策、區域認同，不一定有多麼緊密的對應關係。

政治意識形態與地緣權力格局，並不相互排斥。自居意識形態正統，表面看似離心，實質恰恰是對區域權力等級關係的再確認。換句話說，雖然「中華」在朝鮮士人心裡發生畸變了，但天下格局（中原一國超強）和朝鮮在這個格局中的道統未變。而且朝鮮反而更要恪守「事大」宗藩禮制，維持權力格局的穩定性，以保證自己在這套禮制中優越、獨特的位置，維護最大利益。「事大」的方針是現實主義需要，而宗藩禮制為現實政策提供了理論指導。反過來，清朝也必須以「字小」（大國懷柔小國）回應朝鮮，以承擔自己在權力關係中的責任。

宗藩禮制最為典型的表達形式之一，是所謂「朝貢—冊封」制度。以清朝和朝鮮關係為例，朝鮮每年數次入京朝貢，王室成員的正式名號都須由北京冊封。關於路線、活動、館驛、接待規格等都有明確規定。但封貢活動本身不是宗藩關係的全部，只是其禮儀表現之一種，和宗藩制度掛鉤的還有貿易准入、邊市往來等一系列物質性交往，以及安全保障。因此，用「朝貢」來概括東亞世界的國家間關係，嚴格地說不盡準確。在禮儀之外，有其他形式，背後則是權力和利益互動。

甲午戰爭之前的數百年裡，宗藩制度在東亞範圍內是「普世」制度。域內很多國家都以此為對外交往原則，其中也包括多數時間內不認中原天子為最高權力的日本。除了中原這個核心，一些國家也自視為次級區域的核心。它們一面奉中原王朝正朔，一面和比自己更小的政治體建立等級次序。比如朝鮮之於女真，越南之於占婆、高棉、老撾等（越南對內甚至自稱皇帝）。就算不以中原為上國的日本，也將這套體制拿來施之於琉球等處。由於這套禮儀制度和官方貿易權利直接掛鉤，所以早期歐洲國家和公司為了進入東亞市場，也必須加入這套制度。這有點像今天一個國家要加入一個已經成熟的全球貿易機制（比如ＷＴＯ），就得遵守此機制中所有國家一起奉行的各種制度規範一樣。

清代沿襲明制，負責對外交往的職能部門，主要是六部中的禮部（但對內亞和俄羅斯，則由理藩院管理）。因此我們可以把宗藩關係下的交往，看作是禮部「外交」。這裡的外交打上引號，因為它並不是現代主權國家意義上的外交。它是宗法制度的延伸，宗國與藩國雖各自為政，但畢竟多了層君臣等級。因此，十九世紀朝鮮多次以「人臣無外交」為由，拒絕歐美國家的通商要求。這讓歐美國家很困惑，不知如何定義朝鮮對清朝的這種又自主又臣屬、雖不平等但亦非附庸的關係。

但禮部「外交」又的確是一種外交機制，和現代外交一樣，是一整套規範國家之間如何打交道的制度和原則。兩種機制的背後，是對世界格局的不同假想：禮部「外交」認定，「天下」是一個圍繞禮制建立的等級次序；現代外交認為，「國際」是由主權國家按公法原則組成的平等體系。兩種構想都只描述理想狀態，與現實中的權力關係都不完全相符。從這點看，兩者有很大的相似性；恐怕也並不能說，哪個制度更文明先進，哪個更愚昧落後。

內亞帝國——滿蒙藏政治／信仰共同體

宗藩體制在理論上，是家族宗法制度在內政外交上的延伸。清對東亞鄰國和一些域外國家，繼承了明的宗藩（朝貢）制度，就是上篇所謂的「禮部『外交』」。但與此平行的還有另外一套制度，用來管理內陸亞洲邊疆（即今天蒙古、青海、西藏、新疆及西南地區）。其負責機構在設立之始叫「蒙古衙門」（一六三六），後改為「理藩院」（一六三九）。順治年間，理藩院脫離禮部，成為專管外藩事務的獨立部門。以理藩院實施對內亞的治理，是清不同於明的一大特點，也是今天中國之所以成為「中國」的重要一步。

近幾年，美國「新清史」學派突然受到中國關注，大有從學術議題變成公共話題之勢。「新清史」的主張，簡單說，就是轉換清史研究的中原視角，而採用滿、蒙等語言史料，把清朝當作一個內亞帝國、而非一個漢化（Sinicized）的王朝來處理。「新清史」和「漢化論」最早的交鋒，是二十世紀九〇年代美國歷史學家羅友枝（Evelyn S. Rawski）和何炳棣關於「漢化」的爭論。近年的趨勢，則變成一方堅持批判（以漢族為中心的）民族主義史觀，一方則嚴防（源於日本學界的）「滿蒙（疆藏）非支那論」捲土重來。其實從邏輯上看，多少有些各說各話。因為羅友枝等並沒有否定滿人在很大程度上接受中原聲教，何炳棣也不否認清廷締造的是多族群帝國。如果把討論限定在學術範圍內，那麼兩種研究清代中國的視角各有價值，如何炳棣所言，不必相互排斥。

另一個問題是，當對清朝性質的爭論，過多集中在統治集團到底更崇奉以「國語騎射」為標誌的「滿洲之道」，還是以儒家聲教為核心的「中原之道」時，另一層重要的國家建構過程，就容易被這種滿漢二元對立所忽視。這就是：滿洲政權借鑑、融入、改造蒙古的政治和信仰體系，將分裂的北疆和西域納入新的國家共同體。這種建構策略被中國學者李勤璞稱為「蒙古之道」。他認為滿洲政權，尤其是前期，存在著有意「蒙古化」（Mongolization）的政策取向，這和同一政權採取的「滿洲之道」和「中原之道」，既非常不同，又並行不悖。

由於現代中國直接繼承清代國家，所以認識「蒙古之道」，對於我們理解清如何奠定現代中國的版圖和一統意識，以及在此基礎上的現代中國國族建構及其問題，至關重要。

不用說，任何擴張和統治，都伴隨權力博弈及軍事征服，比如皇太極打敗察哈爾的林丹汗、康熙至乾隆年間與準噶爾蒙古的地緣爭奪等。但僅僅靠暴力強壓，並不會產生對新國家的認同。滿洲政權另外一種重要的策略，是在政治體系和宗教信仰兩方面把自己和蒙古「混一」。在這個前提下，再輔以軍事、貿易、移民等方式鞏固領土和人口，並用盟旗、扎薩克、駐紮大臣等制度強化管理，固化各部領地，徹底改造原有的游牧方式，結束草原內部長期紛爭的狀態，並最終達致蒙古上層精英對大清的自覺認同。此外，正是出於塑造「混一蒙古」的訴求，藏區和今天的新疆亦納入帝國政治視野，華北與西域的聯繫空前強化。

成吉思汗創建的蒙古帝國，是一種部眾聯盟國家。他死後，蒙古世界陷入分裂。經過長期內鬥，元朝皇帝最終獲得蒙古大汗之位，但對其他四大汗國沒有實際統治權力。在元及其後的蒙古世界中，有實力的汗或大汗可以統合各個部眾國家，而當強勢人物去世、實力瓦解，這些並立的部眾國家可以選擇脫離、獨立，或結成新的聯盟。蒙古語中「兀魯思」（ulus）一詞，即指的這樣一種「國家」，各「國」之間缺乏統一的政治認同，甚至語言文字都不相通。美國學者艾宏展（Johan Elverskog）透過研究十六至十九世紀的蒙古史料，指出這種鬆散的政治體制（他稱為「ulus／törö 制度」）是蒙古政治的重要特色，蒙古部眾最初就是在這個制度框架下，認知他們與滿洲國家的關係。

滿語中的「固倫」（gurun，國家）和「兀魯思」意涵一致。當科爾沁、喀喇沁等部脫離林丹汗投向滿洲，他們認為這是自己的兀魯思和滿洲兀魯思的聯合。眾多不滿林丹汗的蒙古部眾，歡迎滿洲的崛起，也願意和滿洲結成新的國家以抗衡察哈爾，這完全符合草原國家的政治理念和結構。而滿人信奉的政治合法性最終來源「天」，與蒙人信奉的「長生天（騰格里）」亦基本一致。到皇太極征服整個漠南蒙古、得到「傳國玉璽」後，與滿洲聯盟的蒙古部眾認為皇太極體現了天命所歸，公推他為新的兀魯思的領袖、成吉思汗的繼任者。皇太極以蒙古大汗的身分將各部編入體制，這才開始逐漸把蒙古各「國家／兀魯思」改編成大清國家（daicing ulus）轄下的行政單位或藩屬，這一轉變過程持續上百年。

與此同時，滿洲政權不但透過通婚，從血緣上強化與蒙古上層的聯繫，而且全盤接受對蒙古人有重要影響的藏傳佛教，甚至直接和格魯派領袖（達賴喇嘛和班禪）接觸，建立密切的政教關係。從元代起，蒙古上層就開始崇奉藏傳佛教，並對政教合一的藏區施加影響。「達賴喇嘛」和「班禪」的名號都來自蒙古，分別是一五七八年土默特部的俺答汗賜給索南嘉措（即第三世達賴喇嘛）和一六四五年和碩特部的固始汗賜給羅桑卻吉堅贊（即第四世班禪）的稱號。藏傳佛教幾大派別之間相互競爭，並和不同的蒙古部眾建立同盟，蒙藏相互介入對方內部的政治鬥爭。女真／滿洲雖然早就接受藏傳佛教影響，不過直到皇太極時代，才真正意識到，遙遠的西藏，對居住在整個北方及西域的蒙古諸部，有著舉足輕重的影響。

從宗教入手強化與蒙古的聯盟／宗藩關係，是滿洲政權找到的治理內亞的法寶。佛教對蒙古的重要性，其實明朝政府也意識到，並多次利用喇嘛做溝通中原與蒙古關係的使者。永樂皇帝本人更是藏傳佛教熱誠的信奉者。但明朝並沒有像清那樣，以崇奉藏傳佛教為手段，對衛藏建立系統的、直接的政治管理。清統治者對佛教的崇奉不但出於治理需要，也出於自身精神需求。在入關之前，皇太極就在盛京大興土木建造藏傳佛教寺廟，今天瀋陽著名的皇寺和四塔四寺都是皇太極時代敕建的。入關後，清廷更是在北京、熱河等各處建造寺院供奉高僧，佛教完全融入皇家和國家生活之中。

當然，這其中的政治考量也很明顯。清帝雖名義上對藏傳佛教幾大派別都很重視，但實際有意提高格魯派的地位，支持黃教領袖成為蒙藏僧眾的精神導師。可以說，在本來派別分立的北疆和西域，獨尊達賴喇嘛（前藏）、班禪額爾德尼（後藏）、哲布尊丹巴呼圖克圖

（外蒙古）和章嘉呼圖克圖（內蒙古）這四大格魯派活佛，很大程度上拜大清的襄助。從格魯派角度看，當然也樂於和清帝結成同盟，以擴大自己的影響力。五世達賴喇嘛於一六五二年會見順治，以及六世班禪額爾德尼於一七八〇年會見乾隆，後來成為滿藏關係最具象徵意義的事件。

需要提及的是，清朝統治者對有利於統治的各類宗教／價值體系都大力扶植，並不僅僅是藏傳佛教而已。從皇帝到高官，很多滿人對藏傳佛教亦有微詞。皇族在滿人的堂子舉行薩滿儀式，在喇嘛廟禮佛，還積極參與儒教和道教活動，這格外體現清帝的多元角色：對於中原及東亞諸國，他是天子；對於滿洲，他是部族首領和家長；對於蒙古，他是大汗；對於藏地，他是文殊菩薩的化身。多元意識形態在清的混一，取決於兩個條件：一是這些意識形態經過長期磨合，相互容納而不排斥；二是所有這些政治合法性資源，都統合於對「天命」觀念的崇奉。正因此，清治下的漢、滿、蒙、藏，不是馬賽克似的各自為政，而是「承仰天命」之下的多元混合。

一七五八年，經過七十多年的戰爭，清帝國終於取得了對漠西（衛拉特）蒙古準噶爾部的軍事勝利，消滅了最後一個敵對的游牧汗國，在此過程中控制了從漠北到天山南北路的廣大地域。一七七一年，同屬衛拉特的土爾扈特部，由首領渥巴錫率領，脫離俄羅斯，在屢遭挫折後歸降清朝。以此為標誌，清帝國基本完成對蒙古草原的重新統一：這既有清的多元政策，也靠大部分蒙古部眾對國家的支持和認可。甚至有學者認為，「蒙古」成為現代統一的

五世達賴喇嘛會見順治帝

「民族」身分，實是在清代才有充分條件。

十八世紀蒙古在清治下的統一，是在特殊的地緣政治條件下實現的。打敗準噶爾及土爾扈特東歸，涉及全球史另一項重大事件，這就是俄羅斯的崛起和東擴。而歐亞大陸上兩大帝國——清與俄羅斯——在內亞的相遇，給現代中國和東亞帶來怎樣的衝擊呢？

清俄碰撞——歐亞相遇中重塑「中國」

清初順治、康熙兩朝，安全形勢十分嚴峻。在南方，先有南明政權的抵抗，繼有三藩之亂及鄭氏政權對峙海上；在西北，則有準噶爾汗國以伊犁為根據地強勢崛起，並向南向東擴張，與清競爭對南疆、藏地及漠北（喀爾喀）蒙古的主導權。與此同時，另一個日後被認為有全球史意義的衝突在黑龍江流域發生，這就是由俄羅斯東擴所帶來的清俄碰撞。這幾方面的爭奪相互糾纏影響。清俄戰爭雖規模不大，但歐亞兩大帝國的相遇及其後的制度安排，為傳統東亞世界秩序增添新的因素。

和清相似，俄羅斯在成為沙皇國後，在意識形態上也自詡中央帝國。在羅曼諾夫王朝建立之前，俄羅斯的勢力已開始越過烏拉山。一五七八年，一支八百四十人的哥薩克傭兵在葉爾馬克．齊莫菲葉維奇（Yermak Timofeyevich）率領下東侵，於一五八二年攻陷西伯利亞汗國，標誌俄國正式拓殖西伯利亞。其後，俄國不斷沿著主要河流向東推進，一邊向當地住民收取貢賦，一邊建造據點。到一六四七年，俄國人在鄂霍次克（今天哈巴羅夫斯克邊疆區的北部）建立堡壘，這是他們在太平洋沿岸建立的第一個據點。此時距離葉爾馬克攻取西伯利亞汗國，僅過去六十五年的時間。

俄羅斯的擴張，最初並非以擴充領土為目的，而是受經濟利益，特別是皮毛貿易的刺激。葉爾馬克率領的哥薩克並不直接受僱於沙皇，而是斯特羅加諾夫商業家族，是以沙皇名義進行商業拓殖。在十六至十八世紀，對貂皮、水獺皮等名貴皮毛的需求，是早期全球貿易網絡形成的主要動力。這跟當時的小冰期導致全球變冷有關。甚至有說法認為，氣候變化也解釋了明末災害頻繁、飢民叛亂及游牧政權南侵。不管這種聯繫是否真的如此直接，該時期歐洲市場對皮毛的需求確實因氣候變化而急劇上升，以致名貴皮毛有「軟黃金」之稱。努爾哈赤也因壟斷和明的皮毛貿易而迅速積累起財富。

隨大航海時代而來的對美洲的開發，以及俄羅斯對西伯利亞的拓殖，其背後很大一項動力都是獲取新的皮毛產地。北美和西伯利亞迅速成為兩個最重要的皮毛來源地，串聯起全球性的供銷鏈條，其中獲益最大者就包括荷蘭和俄羅斯。皮毛利潤對俄羅斯這個農業國尤其重要。歷史學家阿蘭·伍德（Alan Wood）估計，在彼得大帝財政改革前，該項利潤占俄國全國收入的一〇%。對此有學者甚至估計得更高。另一方面，從皮毛貿易中獲利並不是歐洲國家的最終目的。該項收入的很大一部分，被用於前赴後繼的地理探險，其目的是繞過阻斷了傳統歐亞商途的鄂圖曼帝國，尋找通往東方（印度、中國、東南亞）的新的貿易通道。與西歐國家的海上探險不同，俄羅斯的陸上東擴可謂一石二鳥，既收穫皮毛，也開闢商路。

在對西伯利亞的殖民過程中，俄國勢力拓展到中亞、蒙古草原和東北亞，與當地族群，特別是通古斯人群和蒙古部族，既有衝突也有融合，初步奠定多民族帝國基礎。到一六五〇年代，俄人進入黑龍江流域，劫掠向清納貢的達斡爾等部族，從而開始了和清帝國三十多年的爭奪。與此同時，俄國亦屢次試圖和北京建立商業關係，但因雙方在黑龍江流域的衝突而未能達成。到了一六八〇年代，康熙終於平定了三藩之亂並將臺灣納入治下，可以騰出手處理北方邊擾。他幾次派兵圍攻雅克薩和尼布楚城，最終迫使俄人坐到談判桌前。

一六八九年八月，俄國代表費耀多羅・戈洛文（Fyodor A. Golovin）伯爵，與清方代表索額圖、佟國綱在尼布楚第一次會面，談判劃界及歸還逃人等事宜。除了部分交流是用蒙古通譯，主要的談判是在俄方的波蘭翻譯Andrei Bielobocki和中方的耶穌會士葡人徐日昇（Thomas Pereira）、法人張誠（Jean-François Gerbillon）之間，以拉丁文進行。

不少研究都指出此次談判的對等性：兩個帝國都沒有將對方納入自己奉行的等級次序中，從談判方式、手段、語言，乃至座位，都務求平等。更為重要的是，清俄談判雙方的人員組成都是國際性的，俄方有俄羅斯、哥薩克、蒙古和波蘭人，清方則有滿、蒙古、漢人及歐洲傳教士。談判過程頗為艱巨，雙方時常強硬，也都有妥協，但所依據的談判精神，是當時在歐洲才出現雛形的國際法原則。兩位耶穌會士對此起了關鍵作用。

最後，促成雙方最終達成協議，並以條約形式確立邊界的因素，是歐亞大陸的多邊地緣博弈：俄羅斯在西邊仍然有波蘭等強敵威脅，無法投入更多資源在黑龍江流域；清則面臨準噶爾在喀爾喀蒙古的擴張，不願同時與準部和俄國為敵。九月七日，清俄簽署《尼布楚條約》，劃定邊界，並規定人員往來原則。俄退出黑龍江，但保有貝加爾湖以東的領土，還獲得與清貿易的權利。

在美國學者濮德培看來，《尼布楚條約》不是一項雙邊合約，而是由多種因素、多邊博弈而達成的。對東亞到中亞的地緣格局而言，清俄定約、通商，建立合作關係的直接後果，就是進一步擠壓了準噶爾蒙古的生存空間，使得準部後來很難再在清俄競爭中獲益，最終在清、俄、準三邊博弈中出局。

對中國而言，《尼布楚條約》是第一次與歐洲國家按照某種準國際法原則、以對等方式談判達成的平等條約。更為關鍵的是，以今天眼光看去，《尼布楚條約》大概是最早明確使用「中國」一詞來指代大清的國際法文件。這裡的「中國」顯然不僅指中原，而是包含蒙古和東北在內的整個清帝國。雖然俄方代表以「博格達汗」，即蒙古人對清帝的稱呼，來指稱康熙皇帝，但清方所代表的，絕不是清帝國下的蒙古（或東北）部分，而是整個國家。

這樣一份文件，最初卻並非用漢語寫成。《尼布楚條約》以拉丁文、滿文和俄文為正式文本，拉丁文是基準。滿文本中沒有使用daicing gurun（大清國）這個詞，而是dulimbai gurun，這是漢語「中央之國」的直譯。關於領土劃分，條約用語亦是某處某處「屬中國」。另外，條約（拉丁和滿文本）中還規定要使用拉丁文、俄文和「中文」（滿語dulimbai gurun i bithe）鐫刻界碑。翌年碑成，一面是拉丁文和俄文，另一面則有滿、漢、蒙三種文字。歷史學家趙剛指出，這說明清方所指的「中文」，不是單一文字，而是包括了滿、漢、蒙三語的複數中文。

雖然在條約簽訂之前，清在與俄的（滿文）通信中就已頻繁使用「中國」一詞，但在國際條約中，以多語言文本將「中國」概念固定成包含滿、蒙、漢諸地域的國家，《尼布楚條約》是首例。

一六八九年之後，無論在滿文還是漢文文獻中，「中國」和「大清」越來越成為可以互換的概念。可以說，清的多元帝國構建，最終表現在對「中國」一詞的重新塑造上。這首先是大清對自身認同的改變：這種轉變在入關前的多邊互動中就已經開始，到了康熙時代，「大清」已經明確等同於「中國」。同時這更是中國概念的一次大的演化：其外延遠遠超出了明代中國，其內涵則容納了漢、滿、蒙、藏等政治文化體。清對「中國」的這種詮釋，一直保持到其結束的那天。宣統的遜位詔書，就寫明了「仍合滿、漢、蒙、回、藏五族完全領土為一大中華民國」。現代「中國」概念，正來自於清所塑造的中國觀。

塑造了現代中國的清朝，並不是一個歐洲意義上的現代民族國家。這一「矛盾」也體現在簽訂《尼布楚條約》的行為中。以條約方式確定邊界和規範人員往來，一般被認為是主權國家體系的專利。但《尼布楚條約》簽約雙方都不是所謂現代民族國家。汪暉認為，這「證明國界概念、主權概念（包括相互承認的主權）以及貿易准入問題均不是『海洋時代』的特產，也不能被看作是民族／國家的排他性特徵。」

從世界史角度看，《尼布楚條約》算是最早的現代條約之一。條約文本經由耶穌會士，很快就傳遞到了歐洲。這是否提示我們，清代中國不但沒有自外於「現代」條約體系，反而很早就是其中一分子？我們當然可以說，它只是特殊歷史條件下的特例，並非中國已經「現代」了的標誌（這裡的「現代」是狹義的歐洲意義上的）。但主權條約制度能夠被納入清主導的「天下」制度，這不是正說明，所謂的「現代」和「非現代」之間，民族國家和傳統帝國之間，其實並不存在一條清晰的邊界嗎？

一七二七年，清俄雙方又簽署了《恰克圖界約》等一系列條約，確定了北部邊界、准許俄商在北京貿易，並開設恰克圖邊市。恰克圖及買賣城成為溝通歐亞的重要商業口岸。由全球貿易刺激下的自由貿易體制，亦引入清俄關係之中。而早在一六八四年，清朝便已開放海禁，允許私人在東南沿海從事對外貿易。這些對外制度安排不同於傳統的朝貢，令宗藩制度主導下的「天下」，展現了更為多元和靈活的面相。

「中華」失焦的「天下」

十六世紀末到十七世紀，由萬曆朝鮮戰爭和滿洲崛起帶來的區域震盪，在權力政治和意識形態兩方面，開啟了東亞地緣新格局。當代東亞，包括其中作為主權國家的中國、日本、朝韓，在很大程度上繼承了這一格局。如果說這算是東亞世界早期現代的某種起點，那麼它和過去最大的斷裂，大概可以表述為：以明代中原為「中華」的那個「天下」畸變了，新的世界秩序沿用、改造了「天下」機制並大大擴充；在多元秩序中，「中華」已經不再是唯一的參照系和中心了。

認識東亞早期現代秩序，有兩個維度應同時關注，一是「中華」意識形態的去中心化，一是「天下」格局的維持和重塑。兩個趨勢看似相反，卻又相輔相成。

至少在明代，中原和「中華」基本是一體的。明王朝在多數時候代表理學道統，區域秩序的核心。明亡清興後，這種一致性難以為繼。當然，中原士人仍要努力捍衛道統，即使剃髮易服，也要回到儒學典籍中，以考據窮理為途徑，探尋道統的正源。而面對漢人士人，滿洲新政權雖自命為明朝繼承者，並極力維護宋明理學的權威，但它更強調自己是以德來承載天命，刻意超越那個與「夷狄」相對的「中華」，這點後來亦逐漸為大部分士人接受。對蒙古、西藏而言，中原不再是「中華」的中原，而統合進大汗國家的疆域，對大清的認同亦在此基礎上逐步強化。而周邊的朝鮮、日本、越南的儒林社會，則皆以「小中華」自居，出於各種需要（特別是內政需要），宣稱中原不再是「中華」的合法代表了。

換句話說，新的「天下」和「中華」分離了。「天下」作為一個多元化的帝國和世界秩序，不再需要明朝意義上的「中華」作為意識形態的核心。邊疆和周邊各個政治體可以用自己理解的方式，參與到這個「天下」中。儘管儒家世界（中原、日本、朝鮮、越南）的士人還時不時採用「中華」話語，但這個「中華」的實體為何，卻是各自表述的。

如果按照費正清（John King Fairbank）的說法，「中華中心主義」（Sinocentrism）是傳統東亞秩序的主要特質。那麼至少在十七世紀，這一特質已經根本改變了。

但另一方面，各自表述下的多元，又並不影響對新的天下秩序的認可。這是由區域內政治、軍事、經濟、意識形態各種交錯的權力關係決定的。此區域秩序，大概可概括為一個「中華」失焦的「天下」。

很長一段時間，我們從中原視角出發理解清朝，強調清如何運用國家管治術，來整合帝國和周邊：比如用理學治理中原，用藏傳佛教統合蒙古，以朝貢制度規範朝鮮、越南、琉球等。但這套以帝國為中心的、自上而下的單向敘述模式，到了民族主義時代，必然遭到反彈，催生一個相反的敘述線索。就是這些「被統治」或者「邊緣」的族群，作為當代國家或民族，如何在反抗「清（中國）帝國主義」壓迫的過程中過渡到現代。這套突出自身主體性的敘述邏輯，在今天蒙古、越南、朝鮮半島（甚至一度在中國國內）都很盛行。當代學者受新文化史轉向的影響，很多也主張從周邊來消解宏大敘事，批判大一統邏輯。應該說，轉換視角、解構過於單一的大一統敘述，是有價值的。但如果僅僅是為反而反，一味強調矛盾、衝突和對抗，這仍然是把多元的歷史簡化割裂了，沒有擺脫線性邏輯。

這裡有一個重要的維度被忽略掉了。那就是：清帝國和東亞天下的構建，不僅僅靠滿人或者是漢人精英自上而下的努力。一個如此龐大的多族群複合帝國，以及多邊的區域秩序，其維繫和鞏固，必然靠其中所有重要族群和政治單元的互動。如果缺少在衝突中又相互依賴的機制，多元帝國及其區域秩序不可能構建起來。這和周邊政治體自身的主體意識提高並不矛盾。就像前文曾設問：既然朝鮮君臣對清有極大的仇視，那為什麼清與朝鮮關係卻成為整個宗藩體制中最穩固的雙邊關係？自下而上、由邊緣出發的邏輯，不只有對抗一種，也要看到：這些後來獨立的政治體，正是從自身需要出發，依靠此秩序建立新關係，從中謀取相應的利益。它們對清帝國主導下的區域秩序，起到了重要的塑成、發展和維繫作用。

有清一代延續近三個世紀，很多方面達到中國歷史上前所未有的高峰，如果僅僅是單邊高壓，或者是一些國外學者說的「殖民主義」、「文化擴張主義」或「帝國主義」，其解釋力恐怕很有限。需要強調，指出帝國的內外組成部分對區域秩序的認同和參與，並不是要回到大一統視角。恰恰相反，自下而上的秩序塑造是在多邊交往中形成的，而且也是動態的。各個主體對這個過程的認知一定是不統一、不一致的。比如蒙藏對清政權的闡釋，各朝貢國對宗藩秩序的理解，必然和清朝官方所塑造的圖景不一樣（甚至清廷官方表述，在不同語言文本中也不完全一致）。肯定各自的主體性，讓我們看到東亞區域秩序的靈活一面，它吸納了不同的政治話語和實踐。

民族主義的線性敘事，不論是漢民族主義或是別的民族主義，都取消了歷史的多元互動。受其影響，歷史研究很容易成為當代政治的敏感點，造成涉邊疆、民族、外交等話題的研究遇到很多限制和困難。對此，我們應當堅持文化自信，要認識到開放、包容的學術研討，最終會帶來更豐富的視野和成果。

總之，十七世紀的東亞，「中華」參照系模糊了，但「天下」秩序還在，並不斷納入新內容。「天道」、「天命」這些不但受儒學世界崇奉，也受內陸草原世界信仰的觀念，統合了東亞區域。在和域外交往中，「中國」作為多族群單一國家的身分逐漸清晰，不但首先以平等條約方式劃清了與俄羅斯的邊界，而且以宗藩原則和朝鮮、越南等定界。區域內國家的主體意識也都相應強化。區域秩序中，還加入了條約、對外貿易等外在於傳統宗藩禮制的內容。

跳開東亞視野，同樣是十七世紀，歐洲基督教世界也經歷了一次大震盪。一六四八年，滿洲政權入主中原後第四年，在德意志的西發里亞地區，數十個歐洲國家及神聖羅馬帝國諸邦國簽署了一系列條約，藉以結束它們之間的三十年戰爭（及西班牙與荷蘭間的八十年戰爭）。這些條約後來被統稱為《西發里亞和約》，它被認為是民族國家的開端，也是「現代」國際體系建立的標誌。其重要遺產，是導引出幾項基本政治原則，包括確立國家的主權地位，各國之間關係平等，宗教自主（指各國自己決定信仰新教還是天主教），互不干涉內政，等等。和東亞地區的震盪一樣，主權／民族國家的興起，使得本已搖搖欲墜的歐洲「道統」（教權和皇權）更不重要了，教皇或者神聖羅馬帝國皇帝不再是國家認同的參照系，各國自身的主體性空前強化。戰爭期間，漂泊的荷蘭人雨果．格勞秀斯（Hugo Grotius）出版了一系列國際法著作。這在和約及以後的國際關係建構中成為通行的原則。和約簽訂幾年後，英國人霍布斯（Thomas Hobbes）更以社會契約精神論證了國家絕對權威的內在來源，在《利維坦》（或譯《巨靈論》）中大膽主張擺脫宗教對國家的制約。

誕生於長期宗教、政治衝突中的主權／民族國家體系，並非一個事先構想好的宏偉的文明藍圖，而是在錯綜複雜的權力格局中，各方邊打仗邊討價還價的產物。參與簽署這一系列條約的各方代表們，連共處一室的機會都不曾有，更談不上樹立某種先進、超然的觀念。如果這一系列行為背後有什麼一以貫之的邏輯，那就是在法國首相黎胥留（Richelieu）身上體現的「國家利益」（raison d'état）至上原則。三十年戰爭中，法國暗中資助新教國家對抗哈布斯堡王朝，同時嚴防德意志統一、坐大。後竟不顧自身是天主教國家，而公開加入新教國家陣營，把個體國家置於宗教法統之上。

西發里亞體系，和「天下」秩序一樣，只是一個區域性制度安排。歐洲國家無論在理念還是實踐中，都無意將其推廣為全球普世的制度。主權平等，解決的是基督教世界內部的均勢問題。一旦出了基督教這個「天下」，恐怕就只有殖民主義的邏輯了。費正清等學者把東亞秩序的「現代化」，看作是（本土的、等級制的）朝貢體系在十九世紀被（外來的、平等的）條約體系取代。但不要忘記，實現這種「取代」，靠的並不是主權平等原則，而是由無數不平等條約所體現的殖民主義原則。其最終目的，也不是要讓中國變成「平等」的「正常國家」。

而且，中國，或者東亞，真的被主權／民族國家體系徹底改造了嗎？美國區域研究的

〈確認明斯特協議〉

《明斯特協議》被視為《西發里亞和約》的一部分，此圖是有關《西發里亞和約》最具代表性的視覺資料。

領軍人物、漢學家白魯恂（Lucian W. Pye）曾有一句迷人的論斷：「中國不是一個民族國家體系內的國族。中國是一個佯裝成國家的文明。」（China is not just another nation-state in the family of nations. China is a civilization pretending to be a state.）這話說得很漂亮也很有誤導性，好像「國家」就只有主權／民族國家這一種型態。即使從一六四八年算起，主權／民族國家存在也不過三百多年時間。真正成為一種全球性體系，則更晚至二戰結束後。以一九五五年萬隆會議為標誌，擺脫殖民的廣大第三世界國家才有機會踐行主權平等的原則，而中國正是最重要的推動力量之一。但此時冷戰早已開啟，兩極霸權競爭，令名義上的主權平等，實質上如同虛設。冷戰甫一結束，誕生了現代民族國家的歐洲，卻加快了超主權／民族國家政治體（歐盟）的建設。所以主權／民族國家作為「普世」制度，其存在的時間，實在太短暫。中國有什麼必要去「佯裝」呢？指出「佯裝」，也許可以理解為，在走向「現代」的過程中，歷史的延續性終究大於其斷裂性。

歐亞兩地開始於十七世紀的變化，頗有可比較之處。但與其用短暫的歐洲「現代」標準測量中國或東亞，不如探討它們各自演化的歷史要素和動力。「現代」不應是一個目的設定好的方向，或一種單一的看待歷史的方法，更不是從歐洲拓展至全球的機制。「現代」本身是多元的，不同「現代」之間的相互影響也遠大於它們之間的相互排斥。

第五章

耶穌會士

歐亞的現代相遇

畫師·臣子·教士——郎世寧的使命

長期以來，在我們的觀念中，十六到十九世紀的東亞是一個封閉保守的世界。中國「閉關」，日本「鎖國」，朝鮮則是「隱士之國」。這些修辭，其實源自近代歐洲，是為殖民擴張提供理論支持。後來藉由堅船利炮和資本滲透，它們也成了東亞人在歐洲中心主義陰影下，認知自身的某種方法和「共識」。雖然二十世紀八〇年代以來，越來越多的研究者反思、質疑這一判斷，但要徹底改變根深蒂固的歷史偏見，並不容易。

二〇一三年，英國著名的《經濟學人》雜誌，發表了封面故事，重彈中國只有經濟改革而無政治改革的老調。文章開頭，以歷史教訓現實：「一七九三年，英使馬戛爾尼（Lord Macartney）到訪中國皇廷，希望開設使館……當時清國的GDP占全球的三分之一，乾隆皇帝把他打發走了……英國人一八三〇年代回來了，用槍炮強行打開貿易，中國的改革努力以崩潰、恥辱……而告終。」

這種「你封閉所以該打」的邏輯，不但在文字上粗淺直白，視覺表達更是直接。封面圖片戲擬了清朝皇帝的朝服像（朝服上面繡的是高樓、航母、高鐵），題目是「Let's party like it's 1793」（讓我們穿越到一七九三年狂歡）。提示著今日中國和那個「保守落後」、拒絕「先進文明」時代的關聯。

暫不評論《經濟學人》的歷史邏輯，先來看看圖像的問題：既然是一七九三年，那麼顯

〈清高宗乾隆帝朝服像〉

郎世寧1736年繪。

然，這個封面戲擬的是乾隆帝的朝服肖像。乾隆一生中有不少這樣的「標準照」，其格局、姿態、服飾大同小異。其中很有名的一幅，是前頁這張青年時代的畫像。

問題來了：封面設計者是否知道肖像背後的故事呢？

給青年乾隆畫像的這個人，不是中國畫師，而是歐洲人郎世寧（Giuseppe Castiglione）。作為清廷御用畫師，他歷經康、雍、乾三朝，尤其受乾隆帝的寵信。在今天，郎世寧以畫名於世。他的作品糅合了歐洲和中國傳統繪畫的特點，許多畫面既可見焦點透視、明暗光影，又突出骨法用筆、氣韻生動。在題材上也大大突破。整體而言，他的作品更靠近中國繪畫，特別是宮廷繪畫傳統。但他的作品又明顯區別於典型的院體畫或者文人畫，展現出一種外來的迥異於前人的新鮮視角、表現方式和題材範圍，把中國宮廷繪畫推向一個全新的面相。

雖然郎世寧最重要的貢獻是在藝術方面，但認識郎世寧，不能只從藝術家的角度。他同時是一位大清的臣子，和一位天主教耶穌會士。

郎世寧一六八八年出生於義大利米蘭，很小就進入當地著名的藝術家作坊學畫。十九歲時，他被召入耶穌會（Society of Jesus），後受教團派遣以畫師身分前往中國。在葡萄牙停留數年後，他於一七一五年抵達澳門，學習漢語和中國文化。從一七一五年來華，到一七六六年去世，郎世寧服務清廷半個世紀，備受重用。他一生受命創作了大量專供皇族欣賞的花鳥、走獸、山水、園林、人物（包括肖像畫），主持設計了圓明園西洋建築群，還負責以圖像記錄皇家生活（比如狩獵）以及軍事征伐（如平定西域）。一般御用畫師並不授以官銜，

〈聚瑞圖〉

郎世寧1723年繪，現藏於臺北國立故宮博物院。另有一件郎世寧1725年繪〈聚瑞圖〉藏於上海博物館。

但乾隆帝格外喜愛郎世寧，曾授予他正三品的內務府奉宸苑卿一職。

郎世寧在清廷的成功，並不完全取決於他高超的藝術水準。更重要的是，他用自己的藝術技巧，展現了皇廷的審美趣味。和他同時代的中西畫師，誰都沒有像他那樣得到那麼多的榮譽和那麼高的地位。他的畫不算是美術史上最傑出的，但絕對是最能反映清朝盛期幾位皇帝品味與氣度的，其畫風在五十年裡亦經歷了明顯的變化過程。換句話說，那種融合了東西方兩種不同繪畫傳統、以東方風格為主又兼具歐畫視角的展現方式，以及前無古人的豐富主題，與其說是郎世寧作為藝術家個人的選擇，不如說是作為藝術贊助人的清朝皇帝所鼓勵的選擇。

在他一七六六年去世時，乾隆下旨恩恤，追授侍郎銜，並用「勤慎」二字評價他。「勤」是他數十年筆耕不輟的描述，「慎」則是對這位修士品行的嘉許。當時中國已禁天主教多年，「慎」字恐怕是在肯定他能恰當處理信仰、政治和職業之間的關係。

談到在華耶穌會士，在一般人印象中，他們的最主要任務是傳教，目的是把中國變成天主教國家。也因此，在特殊年代，他們的行為甚至被理解為是文化侵略而非文化交流。但是，並非所有耶穌會士都有傳教使命。在耶穌會內部等級中，郎世寧始終只是位階較低的Brother Coadjutor（相當於世俗修士），遠不是可以正式傳教的神父（Father）。當郎世寧被授予官職，很多同伴都認為這是為天主教說好話的好機會，但他並不以為然，因為他很清楚，自己在耶穌會中的任務僅為畫師，並無傳教之職。當然，耶穌會以才藝為手段，最終仍希望中國皇帝能夠接受天主教，這沒有問題。但在以教士為媒介的東西方交流過程中，很大一部分並不是宗教；今天看來最成功的部分，也不是宗教。

這並不妨礙耶穌會對作為教士的郎世寧正面評價：教團對他的紀念文中，不忘提及他因其畫藝和「聖潔的生活和道德」而同時受到「虔敬的教徒與優秀藝術家」的敬仰。同時，由於他的「勤慎」，清廷雖然禁教，卻仍然透過他，吸納了來自歐洲的文化元素。

郎世寧的創作的確為中國視覺藝術開創出一個前所未有的格局，但這種格局的形成，不僅在於他本人的勤奮探索，更在於時代和環境對此格局的需求。因此他的作品，背後體現的不僅是美學，更是政治——包括清朝的國內政治，以及清作為天下帝國的外部定位。

郎世寧不是唯一一個服務於中國朝廷的歐洲人，他是眾多受教會派遣而來的教士之一。和郎世寧一樣，這些人中，許多並不負傳教之責，而是以藝術家、科學家、工程師、測繪師等身分供職於朝廷。從明末到清朝近兩百年，歐洲天主教會中僅耶穌會一個教團，就先後有四百七十多人在中國服務。

在十七、十八世紀，以耶穌會士為代表的歐洲教士，在清中央政府中扮演眾多重要角色。他們被委以官職，在欽天監、內務府等重要部門工作。他們負責制定曆法、測量土地、繪製地圖、設計武器，在和俄羅斯的邊界談判中還擔任外交官的角色。在一個以農業為本、極重武備的帝國，主動——而不是像鴉片戰爭後被迫——把如此重要的部門、職責，委任給信仰相異、文化不同的「外國人」，不要說同時代的歐洲，在今天也難以想像。

也就是說，《經濟學人》所戲擬的乾隆畫像背後，折射的恰恰不是當時清朝政權的「封閉」和「保守」，而毋寧是它對外來文化的「開放」和「包容」。當然，這個說法其實並不嚴謹：無論「封閉」還是「開放」，都是晚近才創造的意識形態話語，和歷史真相以及人在特定條件下的選擇，並不真的那麼相關。

耶穌會士在東亞的活動，為我們提供了一個很獨特的視角，來了解十六至十八世紀歐亞大陸東西兩端的思想交往。這個時間段，通常被稱為「早期現代」。在這個時期之後，西歐和東亞便出現「大分流」：西歐強勢崛起，東亞相對衰落。但正是在這個時期，兩者第一次系統地相互了解——以往交流當然早就存在，但是直到耶穌會士西來，雙方系統認知的平臺才搭建起來。他們在歐亞兩地都留下了豐富的思想遺產。更為重要的是，這個文化交流的平臺，後來因為種種原因坍塌了，歐亞交往出現嚴重倒退。那麼，這一坍塌的原因是什麼？是否用一句「東亞封閉保守的傳統」就能解釋？簡要梳理一下早期耶穌會在東亞的命運，也許有助於我們重新認識東亞的現代歷程。

逃犯與聖徒——東亞遇上天主教

基督教傳入東亞世界，最早可以追溯到唐代以前由西域而來的景教（起源於敘利亞的聶斯托留派）。但各教派在元末後衰微，其對現代東亞的影響遠不及十六世紀由歐洲經海路而來的天主教。而談到天主教與東亞的相遇，以及由此導引出的兩者間一大段恩怨情仇，都要從兩個人的相遇講起。此二人，一個是基督教歷史上最著名的聖人之一，西班牙人方濟各·沙勿略（Francis Xavier），一個則是日本逃犯彌次郎（Anjiro或Yajiro）。

今天，我們對彌次郎的生平乃至生卒年代皆知之不詳。他生活在九州南端的鹿兒島，早先是薩摩藩的一名武士，文化不高，後因殺人逃亡。彼時，葡萄牙商船已經和九州有了接觸，一五四三年火繩槍首次由種子島傳入日本，此後九州沿岸葡萄牙商船往來頻繁。彌次郎在這裡遇到一位葡萄牙船長。雖被日人視為「南蠻」，但這位船長倒是願意幫助彌次郎逃離日本，還為他寫了一封推薦信。但是陰差陽錯，彌次郎拿著信，誤跑到另一個葡萄牙人Jorge Alvares的船上。這次搭錯船，改變了彌次郎的生命軌跡，也成就一段歷史。

我們不清楚彌次郎如何和這位Alvares（與首次抵達中國的葡萄牙探險家同名，但非同一人）溝通的。後者聽了他的經歷，就提出帶他到已經為葡萄牙占領的馬六甲，找正在當地傳教的耶穌會士沙勿略，說沙勿略是高人，更適合聽他的告解。彌次郎帶上他的隨從，興沖沖來到馬六甲，但不巧沙勿略剛好離開。

無奈之下，彌次郎只好找了條船回日本。結果碰到風暴，船被吹到中國沿岸。塞翁失馬，他在那兒見到另一位葡萄牙船長，船長告訴他沙勿略已回馬六甲，並把這位一心尋道的日本人一同帶回。終於，在一五四七年十二月，日本逃犯見到了慕名已久的歐洲傳教士。

彌次郎用他學會的 點點洋涇浜葡萄牙語，向沙勿略求教，並向後者介紹日本。大概對彌次郎而言，沙勿略向他講述的基督教相當新鮮，至少和他熟悉的日本佛教頗為不同，他決定追隨沙勿略，和他一起回到當時耶穌會在亞洲的大本營——印度果阿。在那裡，彌次郎進一步學習葡萄牙語和基督教教義，並受洗成為「聖信保羅」（Paul of the Holy Faith），成了有史料記載的日本第一位天主教徒。

而這次相遇對沙勿略的震撼，恐怕遠遠大於對彌次郎的。儘管葡萄牙商人已早他幾年接觸到日本，但這位飽讀經書、意志堅定的傳教士從來不曾聽到世界上還存在這樣一個迷人的國度。按照沙勿略記述的彌次郎的說法，日本由一個「國王」統治，秩序井然，法度森嚴，文明昌盛。人們知書達理，信奉「宗教」，定期去「教堂」和「教士」交流。日本人的「宗教」，像基督教一樣，膜拜一個創世之神。而創教者（Xaqua，釋迦），和耶穌基督情況類似，也是由神託夢而生，長大成人後四處傳教，勸人拋棄舊神，改信新宗。千百年來，不但令本國人改變信仰，而且成功讓中國人改宗，新的宗教就是由中國傳到日本的。像羅馬一樣，直到今天，那裡仍可見古代宗教偶像。另外，這位創教者還說，唯一的創世神訂立了五條戒律（不殺生，不偷盜，不姦淫，不執著於不可救贖之事，寬恕傷害）——沙勿略記載這話時，大概會覺得和摩西十誡有幾分相近。他顯然不清楚，彌次郎所說的那個神國（Chenguinquo）就近在眼前，在他所在的印度。

彌次郎還對沙勿略許諾，說日本人崇尚理性、一心向化，不出六個月必能全數受洗。因為日本經書律法上早有規定，萬法歸一，而日本民眾實在太需要一部善法來替代他們現行的律法。而在他看來，沒有任何律法比基督教更完美。自己受神賜福至大，滿心歡喜，只因他本人為神選中，將基督教士引至日本。與此同時，那位幫助過彌次郎的Alvares船長也向沙勿略彙報說，日本是個文明程度很高的地方，其描述正可和彌次郎的相互印證。

就這樣，沙勿略決定，必須去日本，完成自己的使命。他花了一段時間，向耶穌會和資助耶穌會的葡萄牙國王解釋，日本要比印度更重要。得到許可後，立刻攜彌次郎、另兩位耶穌會士和兩位僕從動身，在一五四九年八月，登陸鹿兒島，開始了在日本的傳教。

和彌次郎的情況不同，關於沙勿略和他的日本之行，數百年來各種研究記載汗牛充棟。一般講到基督教「傳入」東亞，都以沙勿略為重點。

沙勿略一五〇六年生於納瓦拉王國（Navarre，後併入西班牙王國）一個貴族家庭，後家道中落，很小就住院修道。十九歲時，被送到巴黎大學進修神學。在那裡，他和另一位來自西班牙的貴族子弟依納爵．羅耀拉（Ignatius of Loyola）成了室友。羅耀拉行伍出身，立志要當保衛天主教和教宗神聖地位的戰士。後來，這位室友創立了耶穌會，受他影響，沙勿略成了該教團最初的六位創始人之一。

成立耶穌會的直接目的，是為了對抗當時歐洲如火如荼的新教改革運動。馬丁．路德（Martin Luther）宣揚「因信稱義」，他發表批評天主教會的《九十五條論綱》，被好事者翻譯成德文，藉由新出現的古騰堡印刷術四處散播，德意志人心思變。就在羅耀拉和沙勿略開始求學巴黎大學時，約翰．喀爾文（Jean Calvin）剛剛從那裡離開，數年後他的改革宗席捲西歐，更大大動搖了天主教的道統。

耶穌會雖堅持羅馬教會正統性，但羅耀拉等人也看到教廷內部的腐敗，主張在體制內改革。他們一方面全力捍衛教皇的神聖權威，另一方面則吸納人文主義運動的成果，讓天主教煥發出新的面貌。羅耀拉以軍隊方式管理耶穌會，紀律嚴明。會員不但要經過極為嚴格的神學訓練，還要通過其他科學及人文學的訓練。凡入會者要宣誓安貧、守貞、服從。最後成為正式的神父還要宣誓效忠教皇。耶穌會士注重行動，他們廣設學校，並且積極向海外宣教，開闢天主教新的版圖，以抗衡新教在歐洲日益擴大的影響力。

此時，大航海時代已經開啟。歐洲各國為繞開鄂圖曼帝國，尋找通往東方的商道，大量投資探險事業。哥倫布本想開闢印度航路，卻誤打誤撞「發現」了美洲，刺激得當時兩大海上強國西班牙和葡萄牙對海外殖民地的爭奪日趨激烈。受伊斯蘭世界崛起影響，中世紀歐洲一直傳說，在鄂圖曼的東方，存在著一個由祭司王約翰（Prester John）統治的基督教神國，如能找到該國，定可東西聯手，阻擊鄂圖曼。總之，在種種現實利益和意識形態糾纏下，羅馬教廷和兩大海上強國建立親密同盟，共同拓殖歐洲之外的世界。經教皇調解，一四七九年和一五二九年，西葡簽署《托爾德西里亞斯條約》和《薩拉戈薩條約》，差不多把地球東西對半瓜分：西班牙負責開拓美洲和太平洋西部（包括菲律賓），葡萄牙則擁有從巴西東部以東，包括非洲和亞洲大部，直到印尼群島的地域。

於是，耶穌會的亞洲事業，在教會方面有羅馬教廷支持，在世俗方面就由葡萄牙資助。

〈聖方濟各・沙勿略像〉

日本神戶市立博物館藏。

一五一〇年，葡萄牙侵占了印度西岸的果阿，建成葡在印度洋最重要的殖民據點。翌年又攻下馬六甲，作為在東印度群島的戰略基地。很快，葡萄牙商船便游弋在中國南部沿海，並在十六世紀中期進取澳門和日本九州。以後歐洲耶穌會士前往東亞，都是先在葡萄牙停留，然後經果阿、澳門或馬六甲，前往中國和日本。

沙勿略是耶穌會第一位海外傳教士。他的任務，是前往果阿，為殖民當局提供宗教服務。但沙勿略厭惡殖民者在當地的墮落行徑，他的理想始終是開闢新的天主教國度，因此在一五四二年抵達後，便熱衷於向當地民眾、特別是下層民眾傳教。儘管他獲得底層歡迎，但在種姓等級森嚴的印度，他始終無法成功勸服統治階層。在印度，他也從來沒有想過要用當地語言傳教。接受基督教，就意味著全盤接受歐洲文明（包括語言）。這更令當地精英層對他缺乏興趣。

帶著遺憾，一五四五年，他離開印度，前往馬六甲和摩鹿加群島傳教兩年。正是在此期間，他遇見了彌次郎。可以想像，當聽說存在日本這樣一個高度發達又極具宗教精神的國家，沙勿略內心熾烈的宗教熱情和對於東方基督國度的幻想立刻被點燃，他寧可放棄在印度的地位，也要去日本。

那麼，一個完全不懂當地語言，連基本情況都沒搞清的人，如何在這個陌生的國度傳教呢？毫無疑問，在初期，他必須全力依靠彌次郎。鹿兒島是彌次郎的故鄉，沙勿略受到當地人的熱情接待。經彌次郎翻譯後的教義，民眾似乎也很買帳。而彌次郎所說的本地民眾對本土宗教的不滿也的確是實情：長期以來，日本佛教宗派與政治集團相互介入，沆瀣一氣，爭權奪利。老百姓期待也歡迎能帶來真正精神慰藉的新信仰。直到對當地情況和日語略有了解後，沙勿略才發現其中的問題：彌次郎就像在馬六甲和印度時那樣，基本把基督教用佛教概念來理解了。比如最為關鍵的「神」（主）、拉丁文Deus一詞，被彌次郎翻譯成Dainichi（日語「大日」）。而「大日」對日本民眾而言太好理解了：這不就是真言宗常說的「大日如來」，佛祖的化身嗎？再加上沙勿略從印度來，日本人直接把他當成是天竺高僧，來傳播一個新的佛教宗派。

沙勿略再度陷入困惑：日本太複雜了，跟他想像的完全不同。時值戰國，沙勿略曾想去京都面見「國王」，卻發現「國王」根本不是那麼回事。儘管經過一段時間，沙勿略的傳教獲得成功，但這時他又產生了新的想法。他知道日本的文章制度多取法中國，如果能成功將中國變成天主教國家，那麼源正則流清，日本的基督教化不是順理成章嗎？於是，停留兩年後，沙勿略重新整裝出發。在前往中國途中，船到廣東上川島，他一病不起，於一五五二年去世。

所有人談到基督教傳入東亞，沙勿略都是絕對主角。但問題是：基督教真算是沙勿略「傳給」日本和中國嗎？換個角度看，難道不是彌次郎千辛萬苦，主動「拿來」以救治家鄉的嗎？可是，說到彌次郎，似乎他一生最有意義的事情，就是作為逃犯，巧遇了沙勿略。沙勿略死後，屍身不腐，至今仍存放在果阿，供人瞻仰。他的事蹟也很快神化，一六二二年被封聖。至於彌次郎的結局，我們知之甚少，有人說他在沙勿略離開日本兩年多後，因宗教迫害再次出逃，當了海盜，後在中國死於倭亂。

耶穌會的成功學

沙勿略在日本只待了兩年多時間，但這兩年卻奠定了早期耶穌會在日本的成功。他的傳教策略，決定了天主教在東亞的早期命運，不但探索了歐亞之間文化交融的可能，也暴露了兩者潛在的緊張關係。

沙勿略最初並不順利。薩摩藩的大名島津貴久本來准許他傳教，但一年後又因佛教寺院的壓力而禁止。他去京都謁見「國王」，根本也沒有結果。這期間他開始了解日本的歷史、政治及文化。他發現，在這樣一個經濟文化發達、社會控制相對嚴密的國度，他的歐洲和印度經驗很難移植。比如，過去強調安貧守節，和下層民眾打成一片，但在街頭空談教理，實難打動很多人（他在薩摩的一整年只有一百人改宗）。而本地精英（大名、武士及僧侶）對社會有巨大的影響力，又對天主教義和歐洲最新的自然科學知識有極大興趣，一旦上層人士接受天主教，下層民眾很容易效法。

因此，從京都回到南方後，沙勿略徹底放棄了以前的方法。他脫下寒酸的教士袍，拿出最精美的衣服，從頭到腳包裝一新。再次去山口拜見領主大內義隆時，他帶上幾十位同樣衣著鮮亮的隨從，稱自己是特使，呈上印度總督及果阿主教的信件，並獻上新奇貴重的禮品，言談舉止中也處處體現他的貴族身分和教養。大內義隆果然轉變對沙勿略的印象，馬上允許他在自己的領地傳教。沙勿略後來在給耶穌會的信中描述：「在兩個月內……我們在山口給約五百人施洗，而且人數每天都在增加。」

更為重要的是，沙勿略力求以日語進行日常交流和傳教。他要用當地人熟悉的語言和概念，來讓天主教和本土文化產生關聯。他發現日本人聰敏好學，對事物的產生、運行規律有著極大的興趣。他認為日本人是東方人中最為「理性」的。儘管讓他們直接接受天主教一些基本概念（譬如神恩或地獄）並非易事，但他們對自然知識有著強烈的好奇心。沙勿略向他們介紹地圓說、世界地理、天體運行乃至打雷下雨等等。這些新鮮的知識，從未載於日本人熟悉的中國經典或印度佛經中，不但解答了許多疑問，也為沙勿略贏得了日本知識人士的尊重。沙勿略當然沒有忘記藉此宣揚天主教，說萬物之最終規律皆因創世之主。他更向歐洲同事彙報：淵博的知識可在日本人心中播下基督教的種子，為傳教打開一條通途。

沙勿略的策略迎合了十六世紀日本精英對外部世界的關心。戰國時代，舊有秩序崩壞，領主相互攻伐。而軍事競爭最終比拚的是武器和財富。沙勿略此時來到日本，他所代表的不僅是一種新的精神引導，更是日本封建主們急切需要的與歐洲貿易的機會。幾年前的「鐵炮西來」已經讓歐洲火槍的聲名遠播列島，而在和中國官方的勘合貿易中斷後，葡萄牙商船則帶來豐厚的海外貿易利潤。

豐後國的大名大友義鎮（宗麟）就對沙勿略極為看重。他請沙勿略前往豐後，主要目的是想透過他結交葡萄牙國王，轉達他送給葡國統治者的書信和厚禮。同時，他還請沙勿略帶豐後國的使者前往印度，向印度的葡萄牙總督示好。作為交換，大友義鎮許諾在他的領地內保護傳教士和教徒。這對於沙勿略而言，當然是極好的消息。他在生前寫給耶穌會的最後一封信中，興奮地預測：

> 蒙耶穌基督垂青，我們在這些封國會大有收穫，我對此抱有極大希望。像這樣一個聰慧、溫和、渴望教導、由正確的理性所指引，而又兼備其他優秀品質的民族，理應成為一片有望結出纍纍碩果的沃土，正如其從來所是。

沙勿略的預言很快就實現了。他離開日本時，已有八百日本人接受洗禮，成為基督徒（日語音譯為「吉利支丹」，Kirishitan）。此後，耶穌會士源源不斷進入日本。他們中不少人採取和沙勿略相同的方式，在擴大社會影響的同時，更注重上層路線，結交各地大名，利用耶穌會和葡萄牙之間的合作關係，向他們提供貿易和武器進口方面的便利。「吉利支丹」勢力在與葡萄牙貿易頻繁的南方迅速擴大。一五六三年，九州島的大名大村純忠受洗，成為第一位「吉利支丹大名」。一五七〇年，他將轄下的一個叫長崎的地方奉獻給教會，從此長崎開港，耶穌會士和其他歐洲人有了在日本的根據地，長崎也成為日本和歐洲貿易往來最重要的口岸。

隨後，有馬義貞、大友義鎮、有馬晴信、小西行長等一批大名受洗。封建領主的改宗，帶動領地內民眾大量附從。大村純忠就命令領地內人口全部改宗，一度六萬人成為「吉利支丹」。到了一五八二年，九州的天主教徒達到十三萬。逐漸，天主教勢力向北蔓延。大阪附近的大名高山右近，亦受洗成為著名的天主教大名，他推動域內教權急速擴張，甚至在日本禁教後放棄領地、出走菲律賓。

但一開始，並非所有耶穌會士都貫徹沙勿略的本土化路線，直到一五七九年另一位重要人物，耶穌會遠東巡視員范禮安（Alessandro Valignano）抵達日本。他一改前任耶穌會日本負責人蔑視日本語言和文化、不培養本土神職人員的做法，訂下嚴格規則：任何前來日本傳教的耶穌會士必須學習口語，用日語傳教。與此同時，他要求教會大力培訓本地神職人員，將他們與歐洲傳教士一視同仁。在他推動下，數家神學學校在日本設立。他還力勸幾位吉利支丹大名，派出四位天主教少年為使節出訪羅馬，這個史稱「天正遣歐使團」的訪問團，走訪了西班牙、葡萄牙和義大利等地，帶回了當時歐洲先進的印刷技術，推動了基督教文獻在日本的傳播。不過，范禮安把本土策略甚至推向極致，規定耶穌會教士的行為、穿戴、舉止必須合乎日本等級秩序，以便融入當地社會。結果導致高級神職人員生活奢華，在長崎外出都要帶侍從等弊端。

范禮安的「融入」策略不僅施於日本，而且也用在中國。他在澳門即主張傳教士要學習中文。一五八二年，他從印度果阿徵召了幾名年輕耶穌會士前往中國傳教，其中就包括後來溝通東西文化的標誌性人物，「泰西儒士」利瑪竇（Matteo Ricci）。

當然，與本土文化的聯繫也產生一些問題。比如前面曾提及：沙勿略傳教初期，彌次郎以「大日」翻譯天主教中的God（Deus），效果雖好，卻屬誤譯。普通日本人以為沙勿略的神和佛陀是一回事，佛門真言宗勢力甚至歡迎他前來傳教。沙勿略後來以Deusu來音譯拉丁文Deus（神）一詞，人們才知道他所說的非但和真言宗半點關係沒有，還和佛寺爭奪信眾和政治資源。這自然遭到僧侶們的強烈抵制，他們說Deusu其實就是daiuso（大謊言）。

這種矛盾其實有正反兩面。失去部分精英層的支持，當然會對天主教傳播構成障礙，但另一方面也讓不少反佛教人士更願接受新宗教。沙勿略在給耶穌會的信中，花了很大篇幅描寫僧侶的墮落、日本平民的不滿，說那些在山口受洗的基督徒很熱衷揭露和尚們的「把戲和騙局」。這種情形頗有些像早期文藝復興時，歐洲知識分子對羅馬教會的嘲諷。

而與佛教劃清界限，反倒為天主教立足於動盪的日本戰國時代，贏得了一定空間。首先，日本佛門宗派和政治集團相互糾纏，深度介入權鬥，尾大不掉，所以戰國後期的幾位霸主：織田信長、豐臣秀吉和德川家康，都曾不同程度地對反佛教的天主教持寬容態度。曾火燒比叡山延曆寺的織田信長，尤其痛恨佛寺插手政治，和耶穌會士們（特別是范禮安）頗有往來。另外，一些大名受洗之後，其宗教思想趨於極端，對佛教大加清洗迫害。典型的如大村純忠，就禁絕域內的佛寺神社，甚至殺害僧侶和拒絕改宗的平民。

總的來說，耶穌會這套精英化、本土化策略，為早期天主教進入東亞開闢了一條有效的途徑，開創了日本近代史上的天主教世紀。可這套策略也是雙刃劍，同時埋下了日後日本和中國禁教的禍根。這是後話。

利瑪竇規矩

「日本對面是中國，一個遼闊而盡享和平的帝國。」耶穌會士方濟各．沙勿略在一五五二年寫道，「葡萄牙商人告訴我們，中國在踐行公正公平方面優於所有基督教國家。我在日本和其他各地見到、認識的中國人，和日本人一樣膚白、機敏、求知。他們在智識上甚至優於日本人……我希望今年去中國，乃至面見皇帝。中國是這樣的王國：福音的火種一旦播下勢必燎原。此外，若中國人接受基督信仰，日本人就會放棄從中國人那裡學到的教條……我開始深懷希望，神會很快為我們耶穌會及所有教團提供進入中國的通途，一片沃土將為所有虔敬神聖之人開放。」

沙勿略本人未能實現其宏願便在廣州外海的上川島離世了。就在同一年，利瑪竇在義大利降生。三十年後，這位年輕的耶穌會司鐸受范禮安派遣，來到中國，從澳門、廣州開始一路向北，且行且住，終於在一六〇一年見到了明神宗萬曆皇帝。此後利瑪竇長居北京十年，直至去世。利瑪竇不僅僅是在完成沙勿略的遺願：在中國傳播基督教義；更為重要的是，他搭建了一座東西方文化交流的橋梁，不但把歐洲文藝復興後的文明成果介紹給中國，也把中原文化經典引介到歐洲，促進了歐洲的人文主義運動。在他的示範下，一大批耶穌會士和其他教派教士前赴後繼，包括艾儒略（Giulio Aleni）、湯若望（Johann Adam Schall von Bell）、南懷仁（Ferdinand Verbiest）、白晉（Joachim Bouvet）、郎世寧等等，為中西文化交流做出卓越的貢獻。甚至明清更替這樣的大動盪，都並未讓這種交流中斷：十六到十八世紀成為東亞歷史上西學東漸、歐洲史上東學西漸的大時代。兩者間的相互學習在康熙時期達到高峰。

和日本的「天主教世紀」不同，這個時期的中國未處於長期分裂狀態，由上而下的官僚機制比較健全。南方各省雖然也熱衷於海外貿易，但以全國範圍而言，對葡萄牙貿易的需求顯然沒有日本割據諸侯那樣強烈。因此耶穌會在中國的活動，和海外貿易的關聯不像在日本那麼緊，對政治鬥爭的介入沒有在日本那樣深，更未出現過領主一聲令下、數萬民眾集體受洗的情況。從這個角度說，中國和天主教的對話，更多是在文化、技術和理念層面。

相關研究已經很多，這裡不必詳細展開耶穌會（和其他教團）為中國帶來的豐富的科學、技術、文藝、宗教知識，以及由此催生的新世界觀。僅提及一點：透過利瑪竇翻譯並複製的世界地圖（《坤輿萬國全圖》），「亞細亞」一詞第一次出現在漢語文獻中。隨後「亞細亞」和其他一些新的地理概念一起，傳入日本和朝鮮。東亞士人對於自己所處身的世界，以及自己在這個世界中的位置，有了嶄新的概念。當然，我們還不能說，此時的東亞人已經有

〈利瑪竇像〉

了「亞洲」身分認同。在十六到十八世紀，傳教士們帶來的亞洲和世界概念，還只是一套新的空間認知框架。

早期現代的亞歐文化交往，促使我們反思對這段歷史的一些整體判斷。交流的通暢取決於兩項重要條件，一是中國對外來知識體系總體上的開放容納態度——這點和認為中國「封閉保守」的傳統認識相當不同；二是當時的天主教來華人士——特別是耶穌會士——對本土文化亦採取相對開放包容的態度。只有兩個條件同時達成，交流才有可能。

經過沙勿略在日本的初期實踐，本土化和精英化路線被范禮安確立為耶穌會在東亞的重要傳教原則，而利瑪竇則是這一原則的堅定實踐者。如何吸引上層人士，並且找到天主教在本土的恰當位置呢？來華初期，利瑪竇和多數傳教士一樣，把基督教比附佛教。他著僧裝，把在肇慶建立的傳教場所命名為「仙花寺」，行事低調謹慎。直到後來和當地文人深入交往後，他才意識到儒士對中國社會影響巨大，而佛教對於大多數儒士而言並不那麼有吸引力。得到范禮安准許後，他脫下僧袍，蓄起鬍鬚，完全把自己打扮成儒生的模樣，並稱自己因仰慕中國文化前來求學。

此舉果然見效。以前，還只是少數士人見識過他淵博的數學、天文、地理知識和驚人的學習和記憶能力。但當他以儒士自居，以流利的漢語和典雅的文字與人交流，其口碑迅速在士人圈子裡傳開，以致他後來每至一地，文人學子爭相求見，一睹風采。利瑪竇「泰西儒士」的名號為他大大拓展了交際圈，結交了不少高官貴冑。他能拜見明神宗，正得益於他們的幫助。

對中國文化和機制的深入了解，讓利瑪竇十分技巧地處理天主教和儒釋道三家的關係。他的選擇很明確：佛道二家「與天主理大相刺謬，其不可崇」，而面對儒士，他則儘量弱化天主教的排斥性，避免他們把其視為異端。他甚至宣稱儒家與天主教本就是一回事，儒家世界所崇尚的天，和天主教的唯一神，本質上並沒有什麼不同。天主教教義，只是「天道」的另一種（更優秀的）表達方式而已。同時對教內同僚，他則強調不能以天主教原則，來否定儒家祭孔祭祖儀式，後者只是風俗而非宗教儀典。他對中國中原地區最重要的社會—政治—文化系統所採取的接納、融合的態度，後來被清康熙皇帝稱為「利瑪竇規矩」。

利瑪竇規矩，說到底，是兩種異質文化相遇時的良性互動，是嘗試相互適應的努力。這在中國歷史上並不新鮮，但對於一直視伊斯蘭崛起為威脅，又剛剛受到新教衝擊的天主教歐洲而言，卻是一個大膽的舉措。正是在這種態度指導下，天主教一些基本概念開始植根於漢語語境，而一些漢語詞彙亦隨之基督教化。

比如，利瑪竇採用「天主」、「上帝」這種本土詞彙，來翻譯基督教的唯一神（God／Deus）。這一策略正顯示了他所鼓吹的，基督教教義對中國而言並非外來思想，而是早就在中國古籍中存在。同樣，他以「聖經」一詞來翻譯基督教基本經典（英文Bible一詞源於拉丁語和通用希臘語，其原意即為「書」），明顯也是套用儒學語彙。當然，他的這種翻譯，在當時和後世都引發爭議（如同沙勿略指出Deus不是「大日」一樣）。但是，經過長時間的嘗試、實踐和探索，這些詞語現在都成了固定譯法。更主要的是，原來漢語語境中並不專屬基督教的「上帝」、「天主」、「聖母」、「聖經」等詞，現在已經基督教化了。

在他的影響下，一批中國士大夫開始接觸歐洲科學，並由此接受了天主教，受洗成為教徒。最著名的，當屬被後世稱為「聖教三柱石」的徐光啟、李之藻和楊廷筠。其中徐光啟官至內閣次輔，不但是明後期最重要的政治人物之一，而且是一位百科全書式的科學家，在天文、曆法、農政、水利、數學、兵學諸方面都有造詣。他受利瑪竇教益很深，兩人合譯的歐幾里得的《幾何原本》，為漢語數學界創造了一批沿用至今的概念，也改變了中國數學此後的研究方向。徐光啟也一向認為天主教和儒家是相通的，當一六一六年有官員參奏天主教與白蓮教有染，徐光啟上書辯護，說天主教能「補益王化，左右儒術，救正佛法，裨益當朝」。

本土化的策略，首先要面對的難題，是本土人士能否接受。中國儒士對天主教的態度一直很複雜多元。像徐光啟這樣的主張融合的士大夫只是其中一類。隨著天主教的發展壯大，很多人察覺到它有可能動搖儒學根本，開始嚴加警惕。後來其政治勢力在朝中漸大，終於招致激烈反對。衝突的高潮，是清初楊光先挑起的中西曆法之訟。楊堅信儒耶兩者無法相容，要以儒學之正統來對抗天主教的「邪論」。他挑起爭端，但本人卻並無科學功底，最後完敗於湯若望的歐洲曆算知識。楊所謂「寧可使中夏無好曆法，不可使中夏有西洋人」，與其說代表了中國士人的保守性，不如說是映襯出明清之際，諸種意識形態和政治勢力之間鬥爭的激烈。最終耶穌會一方取得的勝利，其實是以其科學上的先進性，暫時掩蓋了意識形態矛盾。

一六九二年，清康熙皇帝頒布允許傳教的詔諭，史稱「容教令」。其中謂西洋人：

仰慕聖化，由萬里航海而來。現今治理曆法，用兵之際，力造軍器、火炮，差往俄羅斯，誠心效力，克成其事，勞績甚多。各省居住西洋人，並無為惡亂行之處，又並非左道惑眾，異端生事。喇嘛、僧等寺廟，尚容人燒香行走。西洋人並無違法之事，反行禁止，似屬不宜。相應將各處天主堂俱照舊存留，凡進香供奉之人，仍許照常行走，不必禁止。

至此中西之間是雙贏局面。在清帝眼中，西洋學問是國家利器，天主教徒只要不生事端、竭誠效力，其宗教大可成為帝國多元意識形態下的新元素。而對天主教徒，尤其是耶穌會士而言，學問雖是傳教的手段，但產生的效果非同凡響：中國皇帝正式下旨，承認了基督教的合法地位。沙勿略逝世百年之後，他的理想，比任何時候都更近於實現。

逆轉之夜——日本天主教的毀滅

十六世紀後半期，天主教在日本發展勢頭迅猛。幾十位大名改宗天主教，吉利支丹信眾數十萬，不但遍及九州和本州南部，而且逐漸擴張到本州中部和東北。對耶穌會傳教的寬容政策，在織田信長死後，由豐臣秀吉繼續。一五八三年，他甚至親自在大阪劃出一塊土地給耶穌會，供建造教堂。日本關白和幾位耶穌會上層教士之間，也有不錯的私人關係。

然而，豐臣秀吉的態度，似乎在一夜之間發生轉變。這裡的「一夜之間」並不是修辭。一五八七年七月二十三日，剛剛統一九州的豐臣秀吉來到博多地方，在一艘葡萄牙商船上，再次會見了耶穌會日本教區負責人科埃略神父（Gaspar Coelho）。賓主相談甚歡，豐臣再次允諾，在博多城賜給耶穌會一塊土地。科埃略則向豐臣贈送了葡萄牙的美酒。半夜，科埃略突然被豐臣的信使叫起來，要他立刻回答幾個咄咄逼人的問題：你們為什麼要強迫他人改宗？為什麼要搗毀佛教和神道寺院？為什麼以馬、牛這樣有益的牲畜為食？為什麼葡萄牙人要把日本人賣到海外為奴？

科埃略一頭霧水，不知所措地回應說，傳教士從不用暴力手段強迫日本人信教，除了偶爾吃牛肉外從不吃馬（以後可以連牛肉也不吃）。他還把搗毀佛神之事歸咎於天主教大名，並說耶穌會不支持葡萄牙商人的奴隸買賣。這些回應顯然沒什麼用，豐臣的問題壓根不是質詢，而是斥責。

第二天，豐臣秀吉就下達了著名的〈伴天連追放令〉（「伴天連バテレン」是葡萄牙語「神父Padre」的日譯）。這份驅逐令起始便說，日本乃神國，而天主教則為邪教，命所有傳教士在二十天內離境。但命令同時又說，葡萄牙人仍然可以來日本貿易。這道命令雖因實施困難，沒有嚴格奉行（歐洲傳教士們後來繼續在日本存在了很多年），卻是日本日後一系列禁教行動之始。

為什麼天主教在日本的命運一夜逆轉？豐臣秀吉表面的理由：斥佛神、吃牛肉、販奴等等，當然都不是主因。據說那天夜裡，親信施藥院全宗提醒他：天主教勢力日漸擴大，又有像高山右近這樣的實力大名擁護，早晚會成為威脅。驅逐令的文字，即出於曾為佛教徒、又是高山政敵的施藥院之手。

但豐臣的轉變，也不僅僅由於近臣間的內鬥。實際上，豐臣對天主教的不信任早就有了，其猜忌正是來自於科埃略。一年前，科埃略在大阪拜見豐臣，豐臣向他透露攻打朝鮮和明朝之意，希望他能搞到兩艘葡萄牙戰船。作為回報，耶穌會可以在朝鮮和中國傳教。急於討好的科埃略不但一口答應，還吹噓說，他能夠調來印度的葡萄牙軍隊相助。

科埃略牛皮吹大，本是諂媚，但聽者有心。和織田信長一樣，豐臣秀吉對戰國時代日本佛院勢力介入政治十分敏感，他當然不希望天主教最後發展成新的政治宗派。在平定九州後，統一大業接近最終完成，此時的日本再也不是群龍無首、四散分裂。在權力逐漸重新集中之時，統一者格外提防禍起蕭牆。豐臣不但強化對各大名的控制，而且在全國下達「刀狩令」，禁止民間私藏武器。前面提到過，天主教在日本的擴展，其實得益於分裂：各大名相互競爭，將天主教和耶穌會視為葡萄牙帝國的代理人，才為傳教打開方便之門。正因此，耶穌會的早期成功也是其最大的隱患：因為很難和日本內外政治勢力撇開干係，又與海外貿易和武器直接掛鉤，它被視為威脅是很自然的事。總之科埃略的諂媚刺激了豐臣最敏感之處。

與此同時，耶穌會及葡萄牙在日本的成功，也引發西班牙和其支持的教團的覬覦。殖民菲律賓後，西班牙急切希望打開對日貿易。道明會、奧斯定會，特別是方濟各會，也謀求在日本擴大教團勢力。豐臣秀吉為開闢和馬尼拉的聯繫，對代表菲律賓總督來訪的方濟各會傳教士頗為客氣。一時間，耶穌會和其他幾個教團相互牴牾，把歐洲和天主教內部的政治爭奪引入東瀛。

一五九六年十月，一艘從馬尼拉駛往墨西哥的商船聖菲利普號，被風暴吹到日本土佐。豐臣秀吉派人查扣商船並訊問船員。結果大嘴的船長在回答訊問時，誇耀西班牙在全球的殖民業績，並且透露說傳教士總是征服先導。這下，豐臣秀吉更加認定，天主教在日本傳播，背後是西班牙和葡萄牙對日本的殖民野心。他下令在京都和大阪逮捕了二十六名教士和信徒，並在翌年二月，以違背禁教令為名，將他們在基督教大本營長崎公開處死。此次「長崎二十六人殉教事件」，揭開了日本大規模清洗、迫害天主教的序幕。

一五九八年，豐臣秀吉病死。經過一番權力重組，日本逐漸為德川家康收拾一統，於一六〇三年開始了江戶幕府時代。仍然出於貿易考量，德川家康開始對天主教並未嚴格禁止，反而讓受西、葡兩國支持的天主教團獲得相對寬鬆的發展環境。但此時日本國內國際形勢，都和戰國時代完全不同了。國內方面，德川家康一步步鞏固政權，不但排除政治異己，也強化對外貿易管理（如給從事外貿的商船頒特許朱印狀，並組織重要口岸商戶統一葡船生絲進價）。在此過程中，日本國內一些天主教大名及武士被排擠到對立面，使政治鬥爭帶上了宗教色彩。意識形態領域，德川家康立儒家理學為正統，並逐漸恢復備受打擊的佛院勢力，同時儒、佛與神道之間亦有相互合流。這些對天主教來說都不是什麼好消息。

國際方面，在西、葡之外，英國和荷蘭也打開了和日本的貿易通道。作為新興的新教國家，英、荷與西、葡在政治和貿易上敵對競爭。一六〇〇年，一艘荷蘭商船登陸日本，船上的英國人威廉．亞當斯（William Adams）因給幕府造船有功，成為德川的外交顧問，並被封為武士，賜名「三浦按針」。亞當斯告訴德川，除了天主教外，基督教內還有新教，新教國家並不熱衷傳教，宗教和貿易也是脫鉤的。而天主教國家往往透過傳教來征服別國。

在此情況下，日本執政者對天主教不再像以前那樣容忍甚至鼓勵，漸漸把介入政治過深的吉利支丹勢力視為安全隱患。幾次偶然性事件之後，幕府終於決心禁教，各地加快搜捕天主教傳教士和教徒，製造多起迫害事件。一六二〇年，二代將軍德川秀忠當政期間，一艘帶有朱印狀的日本商船，在臺灣海域遭英荷聯合艦隊緝拿，貨品被沒收，雙方把官司打到長崎。本來是英荷在海上巧取豪奪，卻因日本商船內藏有兩位傳教士而演變成政治事件。結果一六二二年，船主平山常陳和傳教士慘遭火刑，船員被斬首。以「平山常陳」事件為導線，一個月後，五十五名傳教士和教徒在長崎處死，史稱「元和大殉教」。

此後幕府的禁教愈加嚴苛，不但傳教非法，信眾也必須棄教。為了加強社會控制，幕府推行「寺請—檀家制度」，利用遍布各地的佛教寺院，登記當地人口，監控地方社會。在天主教最早傳入、浸淫最長的南方，其影響很難在短期內消除。一六三七年，九州島原地區的民眾不堪領主的殘酷剝削，揭竿而起。「島原之亂」是日本最大規模的農民起義。雖然不純由宗教而起，但因起事者多為吉利支丹，領袖亦以教為旗，使得這場變亂頗有宗教戰爭的性質。一六三八年，幕府徵調十幾萬大軍鎮壓，約三點七萬名反抗者鮮有倖存。

這次大規模叛亂徹底地斷絕了天主教和幕府之間任何緩和餘地。自此，幕府禁教更為決絕。與此配合的，是前後一系列斷絕與西班牙和葡萄牙往來、禁止日本人私自出海的政策。一六四四年，在羅馬加入耶穌會並獲得神父職位的小西曼施歐（天主教大名小西行長的外孫）被捕殉教。自此日本再無神父，由彌次郎和沙勿略帶來的日本「天主教世紀」正式結束。內心不願棄教的教徒只能轉入地下，在與天主教世界隔絕的兩個多世紀裡，祕密傳遞先輩的信仰，直到明治維新時代。

隱匿的基督徒

二〇一七年初，馬丁．史柯西斯（Martin Scorsese）的電影《沉默》終於在美國上映了。眾多影迷期待這部片子已經快十年，當初確定的演員名單，已全部換了一輪。在一九八八年的《基督最後的誘惑》中，史柯西斯大膽又深刻地探討著人性與神性之間的關聯，那麼，在這部以十七世紀日本天主教為背景的影片中，他又將提出怎樣的糾結命題呢：宗教與政治、信仰與背叛，還是東方和西方？

《沉默》改編自日本作家遠藤周作一九六六年出版的同名小說。問世五十多年來，《沉默》不但被公認為遠藤最著名的作品，而且也是日本，乃至世界文學界最具衝擊力的宗教文學作品之一。以至於談起日本和基督教的關係，這本不長的小說，是繞不過去的文本。

情節雖是虛構，《沉默》卻基於真實存在的人物和歷史事件。故事的起因是：十七世紀初，葡萄牙派往日本的耶穌會高級教士費雷拉宣布棄教。費雷拉在耶穌會以博學、堅忍著稱，他的學生們不敢相信這個消息。於是以洛特里哥為首的幾位青年教士，冒險來到日本，以期解開這個謎團。小說即以洛特里哥等在日本的歷程為線索：一路上，他們目睹了島原之亂後，幕府對天主教徒的嚴密搜捕和殘酷折磨。他們受到本地隱匿教徒的保護，也因告發而被捕。在極端境遇下，洛特里哥終於見到了費雷拉神父，發現後者不但棄教，而且改名「澤野忠庵」，成了幕府禁教的工具……

相比中國和朝鮮，日本十九世紀前的基督徒（切支丹／吉利支丹）所遭受的迫害要慘烈得多。在德川幕府連續不斷、日趨殘酷的禁教過程中，不但傳教士和神職人員被捕受刑，普通教眾一旦被抓，更要被逼棄教，否則就被酷刑折磨。《沉默》中提到的一些酷刑，是在那個時代的日本真實存在過的。比如以沸騰的溫泉水澆身（雲仙地獄），比如將人捆在柱子上置於海中，任漲潮淹至口鼻（水磔）。刑罰的目的不在處死而在於緩慢折磨，讓受刑者因極度恐懼、疲憊和痛苦而最終屈服。

最為駭人的刑罰是「吊穴」：將人捆縛腳踝倒懸，頭置於污穢的洞穴中，在耳後割出小孔，這樣血液慢慢流出而不致速死。受刑者如不棄教，將哀號幾日直至力盡氣絕。歷史上的費雷拉神父，據說就是在受吊穴五個多小時後，最終棄教。《沉默》中的場景則更為揪心：神父被迫目睹教民受刑，只有宣布自己棄教，才能救下無辜。

棄教的儀式，則是腳踏聖母及耶穌像，稱為「踏繪」。幕府在教眾聚集的社區路口，放置聖像讓人踏繪，以此甄別教徒與非教徒。再加上德川幕府早期設立的「寺請—檀家」制度，以佛寺監控當地人口，國家—社會聯手，確保「吉利支丹」無一漏網。

《沉默》可以看作是遠藤周作的心靈拷問。他借書中不同人物之口，苦苦追問，上帝為什麼在日本教徒經受巨大身心磨難之時，仍保持沉默？他需要為歷史上眾多教徒的犧牲找到意義。最終，小說提示讀者，主的真義正隱含在棄教中，堅信的力量恰躲藏在背叛後。日本的天主教在十七世紀沉寂了，但信仰沒有沉寂。這是身為二十世紀天主教徒的遠藤周作對這段痛苦歷史的闡發。

在現實中，的確有一批日本天主教徒，面對殘酷的清洗，表面棄教，私下將自己的宗教偽裝起來，隱藏在眾多佛教信奉者之中，在隔絕祕密的狀態下傳遞信仰。這批人藏匿了兩百多年，直到明治維新，基督教合法化後，才公開了身分。他們後來被稱為「隱匿的基督徒」（隠れキリシタン）。在二十世紀三〇年代，他們的人數大約在三萬左右，多居住在九州的長崎一帶。

在二十世紀，「隱匿的基督徒」是令社會學和人類學學者非常著迷的研究對象。學者們好奇的，不但是這些人的組織形式和傳教系統，更在於他們所信奉的那個信仰體系，如何在極度嚴苛的環境中生存、轉換、變形、維繫。

禁教之後，日本上層已不可能再有教徒，殘餘的教眾多是下層的農民或漁民。他們或者集體躲避於外海小島（如九州的五島），或小規模聚居在其他地方。由於不能持有《聖經》或其他印刷文本，教義與儀軌多在家族內口口相授。久而久之，基督教對於隱匿者而言，已不是一種外來宗教，而是混雜於家族傳統和祖先崇拜之中。而且因為所有居民至少在表面上都要在佛寺舉行法事，並參與神社的祭祀，於是不可避免地，基督信仰和佛教及神道相互融合。

很典型的例子就是聖母瑪利亞形象的轉化。在隱匿的基督徒群體中，瑪利亞與觀音菩薩的形象看起來並無二致，其懷抱中的耶穌基督，恰合「觀音送子」的意象。或許只在不顯眼的地方，會有一個小十字架，暗示著這尊偶像的實際身分。這種變形既是出於自我保護的需要，恐怕也是在封閉環境中本地化的結果。與此類似，宗教儀式也在這樣的條件下以變形的方式延續。比如聖餐禮中代表基督血肉的紅葡萄酒和麵餅，被清酒和米飯替代。而清酒和米飯亦經常用於神道祭祀。

也有一些內容被完整保存下來。日本一位學者長期研究隱匿的基督徒的彌撒頌歌，有一首起初總也找不到出處。後來經過多年在歐洲尋訪，他終於發現，那是十六世紀西班牙某個地方的聖頌。也就是說，四百年前曾有一位出身該地區的傳教士來到日本，他帶來的聲音被那些隱匿的信仰者一代又一代口頭傳承，儘管他們沒人知道它的意思。

日本隱匿的基督徒遺物

將十字架藏於祈福用的神社模型中。

為什麼在禁教的日本，上層精英──耶穌會最早依賴的對象──或被迫或自願棄教了，而這些底層人卻如此堅忍地抱持信仰？遠藤周作《沉默》中一個重要人物──吉次郎，就是這樣一個草根。他膽小、懦弱、卑微，他出賣了洛特里哥，卻又反覆回到他身邊，始終追隨。上層人物們或許更多看到的是基督教帶來的權力和利益，而對卑微的農民和漁民而言，早期基督教帶來的精神慰藉是不曾有過的，於是世代相守。正是在被否認和被拒絕中，基督教透過這些弱者，在委屈中堅韌，融化於日常生活裡。

如今的日本，當然不再有宗教迫害了。但那些隱匿的基督徒的後代，卻面臨另一個問題。他們的信仰完全公開了，但這信仰究竟是什麼呢？對於宗教社會學者來說，他們的宗教實踐在基督教中應有獨特的價值。但在重新來到日本的教會和傳教士眼中，這種實踐竟然和祖先崇拜、佛教、神道糾纏不清，顯然是異端。對於隱匿的基督徒而言，他們的宗教生活從來獨立於教會，侍奉上帝是和敬奉祖先一體的，更與兩、三個世紀以來的本地生活化約在一起。就算教會願意接納，他們是否願意「回歸」呢？這又是一種雙重困境。在宗教以自由的名義被重新規範的年代，隱匿的基督徒人群被再度邊緣化，而隨著現代生活方式的打開，他們的人數更日益稀少。

作家張承志談到隱匿的基督徒，說：「儘管念著奧拉頌，但他們也做著佛事。盂蘭盆、守夜、彼岸、佛教的儀禮同樣不可或少。他們念著奧拉頌，但不離開觀音。他們重視自己是隱藏切支丹，但更在意自己是普通日本人。」可是從沙勿略和彌次郎的時代到現在，「日本人」和「基督徒」這兩重身分，似乎始終存在著某種張力。遠藤周作的作品，正是藉歷史來映射他內心深處的身分焦慮。另一位著名的現代基督教思想家內村鑑三，用更為直接的「兩個J」來表達這種緊張：「我所愛的，只這兩個J：一是耶穌（Jesus），一是日本（Japan）。我不知更愛哪位，耶穌還是日本。我的同胞憎我，因耶穌信仰之外來；外國教士惡我，因日本民族之狹隘……耶穌與日本，我的信仰不是同心圓，而是有兩個中心的橢圓。」

史柯西斯的新片是否闡發出這些多重、複雜的矛盾困境了呢？看過片子後，觀眾自會有自己的評判。這種困境不為日本獨有，在東亞其他地方，也不同程度地存在著。

門外人議屋內事——中西交流之殤

德川幕府嚴酷打壓天主教之時，正是滿洲崛起、天下格局重塑之際。中原的耶穌會士們在變局中採取靈活立場，並以出色的科學、技術才能，獲得清政權的信任。天主教在日本幾乎絕跡，卻在中國漸入佳境。一六九二年康熙皇帝的「容教令」標誌最高統治者對它的認可，基督信仰在新的天下格局中正式獲得一席之地。

由於近代中國被侵略、殖民的歷史，很多人將中國的失敗，歸咎於清代統治集團閉目塞聽、夜郎自大，不與「先進文明」交流，由此得出「中國封閉保守」之說。而清阻礙文明交流的主要例證之一，即後來嚴禁歐洲傳教士活動，致使從明末開始的現代科學技術東輸被強行中斷。

那麼，為什麼清廷由容教變為禁教？是不是因為中國人（或滿人）的保守和自大？簡單整理一下其中的原因和經過，有助於理解中國的近代命運，乃至現代中外關係的形成、演進。

一六九三年，就在康熙誇獎西洋人「並非左道惑眾，異端生事」、下旨容教的第二年，事端就來了。掌管天主教福建代牧區的宗座代牧、巴黎外方傳教會教士閻璫（又作顏當，Charles Maigrot，一六五二－一七三〇），在福州下令，禁止教眾祭祖、敬孔，不許讀四書五經。他還派出兩位教士回羅馬，一面上書教皇，一面請巴黎大學的神學教授做權威認定，指責在華耶穌會教士容許敬天祭祖是違背基督教義。對此，耶穌會教士不得不上書康熙，請皇帝本人認定：中國的祭天、祭祖、敬孔乃是風俗，無關迷信。得到首肯後，他們將中國皇帝的回覆寄給羅馬，以回應指責。閻璫此舉，不但在當地教眾中引起不滿，而且令原本在天主教內部討論的「中國禮儀之爭」公開化了。

所謂「中國禮儀之爭」其實早已有之。在利瑪竇以「天主」、「上帝」翻譯Deus，並力證儒家與基督教可以相融的時候，耶穌會內部就有反對意見。只不過經過數次討論協商，對中國有深入理解的耶穌會教士們，總體傾向於同意利瑪竇規矩，尤其認為中國禮儀無違教義。所以在天主教入華早期，禮儀之爭相對和緩。

作為新興教團，耶穌會靠著葡萄牙與教廷的同盟，在歐洲和海外殖民地的影響力一度如日中天。但到了十七世紀後期，耶穌會在天主教內部開始遭受排擠。隨著葡萄牙國力漸衰，法國成為教廷最倚重的國家。羅馬開始將海外宣教任務委託一批法籍教士，他們慢慢形成了後來的巴黎外方教會。該會教士普遍有為法國服務的意識，他們和本就對耶穌會不滿的老牌修會道明會、方濟各會等合流，成為天主教內部反耶穌會的勢力。從某種意義上說，「中國禮儀之爭」本是天主教世界爭奪、傾軋的工具，在表面的神學論爭背後，是耶穌會內部、耶穌會與其他教團以及天主教國家間複雜的政治利益糾葛。

閻璫之前，道明會和方濟各會的修士就有過類似的禁禮舉動，各方也都將官司打到羅馬，希望教廷能夠就中國禮儀問題有個說法。但因不同教皇對耶穌會態度不同，此前的幾項律令多有牴牾。閻璫一六九三年挑起的波瀾，令一七〇〇年繼位的新教皇克勉十一世（Pope Clement XI）決心解決此問題。最終，這個教會內部爭論，演變成了羅馬教廷和清廷之間的衝突。

克勉十一世派出親信、杜林人多羅（Charles-Thomas Maillard De Tournon）為特使前往中國。多羅在法國人護送下，繞開葡萄牙，駛往印度和中國。使團於一七〇五年春抵達澳門，一路北上，受到教團和清廷的熱情接待。康熙對此次特使來訪非常重視。多羅到達北京後病倒，康熙多次下旨關切，派員看望，並賞賜禮品。從一七〇五年底抵京到翌年八月離開，特使受到康熙多次召見，並一起遊園，但雙方始終沒有建立信任。皇帝數次詢問特使是否為禮儀問題而來，並主動解釋敬祖並非迷信；多羅則不敢把自己來訪的目的據實相告。因為，就在一七〇四年底，教廷已經做出決定，禁止教徒祭祖祭孔，除「天主」外，也禁止用

「天」、「上帝」等語，此事已透過馬尼拉通知了多羅。

一七〇六年六月，多羅把挑起此輪論爭的閻璫從福建叫到北京，讓他和在京耶穌會士討論，雙方激辯之下毫無共識。聽說閻璫到京，康熙皇帝下旨令往熱河行宮覲見，要他說明如何解釋中國經書。閻璫雖不情願，也只好從命，並帶了兩位中國教書先生隨行。

覲見很有戲劇性。閻璫只會閩南語，對答須由另一位教士翻譯。康熙指著座後「敬天法

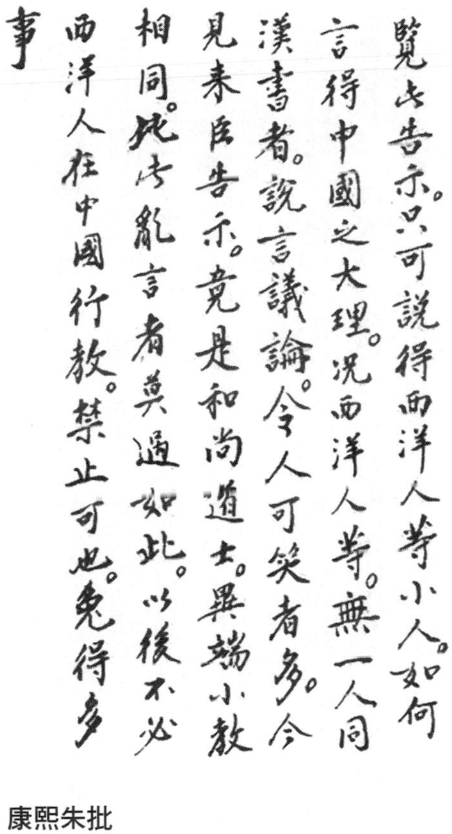
覽此告示。只可說得西洋人等小人。如何言得中國之大理。況西洋人等。無一人同漢書者。說言議論。令人可笑者多。今見來臣告示。竟是和尚道士。異端小教相同。彼此亂言者莫過如此。以後不必西洋人在中國行教。禁止可也。免得多事

康熙朱批

選自《康熙與羅馬使節關係文書影印本》。

祖」四字，問「汝認不認識」；閻答只認得一字。

隨行的教書先生跪奏，說閻在解釋經書時不聽他們，只聽一西洋人的。皇帝又問及他曾論儒家與天主教不同，意義何在？閻不能答。康熙當然惱怒，會面後下旨罵道：「愚不識字，擅敢妄論中國之道。」翌日又諭告多羅，說閻璫「既不識字，又不善中國語言，對話須用翻譯，這等人敢談中國經書之道，像站在門外，從未進屋的人，討論屋中之事，說話沒有一點根據。」

自知已無迴旋餘地，多羅只好離京。隨後閻璫等也被逐回國。多羅南下南京後，向在華傳教士傳達教廷禁令，嚴厲警告說違抗者將被開除出教會。他後放逐澳門，被葡萄牙人囚禁，直到一七一〇年去世。他的命令在在華教眾中引發極大不安，甚至有耶穌會士拒絕執行。

康熙雖然惱怒，但此時尚無禁教之念，認為多羅等只是不了解中國國情。為消除誤解，他在一七〇六和一七〇七年先後派出四位耶穌會士做使者，攜帶詔書，赴教廷解釋。但其中兩人死於海難，另兩人雖見到教宗，卻反遭軟禁。一七一五年，克勉十一世頒布〈自登極之日〉通諭，重申不許中國教徒用「上帝」、「天」等語，不許掛「敬天」匾額，並禁祭孔祭祖，喪事亦不得行禮。耳聞此事的康熙仍沒有失去耐心，又命在華教士透過各種途徑（包括透過俄羅斯）傳遞消息，尋找幾年前派往羅馬的使者。教廷此時已了解禁禮之令引發嚴重後果，聽到康熙的尋人啟事，覺得有必要再次遣使。一七一九年，教皇任命嘉樂（Carlo Ambrogio Mezzabarba）率龐大使團赴華，容許他在具體做法上稍有通融，但禁令原則不可更改。

康熙對使團仍然禮遇有加，接見嘉樂達十三次之多，親自向他解釋儒家禮儀。同時也明確說，如果教廷執意禁禮，你們傳教士也沒必要留在中國了。一次會面時，康熙故意問：我看你們西洋畫裡，有長翅膀的人。嘉樂回說，那是寓意「天神靈速如有羽翼」，不是真有此人。康熙接著說：「中國人不解西洋字義，故不辯爾西洋事理；爾西洋人不解中國字義，如何妄論中國道理之是非？朕此問即此意也。」但就在關係略有緩和之時，康熙讀到了逐條翻譯出的教廷禁令，他深感失望，親筆批道：

覽此告示，只可說得西洋人等小人，如何言得中國之大理。況西洋人等，無一人同（通）漢書者，說言議論，令人可笑者多。今見來臣告示，竟是和尚道士、異端小教相同。彼此亂言者，莫過如此。以後不必西洋人在中國行教，禁止可也，免得多事。

此後嘉樂力圖圓轉通融，但終於沒有打動康熙。禁教令起初執行不嚴，到雍正時代才稍為嚴格，到乾隆時期又時嚴時寬。雖然地方上有一些迫害事件，但幾位清帝並沒有像德川幕府那樣大肆捕殺教士和教徒。不少教士繼續任用，如一七一五年來華的郎世寧。可是無論如何，原有的文化交流無疑被阻斷了，這對中歐兩方面而言，都是十分遺憾的事情。

平心而論，清帝對天主教表現出難得的開放和寬容，所慮者無非是它會不會墮入邪教旁門、惑眾生事。須知清帝是身兼數種宗教禮法的最高權威：滿人的薩滿、蒙藏的佛教，以及中原儒道，都是帝國極為重要的政教支柱。天主教極端排斥佛道和民間信仰，卻尚能見容於崇奉薩滿和藏傳佛教的清帝，一部分歸功於利瑪竇及其追隨者的合儒策略，更多則體現統治者的包容心胸。前文曾說，清代天下的多元性，前提是多元之間不互相排斥，且能夠統一在對「天命」的崇奉之下。而禮儀之爭中的教廷，恰視儒家根本為異端，並否認東亞世界中「天」的合法性，等於對東亞的多元文化全部釜底抽薪。

康熙禁教，是對教廷屢次溝通無效後的無奈回應。他始終認為，麻煩製造者，只是那個「中國字不識五十個」的閻璫，一定是他逃回羅馬後搬弄是非，致教皇諭令竟與閻璫當年所奏一字不差。康熙指責閻「乃天主教之大罪，中國之反叛……被逼中國大小寒心，方知佛道各種異端之相同乎」。言語中竟有痛惜之意。

他不會想到，發生在羅馬和北京的爭端，不過是天主教世界內部政治鬥爭的口實。耶穌會建立的交流平臺化為烏有，自身也難保。一七七三年，在西班牙和法國的壓力下，羅馬教廷取締了耶穌會。這個曾為溝通歐亞做出巨大貢獻的教團，在其後近四十年裡，被自己誓死效忠的教皇認定為非法。

北堂的不速之客——天主教在晚期朝鮮

一七八四年一月，北京北堂。對法國耶穌會教士甘若翰（Jean de Grammont）來說，這個冬天略顯漫長。自羅馬教廷宣布解散耶穌會，他就一直等待接替他的遣使會教士前來，接收這處耶穌會資產。可他們遲遲未到。農曆新年前後，卻來了不速之客：一位年輕的朝鮮人。

年輕人說自己叫李承薰，是隨這一年的朝鮮冬至使團進京的。他的父親李東郁是負責記錄行程見聞的書狀官，給他在使團裡謀了個閒職。但李承薰心裡卻另有目的：受好友李檗所託，他要利用這個機會尋訪在京天主教士，求學問道。他先去了當時更為知名的北京南堂，但那裡因火災正在重修。聽說還有個北堂，他趕緊就過來了。神父接待了這位朝鮮青年，向他傳授、解釋了天主教義。使團逗留的幾十天，成了李承薰的神學速成培訓期。他在此領受了洗禮，今人大多把他稱為朝鮮第一位天主教徒。

不過嚴格講，李承薰很難說是「第一位」。早在近兩個世紀前，天主教就來到朝鮮半島。那是在豐臣秀吉侵朝戰爭時期，吉利支丹大名小西行長率軍長驅直入。小西手下將士多隨他入教，為安撫軍心，他調來兩位耶穌會教士。雖沒有證據證明，這兩位教士曾向本地人傳教，但很有可能，那些朝鮮戰俘和被日軍擄掠的平民，已經接觸了天主教。戰後，為數不少的朝鮮人被撤歸的日軍擄回，他們中一些人受洗成為最早的朝鮮教徒。在一六二二年「元和大殉教」中，有幾位殉道者就是朝鮮人。幕府禁教後，朝鮮很難再從日本方面接觸到天主教了，但從中國方面的滲透則不絕如縷。

一六三六年，皇太極第二次入侵朝鮮，迫使後者切斷與明朝的宗藩關係，轉奉清為上國。朝鮮王儲昭顯世子以及弟弟鳳林大君（後來的孝宗）被扣在瀋陽為質。清軍入關後，昭顯世子在北京居留數月，其間與耶穌會士湯若望頗有交誼，對西洋科技和基督教表現出興趣。他在給湯的信中表示，回國後要把獲得的科學及教理書籍刊行於世。一六四五年，清送還世子回國，他不但帶回了湯若望所贈的書籍禮品，還帶回幾名已經受洗的前明宦官和宮女。可惜世子回國未幾便暴斃，所帶回的書籍等也沒有對當時的朝鮮產生影響。

基督教教義是透過後來出使清朝的朝鮮使團，以「天學」的名義引入半島的。朝鮮頻繁遣使，一個重要的目的是搜集中原情報和書籍。明清之際耶穌會士帶來的天文、地理、曆算等知識，以及他們撰寫或翻譯的天主教文獻（包括利瑪竇的《天主實義》等），當然不會被目光敏銳的燕行使團放過。再加上清朝重用西洋教士，在諸多領域引入歐洲方法，一時成為中原知識界顯著的新動向。朝鮮的文人士大夫在接觸到歐洲科技後，也對西洋傳教士充滿興趣，一旦有機會赴北京，必要去一些傳教士那裡走訪。一來二去，朝鮮士人逐漸認識到，所謂「天學」不僅是一種新的學術，背後更有一整套新的宇宙觀和價值觀。

雖然和日本及中國的士人一樣，朝鮮人也是由對科學知識的愛好而接觸到天主教的，但和中日不同的是，朝鮮最早形成的天主教團體，完全是自發組織，並沒有歐洲傳教士給他們布道講解。他們的聚會有點像文人間的雅集，在討論儒家經典的同時也討論西學。其中，李檗雖不是最早接觸天學的，後來卻成為天學團體的核心，李承薰、丁若銓、丁若鏞、權日身等集聚其中。他們很多是在黨爭中受排擠、政治上相對邊緣的人物。在思想意識上，傾向於少談空洞抽象的理學哲理，而以對現實有益的學問來救治政治和社會問題。和主流士人不同，他們不再簡單視清朝為胡虜，而主張要向清朝（以及西洋）學習。所以，「天學」在這批士人中受到歡迎，是和所謂「實學」意識在朝鮮的興起相輔相成的。

直到一七八四年李承薰受李檗之託到北京，這批人中才有了第一個受洗的教徒。李承薰回國後，再給李檗施洗，就這樣天主教圈子逐漸擴大。到了第二年，他們把聚會場所從李檗家挪到了另一位教友在明洞的家中，起名「明禮坊」。這裡後來成為天主教首爾教區明洞聖堂所在地，被認為是韓國天主教的誕生地。

和東亞其他兩個國家一樣，朝鮮官方對於西洋知識並不排斥，但對於天主教的意識形態十分警惕。朝鮮以儒家理學立國，在思想方面管控甚嚴。嚴酷的政治鬥爭，往往以理學鬥爭的面相展示，而任何質疑理學的言論，都被視為異端。「天學」中本就包含和儒理格格不入的地方，天學團體士人的黨派傾向又很明顯，因此受到審查、被加以異端之名打壓，是再正常不過的事情。明禮坊很快被告發、搗毀。不久，李檗鬱鬱而亡。

此後，李承薰成為朝鮮天主教領導人物。他用自己不多的教理知識，搞起了本土教會，自行任命主教、神父，並舉行教會儀典。後來他們才知道，這些做法是違反教會規定的。一七八九年，他們委託全羅道出身的教友尹持忠到北京求助於主教湯士選（Alexandre de

Gouveia），湯果然回覆說他們只能施洗，不能舉行儀式。又過了兩年，尹持忠喪母，他和同為教徒的妻弟權尚然，堅持按天主教方式行喪禮，還燒毀了祖先牌位。這一舉動的非儒意味過於明顯，當然引起朝鮮當局堅決彈壓。尹、權二人拒不棄教，被處死。

在此背景下，湯士選一時不敢貿然向朝鮮派出神父。直到一七九四年，他才指派巴黎外方教會的中國籍神父周文謨，裝扮成朝鮮人，潛入半島，祕密傳教。周文謨的到來，改變了朝鮮沒有教會體系的局面。同時他打破兩班、中人、常民、賤民的區隔，廣泛發展信徒，一時朝鮮教眾人數迅速增長。朝鮮政府視「無父無君」的天主教為邪教，大力搜捕周文謨。一八〇一年，已經逃至鴨綠江邊的周文謨，聽聞數百名教徒因他被捕，心中不忍，遂回漢城自首。他和李承薰等被斬首，丁若鏞等多人遭流放。此次教難，史稱「辛酉邪獄」。

辛酉教難中發生的最戲劇性情節，大概要算「黃嗣永帛書」了。黃嗣永是位進士，一七九一年受洗。一八〇一年，為了解救被捕的周文謨和大批朝鮮教徒，二十六歲的黃嗣永試圖向北京的湯士選主教送去一份長篇帛書，不想被查獲。這封密信長達一萬三千三百多字，裡面詳細控訴了朝鮮歷年的禁教事件，以及此次教難的黨爭背景。最要命的是，他竟然建議教皇派兵逼使朝鮮容教：

本國兵力本來孱弱，為萬國末。而今昇平二百年，民不知兵。上無長君，下無良臣，脫有不幸，土崩瓦解，可立而待也。得海舶數百，精兵五六萬，多載大炮等利害之兵器，兼帶能文解事之中士三四人，直抵海濱，致書國王曰：吾等即西洋傳教船也，非為子女玉帛而來，受命於教宗，要救此一方生。貴國肯容一介傳教之士，則吾無多求，必不放一丸一矢，必不動一塵一草，永結和好，鼓舞而去；不納天主之使，則當奉行主罰，死不旋踵。

可想而知，當這封書信被查出，天主教的威脅，已經不是禮儀、意識形態層次那麼簡單了。它竟能讓一位士人裡通外國，篡逆謀叛，儼然是安全大患。朝鮮對天主教的政策，越發只能有堅決「斥邪」這一條了。

相對於中國和日本，早期近代的朝鮮，與歐洲接觸的通道最為有限，看上去似乎也最為保守。但即使如此，從和基督教關係的角度看，朝鮮絕非一個純然封閉的「隱士之國」。甚至正因為接觸的手段有限，一些朝鮮士人對西學和天主教的態度，才更為主動進取，而不是被動接受。朝鮮知識分子借助中國吸收了大量歐洲文化和思想，現代朝鮮身分意識的形成，除了來自明清鼎革的衝擊外，來自西學的刺激更是一個重要誘因。

到了十九世紀後期，朝鮮被迫斬斷與中國的宗藩政治紐帶，繼而被日本吞併。此時，外來的基督教（包含天主教和新教）以一種抵抗性姿態，在獨立運動和民族意識塑造方面，發揮了巨大作用：很多反日獨立人士，都深具基督教背景。基督教與韓國民族國家建設的過程緊緊相扣，也在後來的民主化運動中扮演重要角色。一七八四年北堂相遇兩百多年後，韓國不但成為東亞世界最為基督教化的國家，也是世界上最熱衷傳教的國家。

「鎖國」神話的背後

從來講十六到十八世紀的歐亞交流，重點都是歐洲人以各種各樣的目的來到東方，而反向的遊歷則很少提及。這當然不是全景。此時到訪歐洲和美洲的日本和中國人，雖然數量上相對不多，有官方紀錄的也少，但歐亞往來絕不是單向的。其中兩次官方遣使值得特別提及：一是十七世紀初日本派出的支倉常長使團，一是康熙年間的樊守義之旅。他們一個向東跨越太平洋，一個向西穿過印度洋，都經由美洲殖民地而至歐洲。

支倉常長（一五七一—一六二二）出身本州東北，是仙台大名伊達政宗的家臣，早年曾參與豐臣入侵朝鮮的戰爭。他於一六一三年受命出訪歐洲，一六二〇年返回日本。這次出訪的背景，是當時日益密切的西班牙與日本之間的貿易關係。相對於葡萄牙，西班牙是開拓日本市場的後來者，一開始自然掣肘不少。不過早期德川幕府為平衡葡萄牙和耶穌會士的勢力，同時也為開展和菲律賓及墨西哥（當時叫新西班牙）等西國殖民地的貿易，有意引入西班牙的力量。一六一一年，幕府任命一位方濟各會士帶領一些日本人出訪新西班牙，拜會當地總督。總督亦派使回訪，回訪的使節在回程中遭遇風暴被迫返日。為將他送回，幕府委託伊達政宗建造船隻，派使團隨往。此次遣使的目的地不但是新西班牙，而且還要去西班牙本土和羅馬。這項任務就落在伊達近臣支倉常長身上。

在一六一二年首次出海失敗後，翌年十月，支倉常長帶著約一百八十人的使節團（二十二名日本武士、一百二十名日本商人和船員，以及約四十位西葡人士），經馬尼拉駛往美洲。宗教在此次使命中扮演重要的中介作用。伊達政宗在給教皇的信中，除了希望日本和墨西哥通商外，還許諾將在自己領地內為傳教提供方便。在擔任副使的西班牙方濟各會士索特洛（Luis Sotelo）看來，伊達雖未受洗卻已接受教義，遣使的目的甚至主要是為了宗教。

經過三個多月航行，支倉使團於一六一四年一月抵達墨西哥的阿卡普爾科。在那裡停留了半年後再度出發，經過近四個月的顛沛航行，到達西班牙。支倉向國王腓力三世（Philip III）遞交了伊達政宗請求貿易的書信。逗留期間，支倉接受洗禮，並得教名「菲利普・弗朗西斯科」。一六一五年十一月，支倉經法國來到義大利，於羅馬拜見了當時的教皇保祿五世（Pope Paul V），再次傳達了希望通商和派遣傳教士的要求。使團所到之處，受到熱烈關注，一些在歐洲人看來新鮮的生活細節（比如使筷子和用紙擤鼻涕）也被津津樂道。

支倉在歐洲待了兩年，一六一七年啟程，經由西班牙和墨西哥回國。等他到岸時，已經是一六二〇年。此時的日本和七年前他離開時大不一樣了。就在他動身的第二年，幕府明令禁教，和西班牙的貿易關係也因此受到影響，直至後來徹底斷絕。由於時勢變換，支倉沒能成為改變日本的人物，但他的出使畢竟讓歐洲面對面了解了日本，也充分體現了近世日本對世界抱持的進取態度。

康熙皇帝遣使赴歐，發生在支倉使團出訪歐洲近一個世紀之後。由於羅馬教廷和清廷在天主教能否容納儒家祭禮的問題上爭執不下，康熙先後派遣多名耶穌會士前往羅馬，希望與教廷溝通解釋。其中一位使臣，是法國耶穌會士艾若瑟（Joseph-Antoine Provana）。隨同艾若瑟赴歐的，有一位出生於山西平陽的中國天主教徒樊守義（一六八二—一七五三）。

他們一行一七〇七年從澳門出發，先抵達葡萄牙占領的婆羅洲、馬六甲、蘇門答臘等，然後一路西航三、四個月，跨越印度洋到達好望角。在駛向歐洲途中，由於缺水，停靠巴西的巴伊亞（薩爾瓦多）。樊守義在事後所寫的遊記中，描述了巴伊亞當時的物產、建築和人文狀況。雖然不算是首位隨歐船到達美洲的中國人，但他的紀錄大概是中國最早的美洲文獻了。隨後，他們來到葡萄牙，受到國王若昂五世（John V of Portugal）的熱情接待，又經西班牙和法國抵達義大利。

因為身負康熙使命，艾若瑟和樊守義得到教皇克勉十一世接見。樊守義的記述是：「見教王，承優待，命閱宮殿，內外房宇幾萬所，高大奇異，尤難擬議。」但他沒有寫的是，向教皇解釋中國禮儀的使命，其實頗多坎坷。艾若瑟因攜帶的康熙書信沒有加蓋璽印而受到懷疑，被軟禁於羅馬兩年多，又困在米蘭和杜林各三年。直到多年後康熙尋找使者的消息傳來，教皇才准許艾若瑟返回中國，並叮囑他只說是因病遲滯。在此期間，樊守義倒是遍遊義大利名城，修習神學，加入耶穌會，並在畢業後晉身司鐸。

返程中，艾若瑟在好望角去世。樊守義一路護送遺體，於一七二〇年登陸廣州。康熙對艾若瑟出使十分重視，命人厚葬這位神父，並令樊守義隨同教皇派出的嘉樂使團赴熱河覲見，詢問詳情。諸多王公大臣也對樊守義的遊歷見聞很感興趣，促成他撰寫了篇幅不長的遊記《身見錄》，這成為見證早期中歐交往的重要漢語文獻。

支倉常長和樊守義，二人處身的時代，恰是天主教在兩國命運逆轉之時。從他們身上，很難看出東亞對外部世界的閉塞和排斥，反倒更多是主動溝通的努力。儘管如此，經由禁教而帶來的交流中斷，在十九世紀以來的主流敘述中，仍然不斷地被描述成東亞國家單方面「閉關鎖國」。這種修辭究竟如何而來？

「鎖國」一詞起源於日本。自一六三三年起，德川幕府頒布一系列禁令，斷絕與西班牙、葡萄牙的關係，只准許荷蘭和中國的商船在長崎貿易。這些禁令一直維持到幕府後期。需要注意的是，除長崎之外，日本還透過對馬島、薩摩藩和松前藩，維持著和朝鮮、琉球及蝦夷的往來，並連接起東亞與東南亞的貿易圈。歐洲國家裡，除了荷蘭（和一段時期的英國），俄羅斯人也在東擴到太平洋後多次造訪日本。也就是說，禁令針對的，只是天主教以及其背後的西、葡兩國。不論目的還是實質，都非自我封閉。但這些針對特定對象的政策，卻被後人稱為「鎖國令」。

概念背後是意識形態。十八世紀，德人堪弗爾（Engelbert Kaempfer）根據自己參加荷蘭東印度公司出訪日本的經歷，在歐洲出版了影響甚巨的三卷本《日本史》。他在其中斷言，日本是一個與外國交通隔絕的國家。十九世紀初，日本蘭學者志筑忠雄在翻譯這位歐洲人對日本的一知半解時，創制了「鎖國」（さこく）一詞。到了美國以堅船利炮迫使日本「開放」後，「鎖國」這個從未在任何政令中出現過的詞，成了對江戶時代日本「自我封閉」的固定認知，後來更擴展到對整個前近代東亞世界的「常識性」描述。

日本當然未曾「鎖國」。斷絕與特定國家的關係，是面對安全威脅時的懲罰手段。說日本「鎖國」，無法解釋幕府對海外情報的強烈關注、對海外貿易的持續熱衷，以及後來被稱為「蘭學」的西學興起。但是，大概只有把「鎖國」神話化，認定東亞世界以前是封閉的，才能夠反襯出後來英美強行「打開」東亞的起點意義吧？東亞的歷史，便以「鎖國」、「開國」為基本邏輯，成了歐美主導的「現代」論述的附屬部分。

可以反問的是：如果反對天主教就意味著自我封閉，那麼歷史上到底誰對異文化更缺乏容忍？執行禁教的雍正皇帝，面對傳教士的懇求，曾反詰道：「如果朕派一隊和尚喇嘛到你們國家傳播他們的教義，你們該怎麼說呢？你們如何接待他們呢？」二十世紀英國史學家赫德遜（Geoffrey F. Hudson）在《歐洲與中國》（*Europe & China*）中有一段評語，恰構成對兩百年前雍正此問的回答（下引為李申等所譯中文版）：

> 傳教士們在十七世紀最終獲得有限的容忍，這件事本身就證明中國比當時天主教的歐洲在宗教問題上更為自由；當時的西班牙、義大利或歐洲任何其他地區肯定都不會允許非基督教的傳教會的。當遠東的天主教傳教士在中國為他們的傳教尋求容忍時，阿爾瓦

卻奮力血洗荷蘭的新教徒，對異端的火刑在焚燒著由羅馬教廷「移交給」世俗人手中的受害者。一六九二年法國耶穌會士得到康熙皇帝聖旨允許信仰基督教的自由，而只不過在此之前的幾年，法國新教胡格諾派卻遭到龍騎兵的殘酷迫害而被驅逐出法國。一直到了十九世紀，天主教會從未停止宣稱天主教國家的世俗當局的責任就是要在它們的領土之內破除異端。因此，天主教傳教士根據什麼原則要求對他們容忍是很不清楚的，但從他們的著述中看來，他們認為任何阻礙他們改宗的企圖都是惡意的侵犯。

第六章

早期全球化

東亞的重要角色

白的銀，黑的人

「中國一向是世界上最富的國家……然而，許久以來，它似乎就停滯於靜止狀態了」，英國古典經濟學家亞當·斯密（Adam Smith）在《國富論》（*The Wealth of Nations*）中如是說。他還特別提到中國完全不重視對外貿易：「除了對日本，中國人很少或完全沒有由自己或用自己船隻經營國外貿易。允許外國船隻出入的漁港，亦不過一、兩個。所以，在中國，國外貿易就被侷限在狹窄的範圍。」

歷史從來不只是過去發生的事情，而是對過去的一種主觀描述。興起於現代的「鎖國」論述，以歐洲條約體系的到來作為分水嶺，把東亞歷史按照「從封閉到開放」的邏輯攔腰切斷。這套話語是殖民主義「文明」論述的重要組成部分，其中有兩大支柱：一個是精神和信仰的「自由」——其本質是信仰基督教的自由；另一個是貿易和市場的「自由」。在西班牙和葡萄牙稱霸歐洲的時代，這兩個支柱高度重合。到了荷蘭和英國爭雄的時代，宗教因素隱藏到後臺，開放貿易則走上前臺，成了衡量一個地區「文明」的重要標準。這也是為什麼，在很多歷史敘述中，鴉片戰爭往往和清朝「拒絕自由貿易」緊密聯繫，構成因果鏈條。於是，和「鎖國」並列，近代東亞又被貼上另外一個暗示文明等級的標籤，叫作「閉關」。就像不提早期基督教在日本的恩怨、只用「鎖國」來指責日本拒絕西洋文化一樣，「閉關」也無視歷史的長期性和變化性，用一個極簡的概念來塑造中國和世界的對立。

在英美史學界，東亞「閉關鎖國論」從二十世紀七、八〇年代以來，日益受到質疑和批判，嚴肅學者早已拒絕前近代東亞孤立、保守、停滯的說法。儘管如此，在社會輿論中，封閉、守舊的前近代東亞形象，仍有很大市場。按照這種邏輯，中國、日本和朝鮮半島長期自外於大航海時代以來的全球化浪潮。囿於東亞根深蒂固的「傳統文化」和「亞細亞生產方式」，資本主義無法從內部生成，必須要等到歐洲文明的到來，東亞才被「納入」世界，「歷史」才會在這裡開始。

就算我們把「全球化」的起始，定在（歐洲人主導的）大航海時代，把（歐洲）資本主義的鋪墊和展開，看作是近代世界體系形成的主要動力，也無法迴避一個問題：如果沒有東亞（以及非洲、美洲）世界的參與，新的生產方式和交換方式，怎麼可能在短時間內，在全球開疆拓土、所向披靡？實際上，這片後來被稱為「東亞」的區域不但從未自外於世界，而且是貿易全球化重要推手之一。十六世紀以來全球貿易體系的快速擴展，恰和東亞區域政治格局的重組（包括日本統一和滿洲崛起）同步。兩者相互影響，在很大程度上塑造了全球化在本地區的面貌。

大航海時代的到來，受諸多因素影響：氣候、環境、地緣政治、資源、技術等等。而人類社會對不同商品的需求，則是促成海外探險的主觀動力。跨區域的商品交換和人員流動並不是什麼現代現象：在歐亞大陸內部及印度洋地區，中國、日本、中亞、南亞、阿拉伯地區的商人早就開闢並主導了龐大的跨區域貿易網絡。隨著對美洲和非洲的拓殖，歐洲人建立起從大西洋到太平洋的貿易通途，使得人貨往來在範圍、途徑和量級上大大提高。而歐洲殖民者來到東方海域貿易，在很大程度上不過是借助了早已存在的跨印度洋—太平洋貿易網。

早期全球化中最受歡迎的商品，包括槍枝、酒類、絲綢、貴金屬、皮毛、糖、香料、茶葉、陶瓷等等。其中對東亞現代歷史產生特殊影響的「商品」是白銀。學界對白銀流動史的研究已經頗為深入，隨之而來，東亞世界在早期全球化中的重要作用也被重新認知。

白銀和上述其他商品都不同：它既是一種商品，又是一種貨幣，在十六世紀前後逐漸成為東亞經濟圈內部，以及歐洲與東亞之間最主要的貿易結算手段。它的生產、傳播、消費，連接起美洲、歐洲、中亞、東亞等地，成為流淌在全球貿易機體中的血液。按照日本學者濱下武志的說法，白銀供給在十六世紀以來突然提高，結合了幾個方面的歷史演化，比如美洲、日本和歐洲銀礦產地的增加，水銀提純法帶來的產量擴大等等。白銀供給還受到與黃金、銅和水銀等其他金屬比價的影響。而在需求一側，宋元以來中原地區對銀的消耗，隨著白銀從域外不斷流入而持續增加。明代財政和賦稅改革（特別是一條鞭法），更加速了其在中原的貨幣化。白銀不但在商品經濟相對發達的沿海和江南地區大量使用，甚至流入到邊疆地帶，在西南少數族群社會中成為重要的禮儀性物品。儘管對中國到底吸納了多大份額的美洲白銀，學界有著不同的估計，但中國是當時世界白銀最大的流入地，應沒有疑問。

中國自身並非產銀國，整個東亞除日本外，產銀能力也不強，而美洲白銀卻滲透到社會生活的各個層面，不可或缺。可見，十六世紀以來中國及東亞社會的繁榮穩定，早就和域外產品的輸入，特別是白銀的輸入密不可分，對外貿易的重要性毋庸諱言。僅從這一點出發，恐怕就不能簡單斷言，近代早期中國的對外貿易是被動和單向的。

亞當・斯密和他之後的黑格爾一樣，是歐洲現代思想的締造者。他們的歷史解釋突出歐洲在人類發展過程中的核心作用，讓歐洲和非歐世界互為鏡像，彼此隔絕。他們強調局部「文明」的主導性，忽視在形成「現代」的歷史進程中，全球各個地區是一個互動的整體網絡。在這樣的敘事中，不但「亞洲」在文明譜系中是邊緣性的，非洲和美洲也是如此。

除了美洲白銀，早期全球化還有另一個遠渡重洋的特殊商品：奴隸，特別是來自西非的黑奴。資本、商品和勞動力的全面流動，才構成近代意義上的全球化。奴隸不但是勞力，還是商品，某種意義上也是資本。在跨大西洋的三角貿易網絡中，歐洲商船將酒類、槍枝等運到非洲，交換當地人俘獲的黑奴。販奴船從非洲起航，先後將數以千萬計的人口輸送到美洲的種植園，再將種植園中出產的棉、蔗糖、菸草等運回歐洲。這種三角關係從十五世紀開始維持了數百年，直至十九世紀奴隸交易才終止。

把「人」與「奴隸」根本區隔，是自由主義經濟邏輯和政治邏輯的重要基礎。自由主義強調，自由市場條件下的勞動力，必須是對自己有充分支配能力的「自由人」。所以談到各地的勞動力，首先要討論的，就是他們算自由人還是奴隸。奴隸不享受為人的權利，沒有對財產、土地甚至自身的支配權。在這套邏輯主導下，十八、十九世紀歐洲的文明論述裡，不但非洲奴隸、美洲及澳洲土著不算人，整個東方世界（包括中國）也多處於奴隸或半奴隸狀態，因為那裡的人不懂「自由」——這套話語打著種族主義烙印，以文明的外衣將掠奪、屠殺和壓迫合理化，同時也深刻影響了近代東方知識分子對自身歷史的認知。

白銀和黑奴，來自於歐洲人對美洲和非洲的拓殖，是早期全球化的重要催化劑。東亞世界和白銀的聯繫更為緊密，但也不可避免地受到奴隸貿易的影響。當葡萄牙、西班牙的商船開進澳門、長崎等地，不但帶來了非洲黑奴，也擄掠當地人為奴。當年豐臣秀吉突然驅逐天主教士，其中一條理由，就是葡萄牙人大肆販賣日本人口至海外。但因為中國和日本奴隸在規模上無法和黑奴相比，對他們的關注相對不多。直至十九世紀後半葉，中日大量苦力以契約勞工名義東渡美洲，仍引發他們是人還是奴的爭論，成為日後排華風潮之濫觴。

對來到東亞的非洲黑奴，中日史料中都有記載。日本十七世紀的繪畫中，有黑人奴隸隨「南蠻貿易」而來的圖像，為我們提供了難得的視覺資料。而最傳奇的故事，恐怕當屬織田信長的一位黑人家臣，彌助（Yasuke，約一五五六—？）。

關於彌助到達日本前的經歷，記載並不清晰。有人猜測他是來自莫三比克的穆斯林，也有說法認為他可能是受僱歐洲某王公的非洲僱傭兵。可以確知的是他人高馬大，一五七九年作為耶穌會士范禮安的侍從抵達日本。前文曾提到過，范禮安是耶穌會負責遠東事務的最高神職人員，也是沙勿略之後對天主教在日本傳播起重要作用的人物。范禮安確定耶穌會在日本應以上層路線博得政治地位。他和當時最有勢力的大名織田信長頗有私交。一五八一年三月，范禮安拜見信長，京都民眾爭睹他的黑人侍從，竟有踩踏致死者。織田信長聽聞喧鬧，

反映江戶時代日歐貿易往來的「南蠻屏風」(局部)

狩野內膳(1570-1616),葡萄牙國立古代美術館(MNAA)藏。

便要求一見。日本史料記述，這位黑人二十六、七歲，身高在一米八八左右，「擁有十人之剛力，體黑如牛」。信長十分驚訝，當場命他脫衣洗身，以確信其膚色是天生的。范禮安將他轉讓給信長，信長隨即給他賜名彌助。

此時的彌助很可能已通曉日語，深獲大名的信任。很快，他成為信長的貼身侍衛，並被賜予武士身分，這是歷史記載中第一位非日本人武士。一五八二年，織田家臣明智光秀反叛，發動本能寺之變。彌助當時也在寺中，他在領主殞命之後，轉投信長長子織田信忠，但最終不敵就縛。明智光秀說他如動物般無知，又非日本人，將他發落在京都的南蠻寺，後不知所終。

有學者認為，十六世紀日本人對黑人並不歧視，因為當時還有其他受僱於大名的非洲人，地位高者甚至可擁有日本人為家奴。彌助的故事亦可視為早期全球化中，亞非交往的一段插曲。當然，隨著日本禁教，這類交往也就逐漸消失了。

茶在西方，菸在東方

一七七三年十二月十六日，波士頓，格里芬碼頭。數千名英屬麻薩諸塞殖民地的民眾，在自稱「自由之子」的反英祕密組織領導下，已經連續二十天聚集於此，阻止英國東印度公司的運茶船「達特茅斯號」卸貨。這天夜晚，數量不明的抗議者（估計在幾十到一百五十人之間）分成三組，分別登上「達特茅斯號」，和後期抵達的「愛莉諾號」、「海狸號」三艘商船，將上面共約三百四十箱茶葉統統傾倒入海。為逃避懲罰，他們中一些人裝扮成當地莫霍克印第安人的模樣。當時三十一歲的鞋匠休伊斯（George Hewes）登上「達特茅斯號」，向船長索要打開茶箱的鑰匙。據他後來回憶，將所有茶葉全部倒完，花了大約三個小時。期間，他還得阻止有人渾水摸魚，私藏茶葉。

著名的波士頓傾茶事件，被後世稱為「波士頓茶黨」。它大大激化了倫敦和北美殖民地的對立，引發了美國獨立戰爭。這次意義深遠的抗議，按照一般說法，起因於殖民地人民不滿英國在不給予政治權力的情況下徵稅（所謂「無代表則不繳稅」）。不過，實際背景則複雜得多，涉及好幾重矛盾：首先，英國東印度公司在歐洲的茶葉貿易中，受到本國稅收、走私氾濫和對手荷蘭東印度公司的衝擊，導致大量積壓；其次，為緩解東印度公司壓力，英國國會重新對公司進口的茶葉全額退稅，還首次允許它面向北美殖民地直接傾銷；第三，倫敦在殖民地保留徵收小額茶稅，引起當地人不滿（但其實由於少了中間商的環節，茶葉價格不會提高，反而會降低）；第四，北美茶葉原以走私為大宗，東印度公司有了退稅、直銷的政策優勢，必將以低價形成壟斷，直接動了走私商和分銷商的奶酪。而北美十三個殖民地許多大商人都靠走私起家：茶黨運動的領導者之一約翰．漢考克（John Hancock），就是波士頓著名的走私商，他也是後來美國《獨立宣言》的第一位簽署人。

而更為宏觀的背景，則是歐洲與北美對飲茶的熱衷，和早期全球化中激烈的茶葉貿易競爭。這就涉及中國及東亞在早期全球化中的核心地位，以及東西方貿易對歷史走向的重大影響。可以說，美國的獨立建國，以及荷蘭海上稱雄、英國全球稱霸，並不是孤立發生的西方史事件，它們與東亞有著極密切的關係。

在波士頓傾倒的約三百四十箱茶葉，全部來自中國南方。其中占大頭的，是當時比較廉價、銷量也最好的福建武夷紅茶，共約兩百四十箱。同樣產自福建的紅茶，還有十五箱功夫紅茶和十箱正山小種。此外還有兩種產自安徽的綠茶，分別是十五箱熙春，和六十箱松蘿。相形之下，綠茶比重雖小，價值卻高，尤其是被視為上品的熙春。東印度公司估計這些茶葉價值在九千六百五十九英鎊左右，如果換成今天的幣值，大概接近兩百萬美元。

雖價值不菲，這批茶葉其實已是陳年老貨。它們在兩、三年前就被採摘、焙製，經過

波士頓傾茶事件

長途跋涉來到廣州，又漂洋過海幾個月抵達倫敦，在庫房裡積壓經年，終於在一七七三年十月運到波士頓。福建和安徽的茶農在一七七〇或一七七一年摘下的這些普通的葉片，幾年後竟在世界另一端，掀起革命的狂瀾。

相比於絲綢和青花瓷，茶葉進入西方的時間較晚，它的全球流動是大航海時代的產物。十六世紀，耶穌會傳教士在傳回歐洲的文獻中提到茶。葡萄牙和荷蘭的商船從中國或日本出發，將茶葉輸送到里斯本、阿姆斯特丹和巴黎，俄國也從陸路大量引入。跟進的英國後來居上，成為歐洲最大的茶消費國。最初傳到歐洲時，茶是貴族專屬飲品，一磅茶葉在英國的價格高達普通人數月的薪酬。到了十七世紀，英國東印度公司崛起，挑戰荷蘭東印度公司在亞洲的貿易霸權，茶價隨之大幅下降，飲茶成為普通人也能享受的時尚。歐洲人又將飲茶習慣帶到北美殖民地，很快，茶葉在英屬北美的消費量就超過了英國本土。

茶葉和隨大航海時代流行的另一種飲料——原產於北非的咖啡——有一點不同。歐洲人為打破阿拉伯世界對咖啡的壟斷，在東南亞和南美試種咖啡苗，很快成功。但在中國以外試種茶葉的努力直到十九世紀中才在印度成功。所以長期以來，中國牢牢壟斷這一全球商品的生產和初售環節，茶葉亦成為中國連結起世界貿易網絡的重要方式之一。

十六世紀開始的歐亞、美洲和非洲間物產大流動，極大改變了人們的生活方式。比如我們比較熟悉的，原產於美洲的馬鈴薯、玉米、番薯、辣椒、花生等，在明朝中後期透過歐洲人傳到東亞。這些作物的逐漸普及，不但在一定程度上刺激了本地區的人口增長，使本來有限的耕地養活了更多勞動力，而且大大豐富了東亞人的食譜和味覺。今天的中國人大概很難想像一個沒有紅薯、花生和辣椒的世界了吧？

茶葉和這些食物不同。茶是經濟作物，飲茶是一種休閒方式，直接跟消費者的社會屬性、階級屬性掛鉤。茶從開始的貴族飲品，到後來逐漸服務於新興資產階級和市民，並且帶動瓷器乃至「中國風」的流行，它所帶來的衝擊更多是文化性、社會性和政治性的。茶葉在歐美的傳播，也伴隨著對它的批評。早期一些醫生試圖從病理學角度證明茶葉有害，其背景則是歐洲知識分子擔心這種高價、「無用」的飲品造成道德敗壞，國帑靡費。

在北美殖民地，儘管華盛頓、漢密爾頓等開國元勛都愛喝茶，但因為茶葉代表了宗主國對殖民地的壓迫，所以在獨立戰爭爆發前後，喝茶被貼上了「不愛國」的標籤。激進獨立人士抵制喝茶，而代之以咖啡，茶葉銷量在北美一度銳減。直到美國建國，同廣州有了直接貿易往來，飲茶才又「去政治化」。

自美洲輸入東亞的作物中，也有一樣東西可以和茶葉類比，那就是菸草。東亞人接觸到菸草是在十六世紀之後。西班牙人首先把美洲印第安人喜愛的菸草帶到了菲律賓，經由東南亞傳至東亞地區。歷史學家吳晗認為，菸葉輸入東亞大陸的途徑有三：一路是由臺灣而至福建，逐漸北上；一路是由越南而到廣東；一路則由日本傳入朝鮮，再進入遼東。菸草雖開始作藥用，但很快僅作為休閒品使用。最普遍的用法，是鼻菸和以菸管抽菸。菸葉的栽培和貿易迅速在東亞各地普及，其商業價值大大超過普通作物。

和茶初到歐洲時一樣，菸草在東亞也遭遇過不同程度的抵制。早期文獻中，已有菸草有毒的紀錄，但各國政府禁止菸草的理由並不都是今天的吸菸有害健康，而是出於經濟、社會乃至政治的考慮。

最早頒布禁菸令的是日本德川幕府。據說二代將軍德川秀忠，就因為吸菸既奢侈，又易引發火災，於一六〇九年頒布法令，不准種植、買賣菸草，違者查沒財產。可屢次禁菸，效果卻不理想。日本近代文學巨匠芥川龍之介曾寫過一篇〈菸草和魔鬼〉的小說，提到德川時期的日本有一首世態諷刺詩：「莫要說是禁菸令，一紙空文禁錢令，天皇御旨無人聽，郎中診病也不靈。」（文潔若譯文）小說中，芥川把菸草和歐洲天主教的輸入聯繫起來，說雖經豐臣、德川兩氏禁教，隨天主教而來的魔鬼最終離開了日本，但它留下的菸草則遍布全國。而明治以後，魔鬼再度來日。這當然體現了二十世紀初，日本知識人面對西方現代性衝擊的一種抵抗姿態。

明末崇禎皇帝曾兩度禁菸，但亦很難執行。在遼東與後金作戰的洪承疇就上書說，「遼東士卒，嗜此若命」。不但東北的明軍將士菸癮大，女真貴族也嗜好吸菸。遼東菸多為朝鮮進口，價格昂貴。據張存武先生研究，皇太極南侵朝鮮，俘虜大量人口，後允許朝方以財物贖人，朝鮮提供的最主要貨品，就是菸草。鑑於吸菸過於耗費錢財，皇太極曾下令禁止平民和官員吸菸。其後康熙、雍正也都因經濟考慮而禁菸。但是和德川幕府一樣，禁令沒有太大效果。

菸草在朝鮮稱作「南靈草」或「南草」，耕種普及之後，成為對外貿易的重要商品之一，在一段時間內，還是朝貢時的禮品。上至兩班文人，下至妓館妓生，許多人都一杆在握、吞雲吐霧。一七九七年，朝鮮正祖（一七七六至一八〇〇在位）曾動過禁菸的念頭。正祖本人年輕時好吸菸，本對南草頗有好感。但在和大臣的討論中，他一是覺得種菸的良田應該轉植穀物，增加糧產；更主要的，則是覺得菸草有關國運氣數。這位朝鮮國王認為，菸草是由西洋而來，就像西方之學一樣，在（滿人治下的）中國大行其道，這與「西方風氣晚開」大概很有關係。須知正是在正祖時期，天主教經中國傳入，一度衝擊儒學正統。朝鮮王廷此時正大力禁絕這種蠻夷邪說，凡西方傳來之物，都加上了一種政治敏感。

儘管如此，菸草在東亞三國都深深嵌入社會生活中，就像茶葉深深嵌入歐美社會一般。兩種作物的傳播皆為資本利益驅動，從一個微小的方面，印證了十六世紀以來在新興資本主義經濟體系下，東西方之間的密集互動。

菸草在東亞沒有像茶葉在北美那樣，直接引出政治革命。但是其吸食方式，卻在某種機緣下，促成中國現代命運之轉折。中國人吸菸，喜歡摻雜其他香料或藥物。後來發現，有一種藥摻在菸葉中吸食很過癮，這就是鴉片。把本來口服的鴉片與吸菸相結合，逐漸發展出用專門的菸具「吸」鴉片，這既是中國人的獨創，也是菸草全球傳播的一個意外的副產品。鴉片由藥品變成毒品後，英國東印度公司瞄準商機，一邊在孟加拉量產鴉片，一邊在阿薩姆墾殖茶園，不但把過去由進口茶葉等造成的對華貿易逆差用鴉片加倍找回，引爆了中英戰爭，也最終打破了中國對茶的壟斷。當然，這是後話了。

海禁時代的東亞之海

由於大航海時代的開啟，以及由此導引出的歐洲資本主義全球擴張，近世以來，不少學者把世界幾大文明區域以「大陸」和「海洋」相區分。東亞被認為是典型的「大陸文明」，意思是說，東亞人更注重朝向內陸的經營，而不像十五、十六世紀的歐洲人那樣，對拓殖海洋傾注極大力量。最典型的例證，就是明清以來中國的「海禁」、「閉關」，以及日本的「鎖國」。但正像越來越多當代學人已經論證過的，所謂「鎖國」有著具體的指向，絕非簡單地背朝大海、閉目塞聽，歷史上中日的「海禁」政策也不能和「拒絕與外界溝通」畫等號。

中國明清兩朝都曾實施海禁。但從時間上說，明朝海禁的時間遠長於清朝。兩朝禁海，背後的動力相似，皆出於沿海地域安全考慮。一般說法是，明代東南沿海長期受所謂「倭寇」侵擾，閩浙一帶更是民寇不分，禁海一策是為防範內外勾結。但從成效來看，「尺板不得出海」的政策，打擊了地方經濟，切斷了沿海百姓生計，反而迫使更多商、民鋌而走險，加入武裝海商集團，成為盜寇。王直、顏思齊、李旦、鄭芝龍等前後數代海商／海盜首領，從東亞多邊貿易中聚集大量財富，又周旋於中、日、葡萄牙、西班牙、荷蘭幾大勢力之間，成為從東海到南海最大的海上軍事集團，控制著海禁時代從日本、中國、東南亞諸島到暹羅的貿易通途。

清朝政府在順治和康熙早期，亦施行過十分嚴厲的海禁。其目的主要是抵禦鄭成功、鄭經的海上反清武裝。不過這一政策隨著鄭氏退守臺灣而漸鬆弛，終於在康熙平定臺灣的第二年全面廢除。開海雖稍有反覆，但清政權對海外貿易的態度，總的來說要比明朝更為正面、靈活和開放。

從歷史上看，中國的禁海與開海，體現的是國家與海商集團間力量博弈的此消彼長。背後的邏輯，與其說是拒絕海洋貿易，毋寧說是爭奪海洋貿易的控制權。國家與商人之間並不總是對立的，海商集團是典型的跨國行為體，凡成功者，無不與周邊的國家及非國家政權保持微妙複雜的聯繫。海禁時代的東亞海域，不但毫不蕭條死寂，反而是熱鬧非凡的歷史演劇場。

說到劇場，有一齣戲不得不提。一七一五年十一月十五日，日本大阪城內的竹本座劇場，人形淨琉璃劇《國性爺合戰》在此首演。這部劇由著名劇作家近松門左衛門創作，以鄭成功的抗清故事為藍本，虛構了一位中日混血的英雄「和藤內」，從日本渡海、收復南京、驅逐韃靼的故事。該劇上演後大獲成功，創下連續演出十七個月的紀錄，成為江戶日本「時代物」（歷史劇）的經典作品。

鄭成功的故事在東亞一帶廣為傳頌，但若從國家視角出發，對鄭成功的理解則大異其趣。日本人讚頌他，正如《國性爺合戰》所表現的，在於他大義忠君、堅守中華正緒，或許也因為他有一半日本血統。近代中國的抗爭史觀，則著重於他趕走在臺灣的荷蘭殖民者的事蹟，強調他是收復臺灣的「民族英雄」。敗退臺灣後的國民黨政權，表彰他效忠前朝，矢志恢復中原。而臺獨史觀，則將治臺二十年的鄭氏政權視為「事實獨立的政權」。參差交錯的歷史闡釋背後，當然都是當代意識形態的糾結不清。

若不從某一國家出發，也許倒更清楚些：鄭氏海商集團，是海禁時代東亞最為成功的海上跨國貿易／軍事集團，也是最後一個。其興起和衰落，特別直接地體現了早期全球化和近代東亞格局重組，對本地區歷史走向的巨大影響。

鄭氏集團崛起於鄭成功的父親鄭芝龍。鄭芝龍一六〇四年出生於福建泉州，乳名一官，西文文獻多以Iquan記載。他早年在澳門學習經商，並接受天主教洗禮，教名尼古拉斯。後經馬尼拉前往日本平戶，成為大海商李旦的手下。

當時東亞海域移民頻繁，平戶、馬尼拉、越南等處都有華人移民社會，日本人移民也遍及南洋諸島及中南半島。這些跨國活動與官方朝貢貿易一起，成為東亞海上貿易最重要的網絡。葡萄牙、西班牙、荷蘭和英國為白銀、絲綢、香料、槍枝及茶葉的貿易利潤所吸引，也先後加入進來，使得東亞海域成為多方合作、角力的場所，利益關係錯綜複雜。由於明朝禁海，華商將基地移往日本、南洋等處。李旦與日本當局關係良好，獲得特許海外貿易的朱印狀，成為海商領袖，平戶也成了中國海商活動的中心。這就是鄭芝龍來到日本的背景。

長期周旋於各方之間，鄭芝龍不但通曉多國語言（官話、閩南話、葡萄牙語、日語、西班牙語和荷蘭語），也逐漸培植起自己的勢力。李旦去世後，鄭芝龍打敗其他海商，繼承了李旦創建的海上王國。他向德川幕府輸誠，獲得幕府的支持和信任，屢次利用平戶的官府來打擊荷蘭等對手。一六二三年，他娶日本人田川氏為妻，翌年得子福松，即後來的鄭成功。此後，他又接受明朝招安，把自己的基地轉移到福建，以強大的海軍力量，牢牢控制了中、日、東南亞之間的貿易網。

鄭成功六歲時才離開平戶來到福建，系統接受儒家教育。他十四歲中秀才，二十歲入南京國子監。是年清軍入關，一路南下。鄭芝龍等在福州擁戴朱聿鍵稱帝，改元「隆武」，是為南明。南明政權倚重握有軍權的鄭氏集團，遂賜國姓「朱」、名「成功」予芝龍之子。鄭成功之名，及稱號「國姓爺」即由此而來。西文文獻中的鄭成功是Koxinga，即「國姓爺」的閩南語發音。

鄭芝龍本是海商，對自己貿易王國的關心遠超過對任何政權的效忠。在泉州同鄉洪承疇的勸誘下，鄭芝龍投降清朝。鄭成功阻止不成，出走金門。鄭芝龍本以為清廷會讓他掌管南方三省，不料清軍主帥背約，把他押解至北京，成功之母田川氏亦死於戰亂。

此後鄭成功逐漸繼承了鄭芝龍的家業，以反清復明為志，不斷在廣東、福建沿海一帶與清軍纏鬥。此時的鄭成功擁有東亞最強大的海軍力量，他利用制海權管控商路，建立山海五商體系，從連接東西洋的貿易網絡中獲得巨額利潤以供養軍隊，並利用和日本當局的良好關係招募武士、購買日製盔甲和武器。他還多次讓平戶的中國移民（其中不少是明亡後到來的遺民）向德川幕府求助。雖然幕府沒有直接出兵，但鄭軍中確實有不少他招募的日本人，此外也有不少歐洲及非洲僱傭兵。

一六五九年，鄭成功揮軍北伐，沿長江而上，連克數鎮，江南震動。翌年指揮廈門之戰，重創清廷水師，從崇明島到廣東惠州的南方海岸線幾乎無守備之力。在此情況下，清廷採納鄭軍降將黃梧的建議，強令山東至廣東沿海居民內遷數十里，堅壁清野，使鄭軍無法從沿海地區獲得補給，切斷鄭氏集團與中國內地的貿易聯繫。這是清代海禁的頂點。

失去陸上基地，鄭成功的商業和軍事網絡就失去根基。他急需在大海中尋找一塊進可攻退可守的根據地。與福建隔海相望、地處東南亞與東亞海路樞紐的臺灣，就成了首選。臺灣當時由荷蘭東印度公司占據。荷蘭人一六二四年被明軍從澎湖趕出後，就轉而經營臺灣西部，把它當作同日本貿易的重要據點。鄭芝龍當年就被派到臺灣為荷蘭人做翻譯，也是從臺灣開始接管李旦的商貿網絡。鄭成功時代，鄭氏船隊曾多次與荷蘭東印度公司的艦隊衝突，爭奪對日貿易特權。一六六一年，鄭成功出兵臺灣，鏖戰數月，終於在一六六二年初驅逐了荷蘭人。

占領臺灣不久，鄭成功即去世。其子鄭經掌權，一邊屯墾臺灣，一邊繼續同日本及英國東印度公司做生意，將鄭氏政商集團又維持了二十年。在此期間，清廷逐步鞏固了對沿海地區的統治，中央集權日益強化，並逐步恢復海外貿易。一六八三年，清軍攻臺，鄭經之子鄭克塽無力抵抗，投降清朝。馳騁東亞海域半個多世紀的鄭氏海商集團，終於湮沒於歷史中。

此後清朝開海，和日本一樣，海上貿易漸由國家管控。

值得注意的是，清代海禁時間不長。康熙開海之後，由於海疆鞏固，不再有武裝私商集團的侵擾，中國不論官方還是私人的對外貿易，都有了長足發展。從海商集團角度看，由於日本和中國先後完成了國家對海洋貿易的控制和壟斷，過去留給私商遊走的空間日益縮小。

回過頭看所謂兩種文明（大陸與海洋）的差異說，其實缺乏堅實的歷史基礎。早期現代的歐洲，礙於鄂圖曼土耳其在東邊的崛起，不得不以極大的投入，致力開闢海上新商路，並終於開啟大航海時代，這是沒有問題的。但由此便認定東亞世界自絕於海洋，缺乏海外貿易的動力，這未免過度解釋。東亞國家沒有像西歐那樣，舉國家之力開拓海疆，恰恰因為十六、十七世紀東亞政治格局的重組，中日都走向長期統一穩定，國家強化了對海外貿易的管控，以消除安全隱患。歐亞兩地對海洋的不同開拓，與其說是文明的差異，倒不如說是歷史的偶然。

喧囂的口岸

一六八四年，清朝平定臺灣的第二年，康熙皇帝全面解除了實施二十八年的海禁。此後，清廷在雲台山、寧波、漳州和廣州分設江、浙、閩、粵四海關（江海關後來移至上海），隸屬戶部，替代過去的市舶司，掌管海外貿易事宜。中國近代海關體系，自此建置。

如果海禁並非自我封閉的標誌，那麼清代統治者對待海洋貿易的真實態度和政策方向是什麼？回答這個問題，傳統的「閉關鎖國」論肯定是不應再堅持了。但是，若為了指出過去觀點的謬誤，說清代中國全然擁抱自由貿易，又過於簡單，是把反對的觀點推導到極致。評價一項歷史政策，最好回到當時的情境中去理解，而不是套用今天的意識形態斷章取義，或者為了當代的焦慮去摘尋歷史佐證。

開海前，康熙曾和大臣討論。他問：「先因海寇，故海禁不開為是。今海氛廓清，更何所待？」然後又批評邊臣為私利而阻民生：「邊疆大臣，當以國計民生為念。向雖嚴海禁，其私自貿易者，何嘗斷絕？凡議海上貿易不行者，皆總督、巡撫自圖射利故也。」其中透露出清帝的兩點認知：第一，是否禁海，與邊疆安全極為相關。若海氛不靖，則理應限制海上往來。第二，海洋貿易關涉國計民生，而且私商從來沒有真正停止過，在邊患消除的情況下，應盡快還利於民。正是這兩重考慮，勾勒出有清一代海政之大概。實際上，鴉片戰爭前，清廷對海洋的態度，始終是在安全和利益之間調整。而且不獨中國，德川幕府以長崎為唯一對歐貿易口岸，也是在安全和利益之間尋求一種平衡。

清代的對外貿易管理，比明朝要更為開放靈活。明朝雖曾斷續設立幾處市舶司，但大體還是將海外貿易納入朝貢制度之下。到了明後期，更只有月港（今福建漳州）一處允許商民出海交易。而康熙的做法，則是東南沿海全面開放：亞洲和歐洲商船可以停泊在上海、寧波、定海、溫州、泉州、潮州、廣州或廈門。在制度方面，無論是對私人貿易的鼓勵，還是對洋商的管理，都進一步超越了既有的朝貢體制，給對外交往加入新的內容。

也許因為滿人重農輕商的色彩相對不那麼濃厚，從努爾哈赤、皇太極開始，後金／清政權就不拒斥貿易。建州在女真各部中由弱而強，很大程度上是利用「敕書」特許制度強化對明的貿易特權。康熙本人對外界的開放心態，常常被當作清代皇帝中的一個特例。但是開海並非只是康熙個人意志的體現。他晚年曾下令禁南洋貿易，但雍正即位僅四年後，就改弦更張，力行解禁。到了乾隆時代，又出現禁止南洋貿易的議論，乾隆亦堅持開海不變。除皇帝外，康雍乾時代一大批滿漢官員，如姚啟聖、慕天顏、靳輔、李衛、高其倬、陳宏謀、慶復、藍鼎元等等，都強調海上貿易對國家及民生的積極作用，上書建言開海之重要。可見，當時政治意識的潮流，有很大一部分是傾向於鼓勵貿易的。

因此清廷開闢海關制度，是應新的形勢。開關並非擁抱自由市場，而是強化國家對海上商事之管理。積極介入的結果，是海洋貿易全面振興：赴日本的船隻在四年之內增長了七倍，對南洋的貿易也達到前所未有的高潮。西歐各國競相加入東海、南海貿易網絡的角逐。與之相比，中國民間的帆船貿易在數量和種類上也毫不遜色。中國東南海岸線成為早期全球化最為喧囂熱鬧的場域。

而且不要忘了，海路之外，還有圍繞中國的陸路貿易網絡：傳統的邊市、貢使、商隊貿易繼續連通著從朝鮮半島、中原、中亞、西南到東南亞的廣大地域。拜一七二七年中俄《恰克圖界約》所賜，恰克圖／買賣城開通互市，刺激了華北經蒙古至俄羅斯的商道，張家口—

庫倫（今烏蘭巴托）—買賣城一線商賈川流、市鎮勃興。十八世紀初蘇格蘭醫生約翰・貝爾（John Bell）隨俄羅斯使團訪華。在他看來，中國對外貿易的開放程度，完全不亞於英國或者荷蘭。

說到這裡，有幾個容易誤讀的地方需要澄清。首先，康熙設立江、浙、閩、粵四個海關，並不等於對外通商口岸只有四個。清代稅關除海關之外還有河關和路關，所謂「四口通商」僅是針對海上貿易，並不代表全部對外通商。四大海關又只是四省之內大大小小所有海關關口的總稱，每個總關下面，都另有十幾到幾十個口岸。所以西洋貿易的口岸絕不只四個，只是所有口岸的徵稅等事宜統歸四大海關管理。

其二，開關之後的政策曾有變化，但這和重回海禁不同。一七一七年，康熙下令禁止中國商船前往南洋貿易，以防沿海居民往來由荷蘭人占領的巴達維亞（今雅加達）和西班牙占領的呂宋。有學者認為，其中的考量，主要是怕內地與海外反清勢力結合，在清廷北邊用兵準噶爾部之時，滋擾南方。此令只針對南洋貿易，不涉其他；只禁華商出海，不阻洋商來船。且因實在影響地方經濟，禁令在幾年後就成了一紙空文。到一七二三年，實際前往巴達維亞的中國商船數量已經超過禁前的規模。雍正便在一七二七年下令解禁。

其三，也是最常見的誤讀，就是認為乾隆一七五七年改「四口通商」為「一口通商」，體現清朝徹底閉關。所謂「一口通商」，並非裁撤其他三個海關、只留廣州一處，而是把江、浙、閩三關的西洋業務，全部劃歸粵海關。本國進出口船隻，仍可出入江、浙、閩。與日本、朝鮮、琉球、安南、俄羅斯等國的公私貿易也不受影響。所以「一口通商」的說法是有誤導性的。此項政令的最主要目的，是為統一對西洋貿易的管理，職能更加集中，也避免粵、浙兩關相互掣肘。

須知廣州一向是對歐貿易的最大口岸，其他三個海關本來就少有洋船往來，業務機制遠不如粵關完備。一七五五年後，有英國商人前往浙江，一為方便收購茶葉、生絲，二為浙關徵稅較少、手續簡單。但乾隆擔心洋船出入人口密集的寧波，致洋人、民人雜處，滋生事端，搞出另一個澳門來，這才有「將來只許在廣東收泊交易」的諭令。需要說明的是，歸併一處後，西洋貿易不降反升。從一七五七年到鴉片戰爭前的約八十年裡，粵關年平均稅收由四十二點六萬餘兩增長至一百三十六點五萬餘兩，提高了二點二倍多。其他三關本多從國內商船抽稅，也沒有因此項政策變化而受影響。

但是，英國東印度公司的一位船長洪仁輝（James Flint）不服，竟不顧官員勸阻，駕船直抵天津，要進京請開寧波貿易，其中很重要的理由，是粵關官員索賄太甚。乾隆把索賄官員革職之後，以洪仁輝違抗禁令、勾結奸民，判監禁澳門三年。為防止類似事件重演，乾隆批准《防範外夷條規》，對前來廣州貿易的洋商實施諸多人身限制。

應該承認，粵海關滋生貪腐確是真實情況。主要因廣州實行「十三行」制度，國家指定一定數量的行商壟斷外貿，但各種稅費繁多、對商人管理嚴苛。行商雖靠著特許經營權富甲一方，但承擔極大的經濟、政治和管理風險，也必須聽命於朝廷。粵海關名義上屬戶部，而監督一職在改制後全由內務府官員充任，海關收入一部分直送內務府，號稱「天子南庫」。

歷史地看，特許經營在當時是通行的外貿制度，對全球貿易網絡的形成有很大推動作用。在廣州交易的大主顧，比如荷蘭和英國東印度公司，也都是國家特許壟斷，其在全球的運營並不靠市場原則，而是類國家行為，包括戰爭、殖民、鎮壓、談判和妥協合作。它們沒有也無意帶來新的一套「自由市場機制」。反倒是清廷對十三行的嚴格管制，讓洋商規避了大量風險，得益甚多。行商制度還啟發過早期資本主義國家對金融擴張的干預。一八二九年美國通過「安全基金法案」（Safety Fund Act），要求紐約銀行共同出資成立基金，以防因個別銀行倒閉帶來債務糾紛。這個做法正是源於廣州行商的連坐互保機制。

以今天「自由貿易」的意識形態來看，國家對廣州貿易的干預和壟斷似乎問題很大。但從當時政治角度講，東亞世界的內外關係是由「天下體制」這個大框架限定的，清朝皇帝居於這個禮法制度的中心，周邊國家也從這套制度中獲得利益。西洋貿易附屬於這個框架，自然要在既有的結構內運行，不存在獨立於或者超越該框架的可能。同理，十九世紀中期之前的西歐，無論荷蘭還是英國，也都以國家主導貿易，並沒有奉抽象的「自由開放市場」為圭臬。也就是說，在具體商業理念上，歐亞在十九世紀前差別不大。

開放貿易本身，並非獨立的價值評判標準，它只是一項治國理民的政策。既然是政策，就會根據社會情況的變化而變化。海外貿易既是重要的惠民措施、國家利源，也會帶來安全隱患。因此對外貿易，就不斷在安全與利益的搖擺下時放時收。不錯，清代曾禁海遷界、限

19世紀初描繪廣州港的外國商行的油畫

制南洋貿易、以廣州總管西洋商船……但所有這些看似限制性的措施，都只是中國對外貿易大發展中的插曲，並沒有將中國排斥在全球化之外。廣州作為重要的區域貿易樞紐，和澳門、長崎、巴達維亞、馬尼拉、釜山、琉球、恰克圖……一起，共同構築起東亞早期現代的繁忙圖景。也正是從十六、十七世紀開始，華人大量移居海外，逐漸形成了覆蓋整個東亞和東南亞地區的海上貿易網絡。到了二十世紀，東南亞華人不但為孫中山革命和抗日戰爭提供巨大支援，華商網絡還極大地保證了八〇年代改革開放的成功。

既然如此，所謂「中國閉關」的形象又是怎麼流行起來的，它如何和「日本鎖國」一道，變成對東亞的一個刻板認知的呢？

作為象徵的馬戛爾尼使團

在寫到郎世寧和耶穌會士時，前文曾提到英國《經濟學人》雜誌二〇一三年的一段歷史敘事：「一七九三年，英使馬戛爾尼到訪中國皇廷，希望開設使館。馬戛爾尼從新近工業化的英國挑選一些禮物帶給皇帝。乾隆皇帝——他的國家當時的GDP約占全球三分之一——把他打發走了……英國人一八三〇年代回來了，用槍炮強行打開貿易，中國的改革努力以崩潰、恥辱……而告終。」

如果沒有鴉片戰爭，一七九三年英使訪華或許不是特別特殊的事件。

上年十月，馬戛爾尼帶著禮物和英王喬治三世的國書，從倫敦出發，以給乾隆皇帝賀壽的名義來到中國，希望展示英國實力，並要求貿易特權。經過煩瑣冗長的交涉（比如是否以跪拜禮覲見），馬戛爾尼等終於在承德見到了乾隆，但清廷婉拒了他們要求的特權。使團在詳盡收集中國情報之後回國。無論在英國還是中國，此事在當時都不算太引人注目。

但由於中國在鴉片戰爭以來的際遇，一七九三年的這次中英相遇，在漫長的兩百多年裡，被不斷重新解釋、添枝加葉，成為具有全球史意義的重大事件。到了二十世紀，歐美和中國都把它看作是一次失敗的相遇：「保守封閉」的中國，因缺乏平等外交觀念，而錯失了「融入世界」的機會。通俗歷史講義，就像《經濟學人》一樣，把它和鴉片戰爭聯繫起來，構建出一個清晰的因果鏈條：中國因封閉而挨打；只有用戰爭，才能讓中國接受自由貿易。不少論者即使對帝國主義和殖民主義持批判態度，也認為是清代中國的虛榮自大招致了國力衰微。

馬戛爾尼使團，逐漸脫離實際的歷史情境，成為一個為特定意識形態提供素材的象徵和神話。對它的認知也從一次具體的中英間外交交涉，演繹成具有本質主義色彩的東西方文化衝突。一七九三年使團的「失敗」，被全數歸咎於「東方」對於商業的忽視、虛妄的自我迷戀，以及專制主義傳統——儘管清代中國開海之後並未閉關，對海上貿易的管理並不比當時的歐洲國家更保守，並且最重要的是，中歐貿易（包括中美貿易）實際上不斷增長。也就是說，在對馬戛爾尼使團的解釋中，中國和英國當時具體的政治、社會、經濟和外交狀況被故意省略了：這些都不重要。重要的是：一個與「西方」相對的「東方」形象，透過這次接觸被充分展現和印證。

這種對東方形象的認定，其實早就開始。我們來看一幅著名的諷刺漫畫：〈在北京朝廷接見外交使團〉。

該漫畫的作者是英國著名的諷刺畫家詹姆斯・吉爾雷（James Gillray, 1756-1815）。在所有表現馬戛爾尼覲見乾隆的圖像中，它恐怕是最為知名的了。無數對一七九三年事件的介紹，都會引用它。這幅漫畫代表了英國主流輿論對這段歷史的認知，因為它生動地刻畫出中國皇帝面對單膝跪地的馬戛爾尼，那副高傲、自大、不屑的蠢樣。

但最令人稱奇的，並非畫家的技巧，而是這幅漫畫的出版時間：一七九二年九月十四日。就是說，馬戛爾尼使團尚有一個月才出發，畫家就憑藉他的想像，「預告」了整整一年之後的會面場景。對此事的闡釋，在事件還沒有發生之前，就已經結束了！「歷史認知」根本不需要「歷史」的存在。

畫家當然不是先知。作品的思想來源，一是他處身的現實，二是歐洲十八世紀以來對亞洲的新態度。吉爾雷是英國政治諷刺畫（caricatures）的開山鼻祖，他對歐洲、特別是英國時政的譏諷，體現著一七八〇到一七九〇年代公眾政治思潮的變化。一七八三年美國取得獨立戰爭勝利，極大打擊英國的海外殖民事業；一七八九年法國大革命，衝擊著整個歐洲的王權體制。英國遂以強化殖民地管制來應對，但殖民地官員的作為亦飽受批評。與此同時，孟德斯鳩以來的歐洲人文主義知識分子，發明「東方專制主義」鏡像，來重新定位歐洲在資本

〈在北京朝廷接見外交使團〉

詹姆斯・吉爾雷（James Gillray, 1756-1815）繪，1792年出版。

主義時代的文化、政治身分，對中國政體的態度由讚美轉為大力批判。

吉爾雷反對法國革命，但對君權極盡嘲弄，常常把英王喬治三世作為譏諷對象。他的畫面向倫敦公眾銷售，深知如何挖掘市場對於各類時事的觀感。但我們應注意，對於即將出發的馬戛爾尼使團，這幅畫的挖苦其實是多方面的：既表現爵爺身後一眾英國官員、商人的惶恐和貪婪，也把馬戛爾尼所帶的禮物說成是毫無用處的小孩玩具；當然最為突出的，還是東方君主的冷漠、傲慢、可笑和腦滿腸肥。如果它是一則預言，那麼它揭示的是這次出訪包含了多個層面的矛盾衝突。

結果，這個預言真的「自我實現」了。在討論中英首次官方往來失敗的原因時，歐洲論者談論得最多的，就是覲見禮儀問題，好像中國皇帝拒絕英國的通商要求，僅僅是為了馬戛爾尼不肯行三跪九叩之禮。吉爾雷肯定不會預知磕頭爭執，他畫中的馬戛爾尼單膝跪地，不過是當時歐洲王宮標準的覲見禮。但當預言應驗，「歷史」就朝著人們認定的方向展開了：馬戛爾尼的覲見禮，成了在後人眼中畫面的焦點，掩蓋了其他。此外，另一個最引發興趣的話題，則是乾隆給英王的回信，其中誇耀中國無所不有，完全不需要和英國貿易。這點也恰好透過對中國皇帝面對馬戛爾尼帶來的「小孩玩具」的不屑，而展現得淋漓盡致。

所以，這兩個情節竟像是在馬戛爾尼出訪前就「設計」好了，「歷史」不過是照這個套路表演一番，所有的理解都引向對「愚昧的東方」的抨擊。對異己的定見左右了歷史的走向。

這種解釋思路，到法國退休外交官阿朗・佩雷菲特（Alain Peyrefitte）的《停滯的帝國》

（*L'empire Immobile*）一書達到頂峰。該書一九八九年出版後，很快成為暢銷讀物，並在一九九五年發行了中文版。其時冷戰剛剛結束，無論西方還是東方，對「落後文明」的想像和批判，都頗迎合「歷史終結」時代的口味。

近年來對馬戛爾尼使團的新研究層出不窮。學者們把馬戛爾尼事件還原到當時的社會、政治、文化情境中，從禮儀制度、科技、地緣政治、貿易狀況、翻譯等許多新角度闡發了交流失敗的原因，有效批駁了抽象的文化主義解讀。毋庸在此贅述這些觀點，我們只須注意特定解釋產生的歷史脈絡。比如禮儀問題，美國學者何偉亞（James Hevia）就認為十八世紀以來歐洲國際法對外交的重新規範，以及英國人把跪拜與臣服、階層、奴役、性別等符號相連，是磕頭問題顯得敏感的原因。但覲見禮儀並沒有成為一七九三年中英會面的阻礙，而是直到一八一六年阿美士德（William Amherst）使團來訪時才有所激化。到了一八四〇年，美國總統約翰・昆西・亞當斯（John Quincy Adams）把中英鴉片戰爭開戰的主因說成是磕頭問題，這個問題才被無限拔高。

亞當斯當然是以禮儀為藉口，將殖民侵略合理化。即使我們順著這種「文明人教訓野蠻人」的邏輯，認定英國只是按照主權國家的新觀念，要求中國承認其平等地位，那麼也可以追問：英國全球殖民，從未以平等原則對待弱小，又憑什麼要求中國實踐主權平等呢？鴉片戰爭後，英國把「平等」的外交禮儀輸入中國，是為了建立「平等」的對華關係嗎？

其實正如黃一農先生指出，無論一七九三年馬戛爾尼以什麼禮儀覲見，乾隆都會拒絕英使的要求。這並不是因為中國拒絕貿易，而恰恰是因為中國早將外貿規範管理，對所有國家一視同仁，而英國的要求，本質是讓中國推翻實施多年的定制。其要求包括：開放寧波、舟山等地為口岸；在北京常設使館；劃舟山附近一島供英商居住、倉儲；允英商常住廣州；英船出入廣州、澳門水道並減免課稅；允許英國教士傳教。首先，英國要的不是通商的「普遍權利」，而是針對英國一家的特殊待遇。其次，某些要求已和殖民無異。再次，將對歐貿易歸併廣州，對洋商出行加以限制，如前文所述，恰恰是乾隆出於社會安全考慮而做出的決策。換個人處在乾隆的位置上，恐怕也不會答應如此放肆的請求。此外，如果英國真的像國內某著名經濟學家認定的，是「希望按照市場的邏輯」而非「強盜的邏輯」從事商貿和交流，那麼可以問一句：主導中英貿易並資助馬戛爾尼使團的英國東印度公司，遵循的是市場邏輯嗎？

但是在後世的論述中，馬戛爾尼的要求和背景往往被忽略或淡化，而乾隆給英王的回信，倒被反覆提及，以證明中國可笑的自大。英文文獻裡引用最多的一句話，譯成白話，就是：「天朝無所不有……從不看重精巧製品，一點也不需要你們國家的製品。」其實，乾隆的回信遲至一八九六年才全部翻譯成英文，這封信以及這一小段話在整個十九世紀都沒有引起什麼重視，可以說完全是二十世紀「後見之明」指導下的新發現。

更重要的是，這段話斷章取義，扭曲原文。此話的語境，是特指馬戛爾尼帶來的禮物，而非早已持續多年的中英間貿易：「天朝撫有四海，惟勵精圖治，辦理政務，奇珍異寶，並不貴重。爾國王此次齎進各物，念其誠心遠獻，特諭該管衙門收納。其實天朝德威遠被，萬國來王，種種貴重之物，梯航畢集，無所不有。爾之正使等所親見。然從不貴奇巧，並無更需爾國制辦物件。」但是只有把個別語句抽離、置換，中國皇帝才能夠成為取樂的對象。這句話便同「磕頭」一起，成為野蠻「東方」活該挨打的證據。把它和鴉片戰爭連繫起來，殖民侵略看上去不但不那麼難以接受，而且簡直是帶來文明曙光的義舉了。

遺憾的是，即使很多學者早已否定了其層層疊加的意義，馬戛爾尼事件還是頑固地扮演著（中國和其他地方的）東方主義者們希望它扮演的角色。《經濟學人》們絕不會是最後一個抓住這個陳詞濫調不放的。既然對歷史的認知完全不需要歷史的存在（像吉爾雷的漫畫一樣），那麼這個神話怕是還會繼續很長時間。

第七章

其命維新

東亞現代思想的興起

思想契機——姜沆與朱舜水

重思東亞在近世的命運，不但需破除制度上「閉關鎖國」的神話，還需要反思另一層關於思想和文化的定論。和「閉鎖論」一脈相承，二十世紀以來成為主流的進步主義史觀，假定在十七到十九世紀的東亞（清代中國、江戶日本、晚期朝鮮王朝），學術和思維日趨停滯、僵化，以致無法抵禦西歐工業化、新技術、新思想在現代的衝擊。與西歐和北美同時期自由、民權思潮的洶湧澎湃相比，三個東亞社會則像是死水一潭。宋明儒學，特別是朱熹的理學系統，是三國一致的官方意識形態；禮教一統天下，壓制異見與「人性」。清朝則更因滿人大興文字獄和刻板的科舉制度，而「萬馬齊喑」。

站在十九世紀末二十世紀初，這種認識也許有一定道理。但是目睹東亞世界在二十世紀後半期以來的巨大變化，特別是當發現它的內核並未按照「脫亞入歐」的邏輯延伸，而是在很大程度上延續著思想的內在邏輯，從歷史命題中找尋應對現代挑戰的途徑，我們就知道「停滯」一說並非全景，而且在相當程度上有失偏頗。清代中國、江戶日本以及李氏朝鮮，都並不缺少新鮮思想的迸發。不論是否處於官方認可的主流學說之內，這些思想都未停止生長，而且對十九、二十世紀的東亞世界恰有極大的塑成作用。因此要查考東亞在現代的「發現」，就需追根溯源，對早期現代的思想狀況有所反省。

目光再次回到十七世紀，我們先來看兩位橋梁性的人物，他們是對日本近代思想影響深遠的兩位儒者：朝鮮的姜沆（一五六七—一六一八）和中國的朱舜水（一六〇〇—一六八二）。

一五九七年，姜沆在全羅道海上被二次侵朝的日軍俘獲。就在幾天前，朝鮮名將李舜臣在鳴梁海戰中阻擊日本水師先鋒，但終究寡不敵眾，未能阻擋日軍繼續北上。姜沆本來在全羅道組織義兵抵抗，但隊伍四散，他只好攜家小，分乘兩船投奔李舜臣，倉皇之中又和父親失散。他後來自述，在尋父過程中，遭遇日船，全家蹈海而逃，結果不但自己被抓，而且家人死散無計。最慘的是剛出生的小兒子被棄之沙灘，「潮回浮出，呱呱滿耳，良久而絕」。

姜沆的悲慘境遇卻造就了一次重要的文化相遇。同不少朝鮮人一道，他被押送到日本，輾轉幾個地方。因一個偶然的機會，他結識了著名學者藤原惺窩。藤原早年學習佛教，後來透過朝鮮通信使接觸到了朱子學，從此致力於儒學研讀，還一度想到中國求學。透過和姜沆的接觸，藤原惺窩系統學習了朝鮮儒學以及儒家禮儀制度。姜沆則在藤原的幫助下，最終回到朝鮮，並撰寫了記述亂中見聞的《看羊錄》。他在書中並沒有提及和藤原的交往，倒是提到了日本與葡萄牙、中國等頻繁的海上商貿往來。

姜沆的時代，朝鮮儒學已建立起自己的體系。李滉（退溪）和李珥（栗谷）在十六世紀中後期雙峰並峙，開創頗有特色的性理學派。姜沆深受李滉學說的影響，並把這種影響帶給了藤原惺窩。藤原此時受聘於德川家康，專門講授儒學，為後來江戶幕府確立朱熹理學為官方政治理念，起到關鍵作用。在他的努力下，日本儒學得以擺脫佛教的影響，成為一門獨立發展的學問。也因此，藤原被尊為日本近世儒學的開山鼻祖。

藤原的學生中，對後世影響最大的，當屬林羅山。林羅山由藤原推薦，仕於德川家康，前後輔佐過四任將軍，參與編寫文書，制定制度法令，將所學與政治實踐相結合。他繼承老師對理學的闡釋，希望調和儒教與本土神道思想，以此排斥基督教。林羅山對幕府官學影響巨大，整個江戶時代的「大學頭」一職，全部由林氏一族擔任，林家成為世襲的官學領袖。林羅山創立的私塾，後來發展為幕府直轄的教學機構——昌平坂學問所，無數名儒出自林氏門下。朱熹的思想，經李滉闡發、姜沆傳播、藤原惺窩與林氏的消化，成為德川時代日本思想主流。如果說，江戶幕府奉朱子學為官學，是在此前長期變亂的歷史條件下，一種權衡之選，那麼姜沆與藤原惺窩的相遇，則極大地促成了這個選擇。

豐臣侵朝讓姜沆被俘日本，滿洲崛起則促成朱舜水東渡扶桑，他對日本的影響同樣巨大。朱舜水原名之瑜，「舜水」是六十多歲後在日本用的號，但因為他的主要著作皆在日本完成、流傳，所以「舜水」反而更為知名。他是浙江餘姚人，一六四四年後致力於反清復明，奔走於閩浙沿海和日本、安南、暹羅一帶達十五年。安南國王曾強留他入仕，但他不願行臣子之禮，堅辭不就。一六五九年，他參加鄭成功攻打江南的戰役，失敗後到日本求助，此後就在長崎定居下來，傳授學問。

一開始，朱舜水在學生安東省庵的接濟下生活。一六六五年，水戶藩的第二代藩主、德川家康的孫子德川光圀，仰慕朱舜水的學識，聘他為賓師，執弟子禮。朱舜水於是移居江戶，名聲日隆。他現存的著作，很大一部分是和日本士人的通信、問答，也可見日人對他的零星寫作都十分珍視、詳加整理。直接受他影響的著名學者，除了安東省庵、德川光圀外，還包括安積覺、山鹿素行、木下順庵、伊藤仁齋等等。

明朝覆亡、過去被視為「蠻夷」的滿洲居然成了新的「中華」，這一政治巨變，給整個儒家世界帶來極大的心理和文化震撼。朱舜水和他的同鄉黃宗羲一樣，一方面堅守明朝正統，另一方面深刻反思有明一代儒學的問題。他認為明亡之根本原因，在於內部的腐壞，尤其是讀書人的腐壞，致綱紀疲敝、民德淪喪。所以和姜沆不同，朱舜水雖然也尊奉程朱，但反對明朝後期朱子學墮入空理。對於朝鮮人厭惡的王陽明心學，他倒是有所吸納，不過他也不滿後期王學的虛空，強調學問應經世致用。這種實學思想，啟發了日本「古學派」的興起。

他帶給日本的儒學，不是姜沆那種成體系的性理之學，而是帶著沉痛的亡國之恨的批判性儒學。在他眼中，故國因內敗外虜，已經徹底沉淪，反而是收留了他的日本，能夠看到延續文明正脈的希望。此時的島國，竟也成了某種理想寄託。在給安東省庵的信中，他說「貴國山川降神，才賢秀出，恂恂儒雅，藹藹吉士，如此器識而於學焉，豈孔、顏之獨在於中華，而堯、舜之不生於絕域？」

須知在此之前，中國士大夫眼中的日本，一向是蠻夷倭種。因為明亡清興，日本就從島夷倭寇，一變而為域外堯舜了。這樣一種思想，更加促發了日本重新認定自己在中華文明統緒中的地位。儒家本強調華夷秩序，但由於有了滿洲這樣一個夷狄，日本反倒從夷狄的身分中解脫出來了。朱舜水鼓勵日本儒士認識到，自己也有可能成為「中華」。日本所謂「脫離中華中國的中國化」，由此展開。

明末清初的浙東一派學者，極重治史，有章學誠所說的「言性命者必究於史」的傳統。朱舜水尊王攘夷的史學思想，是日本近世史學的精神坐標。德川光圀在江戶設彰考館，編纂《大日本史》，第一位總裁，便是朱舜水的得意門生安積覺，而前六任總裁，竟全是朱門弟子。《大日本史》是日本「水戶學」的奠基之作，其思想主軸就是維護皇朝正統的「大義名分」。「大義名分」之論直接導引出十九世紀倒幕、維新時「尊皇攘夷」的政治口號，也成為此後日本亞細亞主義的思想源頭之一。

朱舜水與林氏一派幕府官學也有交集。林家第二代掌門是林春勝（鵝峰），其子春信便受學於舜水，可惜早夭。春勝的另一個兒子、後繼任大學頭的林鳳岡，則和木下順庵等朱門儒生常有往來。林春勝、林鳳岡父子利用職務，收集整理了當時由到長崎的商船帶來的中國情報，並以《華夷變態》命名這本口述資料彙編。很明顯，這體現日本學者對中國「是華變於夷之態」的認定，與朱舜水的思想高度吻合。

十七世紀以來有關「中華」和「夷狄」的身分重塑，是東亞思想開始走向現代的一大刺激因素。經過豐臣侵朝、滿洲崛起和西學漸入，東亞的知識界因應時變，產生了一次集體震盪。面對時代衝擊，中日韓的思想者重新解釋自身、他者和歷史，尋求解答。此震盪之所以會差不多同時發生，則因海洋交流網絡的擴展，人文碰撞在短期內突增。姜沆、朱舜水和日本的相遇，雖屬偶然，卻串聯起本地早期現代的多重歷史背景。他們的相遇能成為東亞現代思想興起的契機，這些背景缺一不可。

江南風格與江戶浮世

一七五九年，乾隆二十四年。出身蘇州的宮廷畫家徐揚完成了〈盛世滋生圖〉。這幅十二米多的長卷，詳細描繪了乾隆二巡江南時，蘇州城繁盛、熱鬧的場景，因此又稱為〈姑蘇繁華圖〉。其畫幅之巨大、人物之眾多、場景之豐富、市肆內容之博雜，遠超北宋張擇端的〈清明上河圖〉。畫中各類商鋪約兩百六十家，其中不少專營書籍及字畫生意；而演藝、課讀場景之多，亦可知城市文化的發達。徐揚在題跋中描述：「三條燭焰，或掄才於童子之場；萬卷書香，或受業於先生之席。」「姑蘇繁華」，是研究當時江南城市空間和社會生活的百科全書；「盛世滋生」，也是理解近代思想契機的一把鑰匙。

談到東亞十七、十八世紀的思想激盪，外在的刺激（豐臣侵朝、滿洲崛起、基督教東漸、海上交通頻密）是重要誘因，不過外來因素需要施之於內在環境，才會產生化學反應。以朱舜水為例：他的思想兼收朱熹、王陽明，但反對兩派的流於空談，強調經世致用。這種創新性的思想在遠離京師的江南地區形成，又在江戶時期的日本廣為傳播，與這兩個地區的經濟社會狀況有極為密切的關聯。和歐洲文藝復興時代的情形類似，城市的勃興，特別是商貿都市的大發展，是近代東亞新思想、新文化的孵化器。反過來，新的思想文化和學術活動，也深刻改變了城市的面貌。

當代學者們一向特別關注明清時代的中國江南地區。各個學派從政治、經濟、地理、產業、環境、社會、人文的角度出發，著力闡發這個歷史空間在中國走向近世過程中的意義。本文的「江南」取廣義概念，泛指長江下游流域的城市群。它既包括狹義上的長江以南的蘇、常、杭、湖等「八府」，也包括江北的揚州和溯流而上的南京等地。

江南空間的獨立性和獨特性，形成於自然和歷史的雙重作用。長江下游平原豐庶的物產，使這裡很早就成為國家糧倉；人口不斷增加，令手工業、製造業成為農業之外重要的收入來源；大運河貫通南北，一系列交通節點上逐漸形成商貿重鎮；便利的河道溝通起內陸，帆船貿易連接起海外（特別是日本和南洋）；工商業的高度發達、信息交流的暢通，不但刺激城市化的進一步擴展，而且為思想文化的創新和傳播提供了必要條件；而遠離首都，又使得居於商業中心的文人群體能選擇超脫於政治鬥爭核心，他們雖也受官方意識形態影響，但束縛相對較小。巨大的商業、交通、思想活力，孕育出獨樹一幟的「江南Style」。

江南風格的一大特徵，是與朝廷主流的分立。這種分立起於明代中葉，盛於清代；在根本上是學理思想的叛逆——即對流於刻板玄虛的宋明理學的反動，在表現形式上則涵蓋從學術到藝術的各個方面。以至於後世談論清代文化思想的發展，江南文人群體的影響要遠遠大於正統官學。

如果舉書畫為例，則可直觀理解這種叛逆在視覺上的表達。對清代以來書法、繪畫影響最大者，大概要數晚明松江人董其昌。董其昌將禪宗佛教中的南北宗之分引入畫論，獨崇南宗文人畫一脈，貶低北宗宮廷畫。他的思想後來受到清廷的推崇，文人書畫則繼續朝野分化。新的「在朝」一路，受到官方趣味影響，強調嚴格的筆墨規範，崇尚「無一筆無來處」的師古。而江南一帶的書畫家們以「在野」的姿態，拒絕刻板的審美趣味，注重個性張揚，開啟新時代的畫風。他們雖然也繼承董其昌強調才情學問的一面，但更推崇陳淳、徐渭一路縱橫恣肆、直抒胸臆的寫意水墨，逐漸在民間成為主流。清初「四僧」（八大山人、石濤、髡殘、弘仁）以及擔當等人的野逸、狂怪、奇筒，在與因循摹古、精緻複雜的「四王」（王時敏、王鑑、王翬、王原祁）一路對比中，更凸顯其驚世駭俗的革命意義。

「四僧」等畫風的獨具一格，當然與明亡的政治刺激有很大關係。但他們的美學取向能引領後

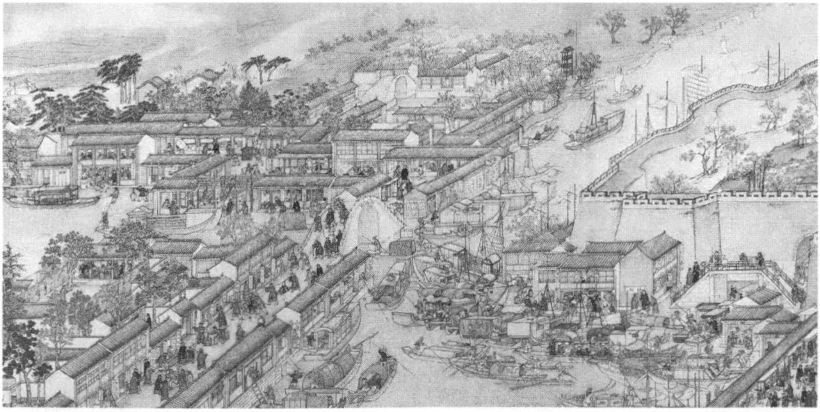
〈盛世滋生圖〉（局部）

世，成為中國現代美術之開端，則和明末以來南方商業社會的風氣密不可分。白謙慎在其傅山研究中就指出，隨著市民文化勃興、思想多元開放，十七世紀的江南城市形成一種「尚奇」的審美趣味。傅山「寧拙毋巧，寧醜毋媚，寧支離毋輕滑，寧直率毋安排」的追求，正是這種新趣味的宣言。

另外一個重要因素，是文化市場的發達，能夠支撐文人把書畫、詩文等過去只是修身養性的副業當作立身之本，不必非要走科舉的道路。文人賣畫當然不是從清代才開始的，但以賣畫為生，並且形成職業文人畫家群，

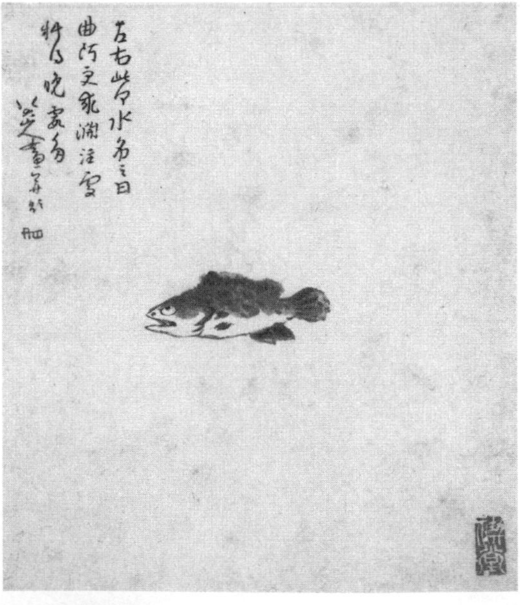

八大山人〈鱖魚圖〉

出自其晚年（康熙三十三年，1694）精品《安晚帖》，現藏於日本京都泉屋博古館。

則在清代江南這個繁榮的市場環境下才真正成型。鄭板橋辭官後，給自己的書畫標出潤格：「大幅六兩，中幅四兩，小幅二兩，書條對聯一兩，扇子斗方五錢。凡送禮物、食物，總不如白銀為妙……」並不恥於言商，這在之前是少有的。「揚州八怪」從風格上和身分上都繼承「在野」的姿態，是以「怪」來抗拒媚俗。

文人創作的相對獨立，與治學、出版的獨立是相一致的。晚明以來，江南藏書刻書風氣極盛，商業運作與文化創作相互刺激，不但新思想迅速傳播，大量禁毀書籍也得以在市肆內悄悄流轉。這一時期最激進叛逆的思想家要數李贄，他大力抨擊程朱理學，甚至譏諷孔孟，自居異端，倒是對利瑪竇其人評價甚高。他生前著有《焚書》，意謂此書必遭焚毀。明清兩朝的確都將他的書列為禁書，可民間私刻者屢禁不止，「士大夫則相與重鋟，且流傳於日本」（吳虞）。如果沒有發達而自成體系的書籍出版業，這種情況大概不會出現。

文化上的朝野之爭，以後世影響來看，是在野的一方大獲全勝。一七七三年，〈盛世滋生圖〉完成十四年後，《四庫全書》開始編纂。這是清代文化建設的最重大事件。九年後，《四庫》編成。按照梁啟超的說法，這標誌著反宋明理學的江浙學派的勝利，「朝廷所提倡的學風，被民間自然發展的學風壓倒」。書成之後總共抄寫七部，北京、承德、盛京內廷收藏四部，其他三部則盡藏於江南。

對應江南在清代的發展，日本則有以江戶（今東京）為代表的商業都市的出現。「盛世滋生」，同樣也是近代日本思想興起的時代背景。豐臣秀吉死後，德川家康最終完成了日本的統一，一六〇三年設幕府於江戶。當時的江戶還是一座小城，人口及規模遠不及京都和大阪。一六三五年，第三代將軍德川家光制定「武家諸法度」，明確規定各地藩主大名每年必須前往江戶，正室和繼承人則常居於此，這就是所謂「參勤交代」。（延聘朱舜水的水戶德川家是例外，水戶藩主長期留住江戶，這也是為何朱舜水後來居於江戶而非水戶。）「參勤交代」首先是幕府強化中央集權、防止國家再度分裂的一種制度。幕府強令各大名留妻兒為質，並且承擔自己往返的花費，以削弱各藩的財力。這一政策的社會經濟後果，是全國政治精英的生活和消費重心，向江戶轉移。隨著交通暢達、城市空間的擴大，農民和商人也紛紛湧入，江戶迅速成為

菱川師宣浮世繪

人口繁盛、商賈雲集的特大都市。

大名前往「參勤」，往往帶著家臣隨從，有時多達數千人。家臣一般單身赴任，因而江戶的人口構成，不但武士階層集中，而且男女比例非常不平衡。承平日久，武士階層尋求消遣，促進演藝業、服務業和色情業的發達，歌舞伎、藝伎和遊廓妓院等成為都市文化的重要組成部分。而都市的發展造就了一批富商階層，他們是新興市民文化重要的贊助人和消費者。這種文化最著名的代表形式，是出現於十七世紀後期的「浮世繪」版畫。

「浮世」一詞來自佛教，意指現世的繁華和虛空。早期的浮世繪，表現的正是一種縱情聲色、及時享樂的生活美學。被認為是浮世繪創始人的菱川師宣，就以江戶吉原（遊廓）為題材創作了大量風俗畫和美人圖。他作品中隱含的情色意味和對世俗生活的迷戀，是江戶浮世最好的注腳。儘管浮世繪和江南文人畫都是商業社會的文化產品，突出與宮廷文化相對的世俗個性，但浮世繪更需要複雜的分工：繪師畫圖、雕工刻板、摺師印色、商家出售，各自為政，資本主義色彩更為濃厚。文人畫的收藏者既包括商人也包括士人，浮世繪的服務對象則主要是商人和一般大眾。

即使在禮教制度最為嚴格的朝鮮，新的世俗文化風尚也破土而出。在十八世紀後期出現了擅長表現妓館風情、男女愛慾的畫家申潤福，以及以風俗畫著稱的金弘道。金弘道的代表作《檀園風俗圖帖》，以二十五幅民間生產生活場景，勾勒出朝鮮時代各階層人等的姿態，是難得的視覺史料。

《檀園風俗圖帖．摔跤》

金弘道繪，韓國國立中央博物館藏。

江南和江戶，都是東亞近世思想文化的策源地，代表了東亞新的社會經濟狀況的典型空間。兩個空間又經民間海上貿易連綴，江南的書籍、書畫不斷流入東瀛，持續影響著江戶日本的思想和審美。

重建道統——清學的邏輯

滿洲代明而興，一方面是以邊緣的身分入主中原，另一方面又繼承、擴大了過去那個「天下」。這造成了中華道統與新的天下秩序不再嚴密對應。因此，對「中華」的重新定義，就成了整個近代東亞世界思想變革的起點。日韓的士人藉由思考「華夷變態」重新定位自身，成為十九世紀後兩地民族主義思想的重要來源。同樣，中原地區（特別是江南）的知識分子，也藉危機而重思華夏，深入探討危機的根源，以學術上的重塑道統，來表達政治上的介入現實。

對清朝學術與思想的評價，向來有兩種相反的傾向。一種強調朝廷對士人的思想箝制，覺得在理學、科舉、文字獄的重重「文網」壓制下，文人只好遁入古籍，把精力都用來訓詁考證，思想活力漸失、學術陷於僵硬，導致近代中國取辱於外。一種則突出明末清初思想者們的革命性，認為他們在變亂中提出了類似於同時代歐洲的民本、民權、民族等理念，直接影響了中國十九世紀的現代化運動，其意義堪比文藝復興或啟蒙主義。在事實層面上，這兩種評價都有一定道理。不過，其結論看似截然相反，其實都以西歐歷史敘述為鏡像，以「保守」對「進步」的二元譜系，來框定中國思想的歷史邏輯。所不同者，一個認為滿洲崛起帶來的政治高壓全然消極，另一個則認為「華夷變態」實際刺激了積極變化的發生。

理出這兩極敘述內在的一致性，需要把清代中國思想的變化放在本土儒學自身的發展脈絡中。首先要說明，一個社會但凡到了積弊叢生、矛盾重重的境地，必然會有新的思想出現，古今中外皆是如此。評價這種新思想，最好不要看它符合或不符合某種預先假定的「進步」軌跡，而要搞清楚它當時針對的問題是什麼，誰是「敵人」。思想文化並非空中樓閣，而是發生在具體的歷史情境中。

梁啟超概括晚明以來的學術思潮，說是「厭倦主觀冥想，傾向客觀考察；排斥理論，提倡實踐」。但誰是「主觀冥想」和「理論」呢？顯然不是滿清統治者，至少不直接是。明末清初的思想家如顧炎武、黃宗羲、王夫之、朱舜水等，他們所反對的，是當時占統治地位的宋明理學。他們認為朱熹到王陽明那一套道德學問，發展到當時，已經完全成了形而上的玄學，失去了對現實的指導意義，必須改革。這種痛切主要針對的是明代政治社會的墮落風氣，後來因為國家覆亡，這痛切中又多了一份對江山易色的憤懣。他們把國變的根源，歸結於學術脫離現實，認為是士林智識空虛的結果。顧炎武就批評這些知識精英「以明心見性之空言，代修己治人之實學。股肱惰而萬事荒，爪牙亡而四國亂，神州盪覆，宗社丘墟」，話說得夠厲害了。到了顏元那裡，對知識人的批判就更不留情面，譏諷他們是「平時袖手談心性，臨危一死報君王」，除了那些虛頭巴腦的道德理想和一腔熱血，什麼實際的本事都沒有。

極強調在現實中踐行學問的這批思想家，大都投身於反滿抵抗運動中。但他們的抵抗其實是一種政治與文化的兩線作戰：像朱舜水這樣的學者，雖投身復明之業，卻不屑於接受南明的官職，明確表示文化立場與政治立場的分離。他們抗清，但更反禮教；眼前的、政治的敵人是滿清，內心的、文化的敵人是理學。到了抵抗運動失敗後，眼前的敵人打不倒了。他們並沒有以一種簡單的民族主義邏輯，把明亡的根源歸咎於清，而是直指作為內心的敵人的性理空談。

怎麼反性理空談呢？政治方面的實踐失敗了，可學術研究必須仍然回到現實問題。所以當時的思想家們，從學習方法上，是主張走出書齋的。他們強調儒士的修身應該文武兼備；要周遊山川、尋訪田野；即使是讀書，也不能僅僅滿足於幾部經典，而要兼考天文、地理、曆算等等。顧炎武是非常典型的例子，他四十五歲以後行走四方，訪古尋跡，「往來曲折二三萬里」，從文獻到碑版無所不讀。其治學以問題為導向，強調解決社會積弊。再如黃宗羲，不但以極富批判性的思想重構理想社會的政治秩序，寫出堪比盧梭《社會契約論》的奇書《明夷待訪錄》，而且在天文、數學、地理等方面也非常有造詣，這當然和晚明時期由耶穌會士帶入的西學風氣有很大關係。

具體到讀書的理路，他們否定宋明以來的學術道統，主張捨宋學而追漢學。這點和文藝復興的邏輯的確有些相像：歐洲當時的學者、藝術家主張要「回到」古希臘羅馬時代的思想和審美「傳統」，去重新認知文明「本來」的樣貌。當然，所謂「傳統」也在這一追尋過程中被發明創造了出來。歷史上的回歸運動屢見不鮮。回溯歷史、正本清源其實是革新改制的另一種說法，重新解釋過去，就是為了指向現實和未來。清初思想家厭惡宋學，認為朱熹、王陽明以來的學術，受到禪、道的影響，使得兩漢至唐以來的經學傳統變成了抽象、空疏的性理之學。所以他們要做的，是重新「回到」經學傳統中去找尋正解。

如何「回到」經典來重新解釋？他們多採取歷史主義態度，即把古典文本視為動態時間中的產物，而不是脫離具體語境的靜態的形而上之學。即使是孔、孟這樣的「聖人」，也是歷史的一部分，而不是神學的一部分。既然「六經皆史」，自然首要是辨析材料，判明真偽，否則對文本的解釋就不能成立。而在經典漫長的繼承流轉過程中，語言、文字、意義等有了複雜的變化，更不要說偽作層出、魚龍混雜。於是治學的第一要務，自然便是利用各種方法，特別是歷史語言學的方法，來考校文本，去偽求真，深查文義。所以顧炎武才會強調，「讀九經自考文始，考文自知音始」。

作為「清學之祖」，顧炎武開闢了嚴格考據的風氣。其後一大批受他影響的學者，如閻若璩、錢大昕、段玉裁、王念孫、惠棟等，把這套歷史語言學方法發揮到了極致，引出所謂乾嘉學派的大興。需要注意的是，即使是以考證聞名的大家，也很少抱著為了考訂而考訂的態度。考證訓詁的背後，有著全面整理學術道統的雄心，而支持這種學術雄心的，則是鮮明的政治動機和強烈的社會關懷。

到了乾隆時期，反宋學的漢學一派，在學林中穩據主流。雖然其意識形態有明確的抗爭色彩，但在理論前提上，恰與同樣反對明末學風的官方朱子學有一致之處。清廷為了宣示自身的正統性，也需要對學術加以利用和收編。乾嘉考據一派漸趨僵化，在後世受到許多批評，成了埋首故紙、不問世事的代名詞。為什麼如此強調經世致用的清學，卻收縮成了無關事功的考據，把方法當作學問本身，失去了對現實的關注和批判？通行的解釋，還是考察學術與政治的關係。一種思路強調，文網過密造就「自我壓抑」的社會氣氛，所謂「權力的毛細管作用」（王汎森），導致思想失去衝擊性。另一種思路則認為，康雍之後帝王與士林之間的對立關係也有了鬆動和變化，在爭奪道統的過程中，兩者思想逐漸「趨同和合流」（楊念群）。說來也不奇怪，新的學派在推翻舊學統，達到頂峰，確立主導地位之後，大都會趨於守成，以理論代替實踐，變成一種新的僵化保守，在原本富於政治性的地方去政治化了。但我們不應因為後來的壓抑和合流，而忘記它本性中的革命性。

儒家學說向來有「面向現實改造環境的外在性格」（李澤厚）。清學性格中的求實求真，在整個中國乃至東亞的現代思想史上都有著重要的作用，當然不能以「萬馬齊喑」來簡單否定。同樣，雖然它的興起和歐洲走向現代之前的文藝復興及啟蒙運動有相似的地方（比如復歸古典、重解經典），但因為雙方社會政治結構的不同，我們也不該期待它像啟蒙主義那樣轉化成徹底的政治變革。儘管如此，清學經世致用、實事求是的核心追求，在兩三百年中不斷滋潤、滲透進士人的精神世界，不但在傳統儒學中開闢新路，而且在十九世紀以來的政治劇變和刺激下，爆發強大的實踐衝動，成為中國現當代革命與改革的重要思想資源。

再造日本——江戶思想之激盪

一七七一年春，一名老婦人在日本江戶的小塚原刑場被正法。她的真名已經不確，只知人稱「青茶婆」，犯了大罪，死時五十歲。罪囚受戮，本不值得載諸史籍。但她的死，卻因一名好奇的醫生，開啟了江戶時代一個影響深遠的學術潮流。

那年杉田玄白三十八歲。他生於醫官世家，已經接觸到由長崎而來的阿蘭陀（荷蘭）醫生。當時幕府出於禁止天主教的目的，限制與歐洲人接觸，僅允許荷蘭東印度公司在長崎貿易，荷蘭便成為日歐間唯一的溝通渠道。杉田深為蘭醫折服，對被稱為「阿蘭陀流」的外科療法尤其感興趣。與傳統的和醫、漢醫相比，這種新奇的醫學不但方法獨特，而且對人體構造的基本理解都不同。一些醫者，包括杉田自己，已經開始收集西醫書籍。可惜他們大多不通荷蘭語，僅能看看書上的人體解剖圖。圖上臟器與傳統醫學的「五臟六腑說」大相逕庭。他們只好猜測，也許東西洋人身體結構本就相異。但杉田覺得，還是應該對照實體，驗證圖畫是否真確。

機會就在那年春天來臨。陰曆三月三日，他接到通知，說翌日可到小塚原刑場觀看解屍，於是連忙約了幾位同道：前野良澤、中川淳庵和桂川甫周，一起前往。其時，一位九十歲的老屠領刀，剖開罪婦青茶婆的屍身，和他們指認臟器。幾位觀者結論一致：與荷蘭書籍所載絲毫不差。雖然此前日本也有觀察屍身記錄內臟的醫書（比如山脅東洋於一七五九年出版的《藏志》），但這次實體考察，仍讓杉田等人觸目驚心——原來行醫多年，竟不了解人體基本結構。這讓杉田深以為恥，他決心以後必須「實證辨明人身真理，方可行醫於世」。幾個朋友還決定，要把手中那本荷蘭文版的解剖學著作*Anatomische Tabellen*（原作者為普魯士醫學家Johann Kulmus）翻譯出來，供世人閱讀。

問題是，這幾位裡，除了前野良澤稍有基礎，其他人都沒學過荷蘭語。杉田玄白更是連字母都沒認全。面對醫書，只覺「如一葉無櫓無舵之舟，駛入汪洋大海，茫然無措」。他們只好圖文相照，一字一句對譯。起初十分吃力：比如「眉」的解釋「目上所生之毛」，就費了一天力氣，仍不知所云。又如「鼻，verheffende之物」一條，verheffende一詞不知何意，又無辭典。查對前野良澤的一本小冊子，說是樹斷枝之後，及灑掃之後，就形成verheffende。杉田苦思冥想才得破解：樹枝折斷後會隆起一個疙瘩，灑掃庭院後塵土聚集，所以這個詞當是「堆積、凸起」之意。如此他們每月聚會六、七次，積少成多，逐漸達到一日譯十行而不覺累。歷時兩年，全書譯成。一七七四年，以《解體新書》為題出版。

《解體新書》不但是日本醫學史上的里程碑，更是日本學術史上一件大事。杉田玄白由此首倡「蘭學」之名，即由荷蘭人傳入的西洋科學。應該說，引入歐洲的科技，並非自《解體新書》始，但由於這批知識分子的提倡，日本士人利用僅有的荷蘭這個媒介，在江戶時代集中接觸歐洲科學和思想，並由醫學擴展至物理學、地理學、電學等多方面。到了十九世紀，蘭學者們更是推動日本急速向西方開放、學習。

一八一四年，已經八十一歲的杉田玄白記錄下親歷的蘭學肇始的過程。到一八六九年，明治維新重要的思想家、出身蘭學者的福澤諭吉刊行此稿，定名《蘭學事始》。一九二一年，作家菊池寬根據這份史料創作出同名小說，讓杉田等人觀屍譯書的故事更加廣為人知。讀了小說的周作人，於一九三三年在《大公報》上發表同名雜文，提到清人王清任亦有親驗屍體後著成的《醫林改錯》（一八三〇）。對比它與《解體新書》的不同際遇，周作人感嘆：「中國在學問上求智識的活動上早已經戰敗了，直在乾嘉時代，不必等到光緒甲午才知道。」這個比法當然可商

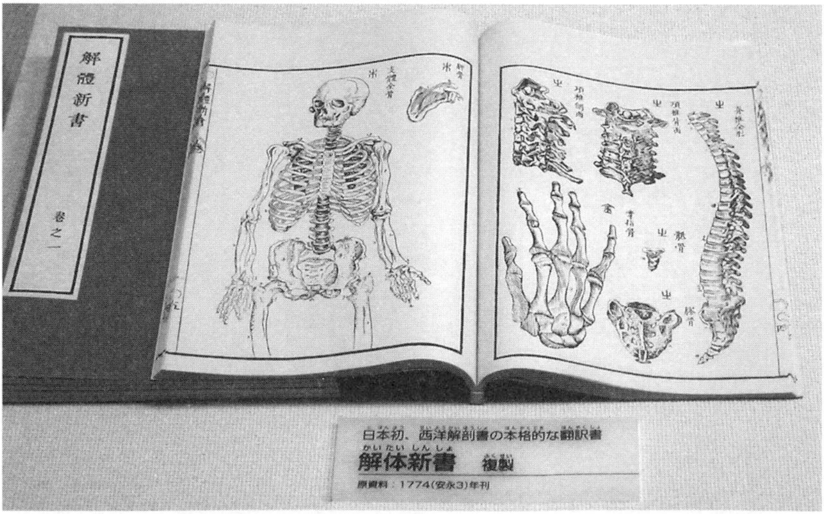

《解體新書》（複製品）

權，但蘭學的興盛，提醒我們正視江戶日本思想的開放與活力，勿以「鎖國」簡單否定之。

蘭學所代表的疑古與實證之風，其實也是清代學人所倡導的。在十七到十九世紀，這種風氣波及整個東亞世界。日本近代思想的激盪，大體與中國清學的興起同時。所不同者，清學的變革多在儒學系統之內；而日本的變革，有的在儒學之內（如水戶學、陽明學、古學），有的則相對獨立於外。體系之外者，一類是像蘭學這樣，向歐洲借鑑學問、修正本土知識；另一類則是藉日本古代的典籍，求證日本之為日本的獨特性，比如國學。江戶時代的思想十分龐雜，如果非得總結出一個線索，則大致可以看成是沿著對中原儒學、日本儒學、本土神道和歐洲知識的不同處理而展開。歸根結柢，其核心追問是「日本是什麼」，或者說是以學術思辨再造一個主體獨立的「日本」。

在儒學體系內，由藤原惺窩至林羅山家族的朱子學是官學，即使認識到中原已經「華夷變態」，仍視明朝為「華」。而受到朱舜水思想影響的水戶學，則以撰修《大日本史》，推行「大義名分」、「尊皇攘夷」的理論基調，已把日本的皇朝正統置於思考核心。和在中國的情況類似，朱子學在江戶時代也有很多反對者，其中早期的中江藤樹、熊澤蕃山等接受王陽明心學，強調知行合一、經世濟民，對幕府現實政策多有批判。此陽明學一脈雖受抑制，但在十九世紀倒幕維新時大放異彩，孕育出像佐久間象山、吉田松陰、西鄉隆盛等一批革命性的實幹家。

另一路反對朱子學、力求改革的儒者，認為儒學的本義已在後世解釋中喪失殆盡，他們主張直溯先秦，以「復古」來求其本義。這一派被統稱為「古學」，以山鹿素行、伊藤仁齋和荻生徂徠為代表。不過這三個人取徑並不一致：山鹿比較強調從堯到周公的政教正統；伊藤注重以讀孔孟原典闡釋道德古義；荻生則主張從辨明古代文辭、文物制度上探究六經義理。和清學一樣，「復古」的背後都有對現實的叛逆和強烈的政治訴求，既是儒學內在發展變化的結果，也受到明清鼎革的刺激。

山鹿素行（一六二二—一六八五）是日本思想史上的標誌性人物。他最初跟隨林羅山學習朱子學，也受益於與朱舜水的交往。四十歲後則持反朱子學立場，被流放赤穗十年之久。在赤穗，他開始系統著書立說，並且傳授兵學、倡導武士道。他以儒家的忠君思想切入武士階級的道德原則，強調武士為社會秩序的基石。值得一提的是，他的學生中，就包括後來因「忠臣藏」而聞名於世的赤穗藩家老：大石良雄。一七〇三年，為了給蒙冤的藩主復仇，四十七名原赤穗家臣在大石的率領下，攻入幕府旗本吉良義央的府邸，事成後集體切腹自殺。此事後來成了武士道忠義精神的典範，被無數文藝作品反覆演義。其中有的就虛構了「義士」們敲著山鹿兵法的鼓點進攻的情節，足見山鹿思想對武士道的巨大感召。

和同時代的山崎闇齋類似，山鹿素行嘗試把儒學和本土神道結合起來，以宗教化的姿態論證日本在天下中的政治、道德、文明正統。他於一六六九年以漢文著成《中朝事實》一書，宣告日本才是「中華」或「中國」，而稱中國為「外朝」。身為儒學者的他，在序言中卻表達了對日本人嚮往中原文化的不滿，說「生中華文明之土，未知其美，專嗜外朝之經典，嘐嘐慕其人物。何其放心乎！何其喪志乎！」而日本之所以為「中國」，在山鹿看來，乃是「天地自然之勢」。他大段引用日本最早的史籍、混雜了神道神話和史實的《日本書紀》，說天照大神即言「葦原中國有保食神」，本國「神神相生，聖皇連綿，文物事物之精秀，實以相應」。而與日本從未間斷的「二百萬年」王化相比，「外朝」則封疆太廣、連續四夷，常常被「削其國、易其姓，天下左衽」。在山鹿素行這裡，儒學的尊王攘夷、華夷之辨，融入了神道的天皇神統、萬世一系，已隱隱有了日後「國體」思想的輪廓。而重新定義東亞文明版圖，構建日本的中心性，不但輕視「蕞爾」朝鮮，更超越中國，則儼然預告了明治時代大日本主義的思維形態。

古學派的復古思路，啟發了另一個影響巨大的思想流派：國學。古學仍求助於儒家經典，而國學的復古則更為極端：它排斥所有「非日本」的思想因素，包括儒學、佛教和基督教，主張回到儒佛傳入之前的古籍中，探尋本土精神。國學派的代表人物，是荷田春滿、賀茂真淵、本居宣長和平田篤胤。他們所依賴的文本，是日本最早的史書《古事記》、《日本書紀》，以及文學作品《萬葉集》、《源氏物語》等。國學者們認為，純粹屬日本的精神資源，就保留在這些古代文本裡，他們的著作多是對這些文本的闡發。他們反對神道與佛教、儒學的混合，以「復古神道」標榜日本獨一無二的神性。

本居宣長（一七三〇—一八〇一）對日本精神的闡發，以他從《源氏物語》裡解讀的「物哀」（もののあはれ）概念最有代表性。他否定儒學者們以「勸善懲惡」的道德訓誡來解釋《源氏物語》，提出這部平安時代小說，表現的就是「物哀」。本居發明的這個詞難以定義，後來通常用以描述目睹美好事物流逝時（如櫻花飄落），內心對自然無常的感慨。在國學語境下，「物哀」是日本獨有的審美情緒，代表日本精神與文化的本質。當然，當把隱匿的政治理想（追尋日本的獨特性）訴諸審美，審美也就成了政治。國學思想中明顯的神祕、神道色彩，以及強烈的文化本質論，不但直接影響了後來明治政府的廢佛毀釋和神道國家化，而且間接支持著對侵略戰爭的審美化和去道德化。

江戶時代，不論儒學、古學還是國學，都刻意強調日本不同以往的自主性。這種對日本主體的再造，往往以他者（特別是中國）為鏡像實現。但是，表面排他的、對純粹主體的追求，實際恰恰不能脫離他者而存在，是所謂「去中國的中國化」。此種矛盾糾結，發展至十九到二十世紀的「亞細亞主義」論述中，則轉化為「去西方的西方化」。從古學、國學到蘭學，我們看到現代日本的種種思想與精神，在江戶時代已經發端、成型。

經世——實學在東亞

歐洲傳來的 Economy 一詞，在今天的漢、日、韓語中，都以「經濟」對譯。「經濟」是「經世濟民」的縮寫，本意是對國家社會的管理、對民眾的救助。和今天經濟一詞的含義不同，它並不專注於財富與市場，和只討論供求、盈虧，日趨數學化的 Economics（經濟學）

更是大異其趣。在十七到十九世紀的東亞語境中，「經世」代表了東亞政治思想朝向現代的內在轉化。

一七一二年，五十八歲的康熙皇帝，宣布了一項新政：「滋生人丁，永不加賦。」今後國家所收人頭稅，以上一年登記的人丁數為基準固定，不再增減。後來雍正皇帝把這項政策發展為「攤丁入畝」，將丁銀併入田賦中徵收。從某種角度說，人口不再作為制定稅賦的指標。這是中國這個千年農業帝國，在國家治理上的一項重大改革。

出臺此政策的背景，是清帝國政權穩固、社會發展、市場繁榮。凡承平日久，人丁自然興盛。但生齒日繁必然帶來和有限耕地之間的緊張關係。康熙時代，大量人口隱而不報，流動不居。人地關係的鬆動，是農業國家治理的大挑戰。而新政的實施，很大程度上緩解了由人丁滋生帶來的社會政治問題。隨後，在十八到十九世紀的百多年裡，中國人口規模急速擴大，從清初的九千多萬，一躍而至十九世紀初的三億。到鴉片戰爭前，更超過四億。

人口爆炸不唯清朝獨有。由於豐臣侵朝、滿洲崛起後，東亞世界整體上再無大規模戰亂，日本和朝鮮在十七到十九世紀，人口規模也都達到前所未有的狀態。江戶幕府時代，日本人增加了一倍多，從十七世紀初的一千兩百多萬，達到幕末（十九世紀中期）的兩千六百多萬。朝鮮人口也由十七世紀早期的八百五十多萬增長到十九世紀初的一千五百多萬。實際人口規模恐怕遠大於這些數據，比如朝鮮社會中大量賤民是不納入官方統計的，而同時期中、日都有大量沿海人口移居東南亞，這些人也不在計算之中。

人口增長雖是經濟發展的表徵，但也帶來一系列新問題。在土地不變或有限增加的背景下，如何養活新增人口、置產就業、開發新的利源，不但是關係國家收入的（狹義的）經濟問題，更是政治問題。朝向這些實際問題的思考，在東亞的士人中出現了一股務實研討的風氣，可統稱為「實學」。所謂「實學」，又恰和儒學系統內對程朱理學的批判反思合拍，並且得到十六世紀傳來的歐洲科學技術的助力。在實學的語境中，「經世」超越過去的範疇，不但強調治學需以實踐為檢驗標準，而且崇尚理性，重視商業、工業、科技、軍事等知識，不再把它們與儒家道德及政治對立起來。

清中後期，「實學」精神在陳宏謀、洪亮吉、龔自珍、魏源等官僚學者身上得以突出體現。作為清中期的模範官員，陳宏謀足跡遍及邊疆、江南和北京，著述豐富。他生前並不作為思想家被崇奉，死後其政治與治國理念才得到重視、整理。在賀長齡、魏源編輯的《皇朝經世文編》裡，收錄的陳宏謀著述，數量上僅次於顧炎武。陳強調學者要關注實務，反對煩瑣考據，每到一處，皆修水利、勸農桑、查民風、興學校，並格外強調對女性的教育。

美國史學家羅威廉（William T. Rowe）在其著名的陳宏謀研究中概括說，「經世」不是一種知識分子的愛好，而是「一個特定的政治議程或政治風格」，其中包括「必須知行合一的信念，從具體時間和空間的脈絡而非從經典教條思考問題的思路，對管理實踐中細節的密切關注，對各個領域（主要在政治經濟領域）技術專長的關心，對流行風俗習慣進行不斷改革的信念」，等等。陳宏謀的經世，代表了中國思想步入現代的內在理路。

對於日益突出的人口問題，洪亮吉可說是最早的察覺並論述者。一七九三年，他寫作《意言》二十篇，其中〈治平篇〉專講人口，指出天地「生人」與「養人」之間的矛盾。他認為除了自然災荒會令人口減少外，國家則應「使野無閒田，民無剩力，疆土之新闢者，移種民以居之，賦稅之繁重者，酌今昔而減之」，並且禁靡費、抑兼併、賑災荒。總之，是從開發土地、勞動力和分配正義方面入手。

可資對比的是，五年後，英國人馬爾薩斯（Thomas R. Malthus）發表《人口論》（*An Essay on the Principle of population*），同樣提出「生人」與「養人」的困境。他從抽象的數學角度出發，認為出路只有從控制人口數量入手：要麼提高死亡率，要麼降低出生率。馬爾薩斯主張以道德來抑制生殖行為，而反對建立扶貧濟困的社會制度，因為貧困是人口多於資源的「自然」產物。洪亮吉和馬爾薩斯的觀點，非常典型地體現出「經世」與「Economy」之間的思維差異。

在商業日趨發達、商人階層地位逐漸鬆動的江戶日本，「經世濟民」思想最突出的表現之一，就是對商業原則、商業精神的正名和倡導。早在十七世紀初，德川官學的鼻祖藤原惺窩就正面看待貿易，認為利潤只要共享，就是有價值的。此後石田梅岩創立的石門心學，則大膽提出：武士之道與商人之道是一致的，只是各自職分不同。他大力倡導「町人」（即商人）倫理，提出「儉約」和「正直」兩個基本原則。石田梅岩不遺餘力地提倡教育面向平民，特別是處於「四民」底層的商人階層。而對此實踐最力者，當屬成立於大阪的庶人學校：懷德堂。

大阪在豐臣時代曾是政治中心，自從德川家康設幕府於江戶，它就轉為重要的商業中心，連市政管理都由有實力的商人代替大名運作。一七三〇年大阪堂島設立米會所，匯集全國貢米的交易，號稱「天下糧倉」。大阪的町人文化和町人教育高度發達。一七二四年，五位商人出資設立懷德堂，學校面向各個階層，不論身分高低貴賤，都可來聽講。懷德堂既教授古典知識，也討論商業倫理，培養出一大批對後世影響深遠的思想者，如中井竹山、中井履軒、富永仲基、山片蟠桃等。商人出身的富永仲基拒斥宗教，強調真正的「道」一定是從個人日常生活中來，勤勉地從事每日的工作就是最重要的道德實踐。這一主張，大概很容易讓人聯想到馬克斯．韋伯提出的「新教倫理」。當然，我們不能簡單說，懷德堂倡導的倫理教育一定是「資本主義」式的，但它的學問和實踐的確深刻影響了日後日本在世界資本主義體系中的崛起。

在中晚期朝鮮，「實學」的興起有著兩個具體的歷史機緣。首先，是豐臣戰爭後朝鮮經濟凋敝，百廢待興，官員學者們開始集中關注恢復民生。柳馨遠等提出改革土地制度，抑制兼併，並發展貨幣經濟。金堉則力主實行「大同法」，根據土地多寡，統一以米穀或布匹繳納稅賦。這樣一來，無地或少地農民大大減輕了負擔，也直接刺激了國內貿易的增長。十八至十九世紀的李瀷、朴齊家、丁若鏞等，也在著述中提出改革農業技術、開放貿易等主張，和同時代中日的經世思想遙相呼應。第二，則是清朝入主中原並達到鼎盛，促使一批朝鮮士人以務實的態度看待滿人政權，從鄙視而變為虛心學習。這批實學者中，有像洪大容、朴趾源、朴齊家這樣的燕行使臣，因目睹清廷治下中國的繁榮昌盛而力主「北學」，將中國的科技和制度引入朝鮮。也有像丁若鏞這樣的集大成者，不但大量吸納李瀷和北學派成果，更因接觸天主教而吸收歐洲科學思想，在農學、天文、地理、建築、兵學、醫學等方面都有很大成就。

十七到十九世紀的東亞現實，不但促發對人口、殖產、技術等問題的思考，同時也帶來對國家空間的新想像。中俄軍事博弈激發對地圖的需求，清帝平定準噶爾等，使國家版圖空前擴大，亟須引入對天下空間的新認知。一七一二年，康熙頒行新的丁稅政策的同時，一項全國性地理考察工作也已進行了四年。在法國耶穌會士的幫助下，康熙主持了以三角測量法和經緯度實測全國的工程，並以梯形投影法，於一七一七年首次製成當時全世界最精準的地圖《皇輿全覽圖》。這次實測和繪圖，不但為後世清朝的地圖測繪奠定了基礎，而且大大擴展了中原士人的疆域視野，邊疆與內地被納入同一個「版圖」概念中。十九世紀的思想先驅龔自珍和魏源，都強調經略西北，這與新地理觀和天下觀的確立有極大關係。此二人又都是林則徐的好友，晚清邊疆思想的產生，便自他們始。

清朝政治地理實踐更給整個東亞世界帶來地理思想大發展。還是在一七一二年，作為全國測繪工作的一部分，清同朝鮮共同踏查了長白山，劃定了鴨綠江和圖們江之間的界址。這次劃界刺激了朝鮮的領土意識，帶動起前所未有的歷史地理學熱潮。朝鮮士人藉地圖和寫作，重新建構和中原大陸的空間政治關係，國家認同空前高漲。一部分理學者從小中華意識出發，開始將高句麗等北方政權納入朝鮮的歷史地理研究範圍；另一部分實學者（如李瀷、丁若鏞）則採取現實主義態度，拒絕歷史浪漫主義，將一七一二年劃界視為朝鮮空間的最終完成。在地圖學方面，鄭尚驥等引入數學方法，將朝鮮地圖朝精確化方向推進。到了十九世紀，金正浩吸納清人帶來的經緯度測量成果，以漢城為坐標原點，製作出極為接近當代地圖的《大東輿地圖》，成為朝鮮實學在地理學方面的一座巔峰。

日本近代的國家思想也深受歐洲地理學影響。實學者藉地圖認清日本的地緣格局，開始面向海洋，構想日本和世界的關係。十八世紀後期，林子平透過遊歷北海道及同荷蘭商人接觸，日益感受到俄羅斯南下的威脅，撰寫並自費出版了《三國通覽圖說》、《海國兵談》等著作，力倡海防。這種由地緣政治認知而產生的焦慮，強化了經世派學者對拓殖海外的渴求。到了十八世紀末和十九世紀初，本多利明、佐藤信淵這樣的激進思想家已明確提出，要學習歐洲，殖民海外，建立日本對世界的統治。他們共同的藍圖，是進取滿洲、征服中國。

所有這些，都發生在歐洲的堅船利炮到來之前。

強調東亞現代思想的內生性，並非否定向外的反應和借鑑。鴉片戰爭當然是近代極大的外在刺激，但外因必須內化才會起作用。而選擇接受什麼、如何嫁接，仍然由內在政治、經濟和社會環境所決定。和其他方面一樣，思想的演進不能被看作是指向特定目的的線性路徑。東亞思想沒有按照歐洲版本的「普遍」模式生發，但恐怕不能就此否認它的活力，誤認為它是停滯與封閉的。

第八章

文明與野蠻

殖民「現代性」入侵

林則徐在紐約——毒品．戰爭．「現代」

一九九七年十一月十九日，「林則徐」來到紐約。這是一座高三點二米的銅像，林則徐身著清朝一品官服，背著手，眺望遠方。紅色花崗岩基座上，刻著中文「世界禁毒先驅」，和英文「禁毒戰爭先驅」（Pioneer in the War against Drugs）。《紐約時報》立刻覺察到其背後的政治含義，在第二天的報導中指出，「林則徐」來到紐約，標誌著中國大陸新移民，特別是福建移民勢力的上升（林的籍貫是福建）。主持此項目的民間組織「美國林則徐基金會」則說，豎立銅像所要傳達的信息只有一個：對毒品說不。

很多年後，在曼哈頓下城偶遇這尊銅像，我沒法不著迷於「林則徐」、「紐約」和「一九九七」這幾個意象間的複雜張力。在歷史教科書中，林則徐是一座豐碑，象徵著對殖民帝國主義悲壯的抵抗。如果說他是「禁毒戰爭先驅」，這場戰爭最終卻是失敗的，而且是中國百年失敗的開始。林則徐銅像坐落在老中國城的且林廣場（Chatham Square），距離全球金融帝國的心臟——華爾街——僅一步之遙。在帝國心臟植入抵抗符號，呈現出歷史與今天、失敗者與勝利者之間微妙的緊張。一九九七年，香港回歸，標誌著鴉片戰爭最重要的歷史遺產的終結。但二十年來，對鴉片戰爭的討論遠未塵埃落定。在香港或臺灣，為殖民主義招魂者大有人在。殖民主義並未在一九九七年終結，它只是換了一種形式繼續存在。

主流歷史敘述，常把鴉片戰爭當作中國「近代」的起點，林則徐則是最關鍵的人物。一

紐約且林廣場的林則徐像

作者攝於2009年。

八四〇年後，東亞的天下解體，文化潰敗，中國開始了痛苦而艱難的轉型。屢經挫折後，終於擁抱「現代」文明、「融入世界」，成為「民族國家體系」中的一員。但在這種中外一致的單向度進步主義史觀中，怎麼看待殖民侵略的非道德、非正義性，和作為戰敗結果的「現代」到來？如果戰爭促使一個「閉關自守」的中國，從此走向「文明進步」，那麼林則徐對鴉片和侵略必然失敗的抵抗，到底算是「進步」的呢，還是面對「文明」的不自量力的掙扎呢？

換句話說：林則徐「現代」嗎？林則徐「反現代」嗎？

作為歷史事件的鴉片戰爭，是個已經被無限意識形態化的話題。讓它回歸歷史，實屬不易。因為它代表了一條現代與非現代的分水嶺。無論怎樣重新理解，其實都是對「什麼是現代」的回答：以「現代」為前提，以「現代」為目的。林則徐是民族英雄也好，是剛愎自用也罷，背後折射的都是傳統中國的保守、落後。

這套邏輯的問題在於：「現代」成了歐洲資本主義的專利。殖民主義、帝國主義帶來的那一套「現代」，成了唯一可能的歷史方向。殖民現代主義否定人類經驗的多樣化，把所有異質的他者都解釋為「非現代」的，那麼販毒、擴張和壓迫都帶有了某種正當性。東方，特別是中國，正是這樣一個他者。一八四〇年以後絕大部分的歷史書寫，都建立在這樣一個問題上：中國／東亞為何沒有「現代」？實際的問題是，中國／東亞何以沒有資本主義？一個最簡單的解答思路，就是證明東方世界因封閉而停滯了，非要等到外來撞擊，才不得不被動反應。也就是說，在殖民現代的眼光看來，中國是人類歷史必然方向的阻礙者和反動者。

按照這套邏輯，鴉片戰爭的根本起因，是中國拒絕自由貿易，自居天下中心，排斥外來文化，敵視先進文明，不懂平等外交。這其中每一項，都是一個抽象化理想化的大帽子，缺乏歷史依據。比如，如果中國真的是自我封閉，不參與全球資本體系，那麼鴉片貿易又是哪兒來的，又為何會發展為一個攸關帝國命運的大問題呢？

前文已提及，吸食鴉片是中國介入全球貿易的產物。源自美洲的菸草經東南亞輸入東亞，迅速得到普及。吸菸帶動人們重新發現鴉片的享用方式，鴉片由吞服而至吸食，由藥品而變為毒品。清廷很早就認識到吸食鴉片的危害，雍正皇帝就下達過最早的禁菸令，只是收效甚微。當時每年輸入中國的鴉片還只有兩百箱左右，以後逐漸增多，到乾隆時期達到一千箱，至嘉慶時達四千箱。

但鴉片引發嚴重的社會政治危機，是十九世紀初的事情。這既和清朝對外貿易，特別是對英貿易的角色相關，也受到英國商業、金融發展變化的直接影響。

十八世紀中，英國發生工業革命，城市中產者和工人階層迅速擴大，普通勞動者也需要飲茶解乏，刺激了壟斷茶葉貿易的英國東印度公司的壯大。十八世紀白銀供給下降後，東印度公司需要其他商品來換取中國的茶葉，但找來找去，只有印度出產的鴉片在中國市場最受歡迎。一七七三年，在占領孟加拉後，公司獨占了印度的鴉片經營。這樣，就形成「英—印—中」三角貿易網絡：英國依靠其工業能力，擠垮印度的手工棉紡織業，把大量棉織品傾銷到印度；再把壟斷經營的印度鴉片經加爾各答出口中國；又從中國進口茶葉，利用特許權將茶葉賣回英國。

到了十九世紀初，出現了新的變化。經過最初的貿易保護和壟斷後，英國經濟實力獨大，強調國家角色的重商主義思想被逐漸摒棄；自由貿易思想，經由亞當．斯密的理論化，成為流行的意識形態。過去國際貿易的主要形式——國家特許，遭到越來越多的詬病。在自由貿易的衝擊下，東印度公司在印度的商業特權被逐步剝奪。到了一八三三年，東印度公司不再有商業職能，對華貿易壟斷被打破。

在廣州，由於清朝一再禁販鴉片，東印度公司便把對華鴉片貿易，交給了由公司認證的、被稱為「港腳商人」（Country Merchants）的散商。大量港腳商人與廣州十三行及官府勾結，把鴉片走私入境，謀取暴利。為了把利潤安全便捷地輸送回印度，他們就地在廣州換取東印度公司的匯票。而港腳商人提供的現金，則成為東印度公司購買茶葉的主要資金來源。這樣一來，表面上是中英兩國間透過國家特許公司（東印度公司和十三行）的雙邊貿易，實際上出現了港腳商人這種不從屬國家的利益集團。英資的怡和洋行、寶順洋行，和美資的旗昌洋行等就是著名的代表。資本主義競爭，說到底是資本流動性的競爭。隨著鴉片走私的猖獗，港腳貿易占據了中英貿易越來越大的份額，港腳商人同東印度公司及英國國家構成極密切的合作關係。

林則徐以強硬手段收繳鴉片，實在因為鴉片之患已經避無可避。東印度公司放棄對華貿易壟斷後，散商的鴉片走私更加公開化，甚至武裝化。虎門銷煙前的十幾年裡，英美商人每年輸入的鴉片提高了十倍，從四千多箱達到四萬多箱。鴉片貿易給英國帶來巨額利潤，中國則是白銀大量外流，社會風氣腐壞，國家綱紀不振。但即便如此，這位禁煙派重臣，也並沒有要關閉門戶，而是用「利則與天下公之，害則為天下去之」的經世思想，苦口婆心地勸「英王」懲戒奸商、依法貿易。

虎門銷煙極大打擊了私商利益，他們以「自由貿易」為口實，把合法合理的禁毒描述為商業衝突，極力遊說本國政府以武力解決。英國駐華商務代表義律（Charles Elliot）則向私商們承諾：女王政府會賠償他們的損失，進一步將販毒與禁毒拔高為國家利益衝突。毒販就這樣與國家合謀。這也是為什麼，儘管英國上下很多人知道鴉片貿易不道德、在出兵問題上有激烈的爭論，但議會下院仍然以兩百七十一票對兩百六十二票的微弱優勢，通過了對華發動報復戰爭的決議。

中國被迫割讓香港、支付賠款、五口通商，標誌著過去國家控制下的貿易體系，在帝國主義衝擊下的潰敗。這並不是中國向世界「開放」的開始，而是中國無力把握這種「開放」的開始。隨後法國、美國等國跟進，歐美工業生產深刻衝擊傳統農業社會的結構，造成本土社會對闖入者深深的對立、疑慮和敵視，這才有了種種「文明衝突」的假象。第一次鴉片戰爭十幾年後，英法力圖擴大貿易特權，藉口亞羅號事件和馬賴神父事件，發動第二次鴉片戰爭，占領北京，火燒圓明園。說起來，兩個地方事件不過是英法期待的導火線，即使沒有它們，殖民資本勢力仍然會找到另外的導火線，這是當時的大背景決定的。一群走私商人為了打破原有的貿易方式，在堂而皇之的意識形態支持下，挑起戰爭。資本一方面力圖掙脫國家管制，另一方面把自己的利益與帝國利益捆綁，終於改變了歷史進程。有趣的是，這一幕和美國獨立戰爭的起源頗為相像，而且都和連接東西方的全球貿易網絡、茶葉及東印度公司密切相關。

以虎門銷煙為標誌，歷史被一條叫「（殖民）現代」的邊界強行切割了。邊界的一邊，是文明、開放、先進，另一邊是野蠻、落後、蒙昧。傳統中國和東亞，被劃在落後一邊。智者們以後見之明，用教科書上的國際法概念、抽象的主權想像，來指責清朝拒絕與外國「平等」相交，缺乏近代國際關係觀念。這裡需要問的是：誰的「平等」，什麼意義上的「平等」？是不平等條約帶來的「平等」嗎？不要說十九世紀的世界純然是帝國秩序，即便在二十世紀，主權國家體系又實現過多長時間呢？

從外交、軍事、法律角度討論一時得失對錯，當然有價值，但不看整個十九世紀以來資本與殖民帝國相互勾結、肆意擴張的大背景，把連貫的歷史切割為相互脫離的細節，這是以技術討論規避政治判斷。最可悲者，莫過於將殖民現代性等同於現代本身，把擴張侵略視為恩賜教化，不按照這套「文明」的標準而來，就是野蠻、是「義和團」。反抗性的歷史書寫，一不小心就成了「仇外建國美學」和「狼奶」。這恰恰完成了殖民現代性的整套教化過程：先以堅船利炮來懲罰，再以國際準則來規訓，最後用「文明」來「說服」。

倒是紐約的華人移民，拋開加諸林則徐身上糾結不清的意識形態標籤，回到歷史本來的脈絡中，給他一個最為樸素的評價：「禁毒戰爭先驅」。既不是悲劇，也不是說教；沒有民族主義的流露，不必擔心被污為「義和團」。有時候，真的，毒品就是毒品，戰爭就是戰爭罷了。

黑船上的陌生人——日美相遇

一艘小漁船從日本伊豆半島的下田駛出，在夜色和風浪掩護下，靠近了停泊在海上的美國東印度艦隊的黑色蒸汽船。漁船上兩位瘦弱的日本年輕人，費盡周折，爬上其中的波瓦坦號，求見美國海軍准將馬修・培里（Matthew C. Perry）。那是一八五四年四月二十五日凌晨，大約兩點。

二人說明來意：他們要跟艦隊一起離開，看看外面的世界。此舉觸犯幕府禁令，如若回去，必遭殺身之禍，因此懇請美國人收留。培里沒有接見這兩個陌生人，只派了翻譯和他們交涉。他雖讚賞他們的勇氣，卻無法答應：就在幾天前，他剛剛和德川幕府簽訂《日美親善條約》（神奈川條約），此時正在敲定一些細節。若故意違反日本法律，於美國利益實在不符。他下令將他們送回下田，並承諾嚴守祕密。天亮時，兩個失望的年輕人回到岸上，隨即選擇向官府自首。幾天後艦隊返美，培里並沒有記下他們的名字。

這兩個人，是二十四歲的吉田松陰和二十三歲的金子重之輔。他們後來被押解至原籍長州藩服刑。翌年，金子死於獄中，吉田則獲釋。此後他興辦學堂、鼓吹倒幕，其政治理想影響了大批長州藩精英。三十歲那年，吉田被幕府處斬。明治時代許多政治家，如高杉晉作、木戶孝允、伊藤博文、山縣有朋、井上馨等，都曾投於其門下。因此，吉田松陰被譽為日本現代化的思想先驅。

和鴉片戰爭對於中國的意義相似，培里來航（又稱「黑船來航」），是教科書裡日本近代史的開端。培里於一八五三年七月率領炮艦逼近東京灣，以戰爭相威脅，要求日本通商修約。數月後再次造訪，帶來更多炮艦，迫使德川幕府簽訂條約，開放下田、函館兩處口岸，給予美國片面最惠國待遇。中國和日本，面對侵略，先後「開國」。

後面的歷史敘述，中日就分道揚鑣了：中國一敗再敗，遲遲未能「現代」；日本則「奮發圖強」，早早擁抱「文明」。中國與殖民現代慘烈衝撞，與之相比，日本與「現代」更像一次美麗的邂逅。長期以來，無論在美國還是日本，對於黑船事件的評價，大多很正面：「黑船來航」把日本從「鎖國」的黑暗中「解脫」了出來。橫須賀有座培里公園，每年都有紀念活動。培里訪日後，則盛讚日本人彬彬有禮、講究衛生，「是所有東方民族中最有道德和最完善的」。他欣賞兩位不速之客的好奇心，說他們代表了「其國人的品格……這個有趣的國家，未來多麼充滿希望！」英國文學家史蒂文森（Robert L. Stevenson），在聽到吉田松陰的故事後，於一八八〇年寫下〈吉田寅次郎〉（Yoshida Torajiro）一文，評價說「我們只要看看他的國家，就知道他獲得了多麼大的成功。」

如果說，日本是個少有的例子，證明一個東方國家可在歐美的「教化」下走向「現代」，那麼也許沒誰比吉田松陰更能代表「好學生」的勤勉求知了。但是，日本真的是因為好奇而學習的嗎？真的是認同「現代」而改變自身嗎？或許，我們應該把吉田松陰和馬修·培里的「相遇」，放置在十九世紀各自國家的境遇中，重新檢視由「（殖民）現代」連結起的日美關係。

吉田松陰出身長州藩一個下級武士家庭，自幼學習儒家經典。受到江戶後期實學風氣的影響。他很早就關注兵學，曾向藩主進言整飭防務以禦外患。二十一歲那年，他跟隨藩主前往江戶「參勤交代」，遇到了對他影響最大的老師：佐久間象山。二人相識時，第一次鴉片戰爭剛結束不久，清國慘敗於英國的消息傳來，日本朝野震動，有識之士無不為島國的命運焦慮。這成為日本開啟變革的一大刺激。

佐久間象山是位儒學者，醉心於兵學、實務。他曾向幕府上書《海防八策》，建言引進西洋軍事。他還自學荷蘭語，努力閱讀有關軍事、自然、科學的荷蘭語著作，是當時最自覺了解西洋世界的知識分子。同時，中國也是他最重要的知識來源。佐久間仔細閱讀過魏源的《聖武記》和《海國圖志》，十分贊同「師夷長技以制夷」的觀點，引魏源為同道。一八五三年，黑船來航，幕府無所措置。佐久間帶著吉田松陰等，跑到艦隊所在地浦賀實地觀察。他們看到美國艦船之大，炮火之多，認識到日本根本無力抵抗。如要保國，必須強軍，要到國外向西洋人學習。

在當時的日本，出國是個激進的想法，需要有不怕死的勇氣。受老師的鼓勵，吉田松陰等決心涉險偷渡。當時有俄國艦船在長崎，他們師生先是策劃闖俄船。不想因克里米亞戰事吃緊，俄船提前開走了。到了一八五四年二月，培里的艦隊再次到達日本尋求答覆，吉田松陰決定不再放過這次機會。

再來看美國：培里為什麼要「拿下」日本呢？美國獨立後的歷史，一個顯著的主題就是「西進」：以十三州為起點，不斷向中部和西部移民擴土。邊疆和殖民為美國建國提供源源不斷的物質和精神動力。一八三〇年，吉田松陰出生的那一年，安德魯．傑克遜（Andrew Jackson）總統簽署《印第安人遷移法案》，實質上否認原住民的土地所有權，大量印第安人被強行遷移，西進之路成為印第安人的血淚之路。

到了十九世紀中期，西進更成了盎格魯美國人口中的「昭昭天命」（Manifest Destiny），不但是美國的權利，更是其使命。這種意識形態混合了種族、宗教、政治、文明上的優越感，推動美國逐步走向對外戰爭和帝國主義。一八四六年，美國兼併奧勒岡，領土拓展至太平洋。兩年後，又從墨西哥手中奪得加利福尼亞。眼前浩瀚的大海是美國的新邊疆、新機遇。

和歐洲資本一樣，美國資本對東亞市場有著極大的渴求。美國獨立後不久，「中國皇后號」商船就從紐約出發，插上「花旗」，遠渡重洋來到廣州。中美貿易給商人們帶來巨大利潤。在廣州，美國只用了十年，便成為僅次於英國的第二大對華貿易國。在美國，一時間許多地方以廣州（Canton）命名，顯示對華通商深入日常生活。到一八三〇年代，美資商行亦加入到鴉片交易當中。中英戰爭後的一八四四年，美國與清政府簽署《望廈條約》，獲得與英國相似的在華貿易和司法特權。

以前，美國商船大都只能從東岸出發，跨大西洋，繞非洲，經印度洋、馬六甲，最後抵達中國。但在獲得加州後，美國商船可穿過太平洋直達東亞，較此前大為便利。唯一的問題是，以當時蒸汽船的技術，若要橫跨太平洋，必須要找到可以停靠的島嶼，補充淡水和燃料。正是在這個背景下，美國總統米勒德．菲爾莫爾（Millard Fillmore）任命培里為東印度艦隊司令官，前往日本要求開港通商，並授權必要時使用武力。菲爾莫爾還給「日本皇帝」修書一封，其中把美國的「天命」和訴求說得非常明白：

> 如您所知，美利堅合眾國現已縱橫兩洋（extend from sea to sea），奧勒岡和加利福尼亞兩大領地已屬我國，從這片盛產金、銀、寶石的土地駛向貴國海灣，吾國汽船只需不到二十天。現在從加州到中國，每年甚至每週都會有許多船隻往返；貴國海灣是這些船隻必經之地。如遇風暴擱淺，希望得到貴國的偉大友誼，善待我民，保我財產……貴國盛產煤炭，此乃吾國汽船往來加州及中國間所必需。因此希求貴國一處海港以購買……

〈美國進步〉

1872年，John Gast繪。哥倫比亞（美國）女神手持教科書和電報線，為西部帶去「文明」。此圖是表現美國「昭昭天命」的最典型的作品。

雖然信中也談到美日通商的好處，但主旨很清楚：美國最終的目標，並非日本，而是中國。《神奈川條約》中，最重要的幾項條款都是有關補給、救助，其侵略性比中英《南京條約》要弱得多。換句話說，中日兩國當日面對的殖民壓力完全不同。與日本修好，是美國西進建國的繼續，是將「昭昭天命」連同資本一道，拓展到東亞，特別是中國的必經環節。

回到吉田松陰。為了接近美國人，吉田等人用典雅的漢文寫了封信，在準備偷渡的前一日，偷偷摸摸地塞給了一位美國軍官。這封〈投夷書〉，由培里的翻譯官衛三畏（Samuel Wells Williams，後成為美國第一位漢學教授）譯成英文，成為美國理解日本的一個窗口。信中，吉田等以極謙恭的口氣，說自己透過中國書籍了解到歐美世界：「生等稟賦薄弱，軀幹矮小，固自恥列士籍，未能精刀槍刺擊之技，未能講兵馬鬥爭之法……及讀支那書，稍聞知歐羅巴、米理駕（美利堅）風教。」而之所以不顧國家禁令，甘願「百般使役、惟命是聽」，只為能「駕長風、凌巨濤，電走千萬里，鄰交五大洲」。

當然，吉田松陰可不是因為「世界那麼大」所以想去看看。對於吉田而言，黑船上的這些陌生人是不得不學習的對象，正因為他們是日本的敵人。師夷的目的，最終是為了攘夷。骨子裡，吉田是一位深受江戶儒學和國學派影響的思想者，「尊皇攘夷」才是他最大的政治抱負。他也不像信中所展現的那樣「擁抱開放」。黑船來航之後，日本國門洞開，俄英等國紛至沓來，爭相訂約。吉田松陰強烈抨擊幕府外交軟弱，鼓吹推翻幕府、強化皇權。他認為日本應該採取對外擴張、抗衡俄美的政策。在著名的〈覆久坂玄瑞書〉中，他勾畫出日本強國之策：

> 今也德川氏，已與二虜和親……為今之計，不若謹疆域，嚴條約，以羈縻二虜，乘間墾蝦夷（即北海道），收琉球，取朝鮮，拉滿洲，壓支那，臨印度，以張進取之勢，以固退守之基，遂神功（指神功皇后）之所未遂，果豐國（指豐臣秀吉）之所未果也。

可以看到，從豐臣秀吉、佐藤信淵到吉田松陰，日本擴張藍圖一脈相承。維新後的日本，基本採納了這張藍圖，藉著殖民性的「現代化」，一步步滑向軍國主義。十九世紀中期，中日都在應對外部威脅。如果說林則徐是以防禦的姿態維護、修復著一個老大帝國，吉田松陰則是以一個積極進取的姿態希圖建立一個新帝國。

黑船來航，是美國正式拓殖東亞的一環，也標誌日本受「殖民現代」洗禮的開始。對美國而言，此後的大多數時間裡，日本是它在東亞謙卑的夥伴，就像吉田松陰對培里的追隨。儘管兩國在二十世紀也曾有你死我活的戰爭，但經過美國占領、改造，日本又以好學生的姿態重歸「文明」。直到今天，美日雙邊同盟，仍然是美國在亞太最倚重的關係，框定著東亞地緣戰略的基本格局。日本對這種親密的關係的認知，恐怕會比較曖昧吧。這也像是吉田松陰和培里之間的機緣：兩個陌生人相互表達仰慕，卻各懷天職使命，不曾真正謀面。

從「天下」到「區域」——東亞秩序的重組

「中國認明朝鮮國確為完全無缺之獨立自主。故凡有虧損獨立自主體制，即如該國向中國所修貢獻典禮等，嗣後全行廢絕。」上述文字是中日《馬關條約》的第一款。一八九五年四月十七日，清政府代表李鴻章、李經方，與日本代表伊藤博文、陸奧宗光，在條約上簽字。經過甲午戰爭的慘敗，清國的最後一個朝貢國朝鮮，從此脫離了與中原的宗藩關係，退出了東亞「天下」秩序。

「天下」體系解體的起點，常被認為是第一次鴉片戰爭和《南京條約》。但嚴格說起來，《南京條約》本身並未試圖動搖既有的區域秩序。當然，歐美的殖民侵略，以及隨之而來的不平等條約，是制度崩潰的大背景。以歐洲國際法原則重新界定區域內部關係，始自一八七一年的《中日修好條約》。日本以此確立了與清國對等的國家地位，並在這個基礎之上，挑戰清國主導的區域關係。一八七四年日本藉口牡丹社事件出兵臺灣；一八七六年與朝鮮簽訂《江華條約》，迫使朝鮮「開國」；一八七九年吞併琉球，改沖繩縣；直到一八九四年起釁中日戰爭。從《中日修好條約》到《馬關條約》，天下秩序的崩潰，只用了二十四年。

一般認為，東亞的「現代」歷程，在國家型態上，是由帝國轉變到「民族國家」；在國際關係上，是由「朝貢體系」轉為「條約體系」。照此看來，所謂的現代化，就是東亞以歐洲國家和國際關係為模板，把傳統的中國中心主義的等級結構，改造成主權國家的平等結構；中國由一個世界國家（a world country）變成了世界之一國（one country in the world）。

這種認知正日益受到質疑。首先，帝國與民族國家、朝貢與條約，並不是對立的概念。不要說主導十九世紀至二十世紀初全球秩序的英國，本身就不是民族國家，就是直至二戰結束前，世界上都沒有幾個真正意義上的民族國家。同樣，細讀歷史就可知，所謂朝貢體制和條約體制，在實踐中常有相互容納甚至確認，並不必然排斥。且條約體系本身就是矛盾體：其前提假定是主權平等，但不平等條約又否定了主權平等。

其次，塑造出這種對立，本質是塑造所謂西方現代性和東方傳統性的對立。傳統向現代的轉變，就成了東方向西方的轉變。這裡不但「東方」、「西方」這對概念是固化、可疑的，而且把十九世紀以來東亞複雜的歷史演變，簡化成了對一個（想像的）「西方」的模擬和附從。這就像是柯文（Paul Cohen）對二十世紀中期美國的中國研究界「衝擊—反應」模式的批評：它的問題不在於它是多麼「錯誤」的，而是其解釋層面有限，不能涵蓋整體變化。

第三，與此相關的是，這套邏輯過於強調變化的外部因素。外因固然重要，但內部挑戰更具決定性。這裡的內部，既包括東亞各國國內的動亂，也包括域內國家對區域秩序的改造。國內、域內和域外的衝擊相互交織，內亂與外患共同作用，才造成經由一個多世紀共同建立、又經過一個多世紀共同維持的天下格局，在短短幾十年裡迅速塌陷。

把內部和外部危機放在一起，也許更能理解中日韓當時面對的挑戰及其應對。我們知道，一八四〇年第一次鴉片戰爭，並沒有給清朝帶來根本性的震動。更沉重的打擊是十年後發生的、持續了十數年的太平天國運動。洪秀全創立的拜上帝會雖借用基督教，但本質上是種民間宗教。太平天國攻陷富庶的江南地區，重創清廷原有的軍事和財政體系。持續內戰亦對當地的經濟、社會和人口結構造成極大破壞。與太平軍遙相呼應的還有活躍在長江以北達十六年的捻軍。太平天國失敗後，捻軍持續攪擾北方，甚至在一八六五年斬殺僧格林沁，致清廷此後再無滿蒙出身的軍事統帥，打仗只能倚重曾國藩、左宗棠、李鴻章等地方團練。第二次鴉片戰爭就發生在動盪的一八五六至一八六〇年，清朝國力因內戰而極大消耗，無法內外兼顧，任由英法聯軍攻陷北京，火燒圓明園，並簽下《天津條約》、《北京條約》，進一步喪失主權。俄羅斯也趁火打劫，以調停英法有功為名，占去烏蘇里江以東大片領土，勢力拓展至與朝鮮接壤的圖們江口。

此時，西部邊疆也出了大問題。一八五六年，雲南官府激發穆斯林民變，杜文秀領導起義，在大理建立平南國，一度占去半個雲南。清朝花了十二年時間，才將變亂鎮壓。雲南回變影響到周邊省分。一八六二年，正在清軍與太平軍和捻軍激戰、西北防務空虛之際，陝西、甘肅發生回變。動盪持續十餘年，至一八七三年才由左宗棠平定。戰爭、仇殺、饑荒，導致西北兩省人口銳減，地方經濟凋敝。

陝甘變亂又進一步波及新疆。一八六四年，新疆叛亂蜂起，地方割據。這次變亂與雲南、陝甘的不同之處，在於外部勢力深度介入。一八六四年，喀什噶爾的叛亂領袖向中亞的浩罕汗國求援，浩罕汗國派阿古柏前往。後者反客為主，占領了喀什等地，於翌年建立政教合一的哲德沙爾汗國。此時俄羅斯再次乘虛而入，強迫清朝簽訂《中俄勘分西北界約記》，割讓巴爾喀什湖以東領土，又於一八七一年出兵侵占了伊犁。

阿古柏吞併新疆各地的割據勢力，不但吸納了陝甘回軍殘部，還接收了浩罕汗國投來的軍隊，一路攻伐，幾乎占領新疆全境。此時英國和俄國正在進行爭奪中亞的大博弈，兩國先後承認阿古柏政權。伊斯蘭世界領袖、鄂圖曼帝國蘇丹還賜予他「埃米爾」頭銜。天山南北儼然已成外國。

清廷的「海防」與「塞防」爭論在此背景下發生。在財政捉襟見肘、東南沿海與西北內陸的防務難以兼顧的情況下，如何判定主敵、認知國本，是爭論的焦點。力主海防的李鴻章，視歐美日本為主要威脅，而西域內亞則是可以損失的藩屬；主張塞防的左宗棠，則認定俄國為大敵，不但不能放棄新疆，而且要強化對西域的直接管理。結果，左宗棠於一八七七年成功收復新疆，四年後又收回伊犁。新疆於一八八四年建省，實現了龔自珍、魏源等經世派學者在十九世紀初期提出的西域行省化的構想。可以說，內在危機和內生性思想，主導了現代中國型態的塑造。

換個角度看，海防還是塞防，討論的也是宗藩關係的優先次序。清代「天下」的兩大支柱，一是由禮部主持的與朝貢國的關係，一是理藩院主持的與內亞邊疆的關係。究竟如何判別內外、分清緩急，在當時並不是一目了然的。從今天看，內亞邊疆在清代結束前大體保留在版圖內，後為當代中國所繼承，這不能不說是晚清國家建設在內外交困中的一大成就。它避免了中國像鄂圖曼帝國那樣被殖民勢力徹底分裂。當然，也許其代價，就是傳統的禮部「外交」被歐洲式的國際法外交完全改造。

這就要談到日韓所應對的挑戰。日本當年面對的外部壓力雖與中國類似，但程度要輕得多。同樣，它的內部挑戰，解決得也比中國順利、徹底。明治維新前後的日本，最大的變亂來自兩場內戰，一是一八六八年的戊辰戰爭，主張王政復古的西南藩閥成功倒幕；二是一八七七年的西南戰爭，明治政府平定了西鄉隆盛領導的舊士族反叛。兩場內戰，陣亡者加在一起不過一點四萬餘人，其破壞性遠遠小於同時期中國的內亂。在薩摩、長州等藩的倒幕精英主持下，明治政府得以專注革新，強化國家能力，從話語到實踐效法歐洲，對外殖民擴張。

朝鮮面對的外部壓力，最早也來自歐美。掌握實權的大院君堅持「衛正斥邪」，暫時保全。此後最大的挑戰，外是日本，內是黨爭。《江華條約》將朝鮮拽到殖民帝國體系和天下體系之間，內外矛盾同時升級，終於在一八八二年和一八八四年發生壬午軍亂和甲申政變。清政府和日本的競相介入，激化了新舊兩個帝國對朝鮮半島的爭奪，也激化了朝鮮國內的階級矛盾。一八九四年的中日之戰，起因於朝鮮爆發的東學黨起義，清朝應朝鮮之請出兵平亂，日軍則對清軍不宣而戰。

朝鮮在天下體系中位置至關重要，不但是宗藩關係的模板，而且其國王地位與蒙古藩王相仿，幾乎「視同內服」。在殖民壓力下，清與朝鮮都曾積極調整，試圖調和「朝貢—宗藩原則」與「條約—國際法原則」。清設立總理各國事務衙門，朝鮮亦設立統理通商事務衙門，兩國交往中一些非儀式性事務便從禮部轉到這些新設的外交部門。一八八二年，在李鴻章主持下，朝鮮與美國簽訂修好通商條約，成為朝鮮與歐美建交首例。簽約前，李鴻章指示朝鮮以照會形式，向美國說明「朝鮮素為中國屬邦」，朝中的藩屬關係，無礙於朝美的平等關係。此後朝鮮與英、德、義、俄、法等國先後訂約，皆援此例。與美訂約同年，朝鮮國王亦向中國提出通商請求，清廷允准，兩國簽訂了歷史上第一份國際法意義的條約《中朝商民水陸貿易章程》，其中指明：「朝鮮久列藩封，典禮所關。一切均有定制，毋庸更議……此次所訂水陸貿易章程係中國優待屬邦之意，不在各與國一體均霑之列。」

很明顯，李鴻章的意圖，是利用條約原則進一步確認宗藩原則，兩者非但不對立，而且相互肯定、彼此平行。日本史家濱下武志分析貿易章程時更進一步認為，中朝貿易，體現的既非朝貢原則，亦非條約原則，而是一種雙方共同遵循的「區域」原則。可惜在強大的殖民壓力下，這種調和的努力並不成功。一八八五年中法戰爭後，越南變為法國殖民地，從此脫離宗藩體系。一八九五年，朝鮮也結束了幾個世紀的中原藩屬，成為獨立之國。但獨立後的朝鮮，主權卻更不完整。十年後，日本變朝鮮為保護國，進而在一九一〇年正式將其吞併。

在全球範圍內，國際法服務的都是殖民帝國體系。東亞「天下」格局消解，在外部壓迫和內部變亂雙重作用下成為一個「區域」。但是，舊秩序解體後，到來的並不是一個民族國家體系，而是以日本為中心的帝國主義秩序。新秩序借用國際法話語，卻繼承了「中華－天下」秩序的諸多樣貌——比如以天皇、神道的宗法制度替代中原禮教的宗法制度。所以從某種角度也可以說，東亞由中國治下的「天下」（Pax Sinica）變成了日本治下的「天下」（Pax Japonica）。「國際法—殖民帝國」否認「禮部外交」，不過是以一種等級秩序顛覆了另一種等級秩序。

「體」、「用」之間——「文明開化」下的東方

十九世紀後半葉，受到鴉片戰爭、黑船來航的刺激，以及國內動盪的壓力，中日兩國分別興起了自強圖存的改革，朝鮮隨後也被裹挾進這一浪潮中。日本知識人率先以「文明開化」來翻譯、引介civilization and enlightenment。這組概念後來成為東亞三國普遍接受的時代主題。我們後來稱之為「東亞」的這個區域，在「千年未有之變局」下引入新學新制。

人們多用「現代化」描述這個過程，這裡的「現代」指向歐洲工業文明和政教制度。但是這個描述是什麼意思呢？是說作為「現代」之外的東亞，擁抱這個「必然的」時間性趨勢，將自身「化」於其中，還是說把「現代」這種異質因素，調和進自身的歷史脈絡中，從而「化」之了呢？長期以來的主導意見，採取的是前一種解釋。那麼當時的精英群體是否也這樣理解？

一八九〇年十月三十日，明治天皇頒行《教育敕語》，為日本的國民教育定下基調：

朕惟我皇祖皇宗，肇國宏遠，樹德深厚。我臣民，克忠克孝，億兆一心，世濟其美。此我國體之精華，而教育之淵源，亦實存乎此。爾臣民，孝於父母，友於兄弟，夫婦相和，朋友相信，恭儉持己，博愛及眾，修學習業，以啟發智能，成就德器。進廣公益，開世務，常重國憲，遵國法，一旦緩急，則義勇奉公，以扶翼天壤無窮之皇運。

《教育敕語》是日本（及其殖民地）在二戰結束前奉行的至高教育原則，曾要求所有學生全文背誦。日本是東亞「現代化」的標誌性國家；而教育又是所有國家「現代化」的重要手段。《教育敕語》出臺於明治盛期，是維新時代政治家擔憂知識日趨歐化、傳統道德喪失的產物。在這篇極重要的政治文本中，我們看不到歐風美雨的洗禮，反而是日本國家糅合了傳統儒學與神道的價值系統，強化了天皇的超越性地位。教育的目的，在於彰顯皇運宏遠的「國體」。

認定「國體」，或者說國家的獨特性質和根本制度，是東亞三國在工業、資本、殖民主義衝擊下，尋求改革出路的核心命題之一。越是需要倚重外來文化，則界定自我（「體」）的工作就越顯迫切。所謂「文明開化」，從字面上理解，是啟蒙、脫離愚昧的意思，指透過教育、教化，走向心智的開放。但從《教育敕語》看來，這種啟蒙和開放，面向的似乎更多是向內確認自我，而非向外「擁抱世界」。

不光是日本，在晚清和朝鮮，開化派人士也不約而同地強調，在學習西方時要以守護「自我」為目的。三國將「東」、「西」對舉：日本呼籲「和魂洋才」，清朝提倡「中體西用」，朝鮮強調「東道西器」。各國的知識人對「文明開化」的取徑自有差異，但總的來說，都大致落實在體用、他我的辯證關係中。這與我們通常理解的「現代化＝學習西方」相去甚遠。

十九世紀後半葉，東亞倡導學習西方最力者，恐怕無過於日本的福澤諭吉了。出身蘭學者的福澤曾幾度遊歷歐美，他目睹西方科技人文的興盛，大力批判儒學，擁抱洋學。在一八七五年出版的《文明論概略》中，他引入了進化史觀，將「文明」定義為「人類智德的進步」，指出人類發展是一個由野蠻、半開化到開化的過程：「前進還是後退，問題只在進退兩字。」在這個結構中，歐洲和美國是最文明國家，土耳其、中國、日本等亞洲國家是半開化國家，而非洲和澳洲算是野蠻國家。這非常容易讓人聯想到黑格爾在《歷史哲學》中提出的，人類精神由亞洲向歐洲進化的階梯。

也許福澤的確受到過黑格爾的間接影響，但兩者的差別卻相當大。黑格爾認定人類的歷史有固定的邏輯和終極目的（絕對精神的自我實現），福澤則否定文明有終點。他認為文明等級是相對概念，今天雖然西洋是最文明的，但如果其他國家迎頭超越，西洋也可以退為半開化。這就像是中國曾經站在文明前端，如今則被歐美超越一樣。

更重要的是，福澤在書中花了大量篇幅強調日本的「國體」。國體「就是指同一種族的人民在一起同安樂而共患難，而與外國人形成彼此的區別……西洋人所謂 nationality 就是這個意思。世界上的一切國家，各有其國體」。而日本的國體在人類歷史上絕無僅有：「我國的皇統是和國體共同綿延到現在的……這也可以叫作一種國體。」他指出日本人當前的「唯一任務」就是「保衛國體」。而「唯有汲取西洋文明才能鞏固我國國體，為我皇統增光」。

國體即皇統，這解釋竟與十五年後保守的《教育敕語》如出一轍。可以說，即使崇尚西洋文明的福澤諭吉，也是將文明當作「用」來對待。之所以要學習西洋，並不是讓自己變成西洋，反而是為了自己不成為西洋。所以他說：「號召日本人向文明進軍，是為了保衛我們國家的獨立。國家獨立是目的，現階段我們的文明就是達到目的的手段……君臣之義，祖宗傳統，上下的名分和貴賤的差別，都是手段，要看如何運用。」

儘管福澤本人大力倡導民權、立憲，但他的原則仍是實用主義的，他沒有把特定體制與文明等級掛鉤。「君主政治未必良好，共和政治也未必妥善，不管政治的名義如何，只能是人與人關係上的一個方面，所以不能光看一個方面的體制如何，就判斷文明的實質。」因此他對學習的意見是：「西洋不必全學，必須適應本國人情風俗。」

福澤諭吉代表的，是日本明治變革後的時代風氣。明治時代的「維新」，始於「王政復古」的政治綱領，「維新」倒像是「復古」的一個手段。說起來「文明開化」與「尊皇攘夷」，一開放一保守，應該是一對不相容的矛盾體，但兩者最終統一於對日本「國體」的弘揚上。

「體」與「用」、目的與手段的辯證，貫穿著資本主義、殖民主義衝擊下，東亞士人的抵抗歷程。從魏源、林則徐、馮桂芬、鄭觀應等開始，晚清的思想先驅就大力提倡以新知識捍衛舊身分、抵禦內外危機。曾國藩、奕訢、李鴻章等領銜洋務運動，以實業、外交和教育實踐相呼應。到了張之洞總結出「中體西用」（實際是「舊學為體西學為用」），類似的思想激盪早已持續了數十年。張之洞明確提出哪些是學習的對象，哪些不是：「夫不可變者，倫紀也，非法制也；聖道也，非器械也；心術也，非工藝也。」而「中國」之「國」，則與「教」、「種」合為一心，構成他所謂的「體」。

受魏源影響，日本的佐久間象山、橫井小楠等力主開放通商、引入西學。他們的理想，是實現「東洋道德」與「西洋藝」的結合。同理，受到中日兩國新思想的衝擊，朝鮮的朴圭壽、尹善學、金玉均等力主「開化」改革，同時亦堅持禮教人倫是不可變之「道」。尹善學在一八八二年向朝鮮高宗上疏，提倡新學，但他強調：「臣之欲變者，是器也，非道也。」他們固然沒有像福澤諭吉那樣力倡文明論意義上的「智德的進步」，但在手段與目的的辯證關係上，差異並不那麼大。

在衝擊下調整自身定位，不是近代東亞的新現象。某種角度上說，由滿洲崛起刺激出的「華夷變態」說，已經為這種調整做過預演和鋪墊。十九世紀倡導開化、洋務的人物，更多是在傳統儒學、清學、蘭學、國學，以及實學脈絡中找尋思想資源，以論證吸取西學的合法性。對「體」的強調，是為了重申新的知識不撼動道統。而實現「文明開化」，則可以看作是「經世致用」這一原則的延伸，是東亞十七世紀以來內在邏輯的演進。

但另一方面，東亞世界觀的確有了重大變化。「體」、「用」的辯證，表面上是調和差異，背後則無形中強化了自我和他者的區別。過去的華夷之辨，體現的是「天下」體系內部的相對性差異，是一體中的多元。而「東」、「西」之別卻不同，它是把原來那個包含華夷的一體，視作二元對立中的一極。西洋是新的他者（「夷」）。因為區域權力結構的崩壞，西洋不再是天下傳統的一部分，而是它的對面（「洋」）。由一體多元變為二元對立，這是對世界格局的新想像。

東亞的自我身分就在「體」「用」、「東」「西」的對立中逐漸塑成。原有的知識體系、政教制度和價值系統，都不得不在這種「東」、「西」（或者「國」、「洋」）的二元結構中重新定位。比如梁啟超說的中國人「不知有國」，這在天下結構中本不成為問題，但在東西二元結構中就成了問題。很多似是而非的論斷，如「東洋道德西洋藝」、「西畫寫實國畫寫意」或者「西醫重實驗中醫重經驗」等等，逐漸成了流行的認知方式。當東亞知識精英以西洋為鏡像重新打量、定義自我，那麼這個「我」，恐怕很難說是歷史事實，而更多是一種主觀塑造。當「西」成了實現「我」的方法，作為本體的「東方」也就成了發明出來的傳統。東或是西，越來越成為為了印證差異而選擇出來的概念。

二元結構的世界觀，構成的當然是不完整的世界。首先，十七到二十世紀歐美資本主義建構的殖民現代體系裡，東亞作為一個認知場域，從來不是對立於「西方」的一元。不錯，東亞是「殖民現代」的對象之一，但它在歐美帝國眼中，不過是「非文明」世界的一個組成部分，如此而已。所以，把「我」拿來和抽象的「西方」相對，是東亞人在殖民體系下的認知偏差。其次，二元的認知方式也造成不少國人眼裡的「世界」，就只有歐美和中國，似乎世界上也只有東西兩個文明體。二十世紀反殖高潮退去後，我們的日常語彙中，「國外」、「海外」往往指向發達資本主義國家，而不自覺地忽視了同屬非西方世界的南亞、中亞、東南亞、中東、非洲和拉美。

第九章

民族國家、亞洲主義與國際

種族進化——殖民與抵抗的邏輯

經過一個月的海陸顛簸，九名日本北海道的阿伊努（Ainu）原住民，於一九〇四年四月抵達美國密蘇里州的聖路易斯，加入在這裡舉行的世界博覽會。他們不是來觀展的，而是和其他兩百多名來自世界各地的原住民一起，作為展品供遊客參觀。

自一八五一年在英國倫敦舉辦以來，世博會一直是集中展示現代工業文明、前沿科學、商貿新品以及文化景觀的重要場所。聖路易斯世博會也一樣：它為了紀念「路易斯安那收購」百年（美國一八〇三年購買法屬北美殖民地，領土面積翻倍）而舉辦。美國藉此機會，展示其強大的科技、工業和經濟實力，並炫耀剛剛獲得的菲律賓。無線電話系統（貝爾發明）和X光機等，在此亮相。世博會歷時七個月，吸引了超過一千九百萬人參觀。同地還舉辦了第三屆奧運會，當時它不過是世博會的附屬活動。六十個參會國家中，有二十一個建造了自己的展館，包括中國和日本。

日、清兩國都很重視這次自我宣傳的機會，分別派出以農商務大臣清浦圭吾、貝子溥倫為總裁的參展團。日本館設計成一座皇家花園，小橋流水，主建築仿照京都金閣寺，又糅合了美國南方建築式樣。此外還有一處竹製茶室，展示甲午戰爭後獲得的新殖民地臺灣。一九〇四年是清朝首次以官方身分參與世博會。中國館由兩位英國建築師設計，以牌坊、門樓、亭臺等構成，充分表現本土建築風格和特色。門口幾位少年身著戲裝歡迎遊客。慈禧太后還恩准送展一幅自己的畫像，以表達庚子事變後中國接納四方的新風氣。

除了國家館，博覽會還組織了其他主題展，以構建工業國家心目中的世界圖景。其中重要一環是「人類學館」，彙集了包括阿伊努人在內的世界二十多個土著部族人群及其生活面貌。這是整個世博史上規模最大的「人類動物園」，由當時美國民族學局負責人麥基（William John McGee）主持，不少知名人類學家參與。麥基明確表示，要用「生活在原生環境中的活人」表現「人類由黑暗原始到高等啟蒙、野蠻到文明……的歷程」。這非常符合當時的「科學常識」：人類的發展是由低到高的進階，不同種族、民族則代表著不同階段。世博會發行的宣傳圖書中有一張名為「人的類型與發展」（Types and Development of Men）的圖，生動地展示了這個階梯。

在這張圖中，「史前人」位於最低端，之後依次是布希曼人、阿伊努人、尼格羅人、印第安人、阿拉伯人、中國人、土耳其人、印度人、日本人、俄羅斯人，最高等則是歐美人。畫面正中，智慧女神高舉火把，照亮黑暗洞穴中蒙昧的原始人，政治含義很明確。人類學館中，所有「野人及半野人」不但向遊客展現他們的日常生活，而且還要接受人類學教授們的現場教學。他們被拍照、觀察、測量和比較。世博會還在同時舉辦的奧運會中，特設由這些展覽人種參加的「人類學日」比賽，稱為「野人奧運會」。

九名阿伊努人中，有三對夫婦和兩個孩子（另有一人隻身前往），由芝加哥大學人類學教授斯塔爾（Frederick Starr）親赴北海道、在當地官員和傳教士的幫助下招募。這些鬚髮濃

JAPANESE
RUSSIAN
AMERICO-EUROPEAN
HINDOO
TURK
CHINESE
ARAB
INDIAN
NEGRO
AINU
BUSHMAN
Copyright 1904 by World's Progress Publishing Co

〈人的類型與發展〉

密的阿伊努人在博覽會上引發極大興趣。有觀者稱他們是「神祕的日本小原始人」，驚訝於其乾淨、禮貌、信基督教，但有點可惜他們「不是食人族、食狗族或野人」。四名阿伊努人還參加了奧運會「人類學日」比賽，得到了射箭獎牌。

展出阿伊努人並非日本國家行為，但得到日本官員的協助。明治政府自一八六九年拓殖蝦夷（後改名「北海道」）以來，便對世居於此的阿伊努人實施同化、歧視政策。日本長期以單一民族國家自居，遲至二〇〇八年才正式承認阿伊努人的原住民身分。那麼為什麼在一九〇四年還默許、鼓勵對自己「國民」的奇觀化呢？我們要從當時流行的種族、民族話語中理解。

十九世紀殖民現代性的衝擊，不但加速東亞區域秩序崩潰，而且徹底顛覆了東亞人理解自己的方式。以社會達爾文主義為理論基礎，一種雜糅了政治、文化、血緣、語言、宗教的民族主義，由歐美輸入，為東亞人改造並接受。根據這個新的國家原則，「國」與「族」不可分割。歷史則按照這個「科學」原則重寫，用以參照現實。

二十世紀初的歐美人眼中，日本人是亞洲最「文明」的種族，他們講究衛生、彬彬有禮，在急速西方化同時又堅守東方傳統。一九〇〇年，新渡戶稻造以英語在美國出版《武士道：日本的靈魂》（*Bushido: The Soul of Japan*）一書，回應歐美人對日本宗教與道德的疑惑。這本書迎合了美國讀者對東方的想像和口味，得到西奧多・羅斯福（Theodore Roosevelt）總統的熱捧，長銷不衰（但日譯本出版後，在日本國內評價並不高）。在聖路易斯博覽會的人類進化階梯圖中，日本人是非歐人種中最高等的，僅次於俄羅斯人，而且所有形象中唯智慧女神和日本人為女性，亦顯示對日本的另眼相看。

博覽會上，日本一方面極力展現自己的文明先進不輸於歐美，一方面把「文明」的日本與「蠻荒」的日本做種族主義切割。以當時的體質人類學觀點，阿伊努人高鼻深目，眼型近歐洲人，很像是高加索人種。那麼在和大和民族的長期爭鬥中，「黃種」的大和族比（可能是）「白種」的阿伊努人更「進化」、「文明」，這不正暗示出日本人在種族進化上的獨特性嗎？其政治象徵不言而喻。

和日本介入對自身的積極奇觀化相比，中國則無奈地被奇觀化。同在這個「族化」的世界，中日際遇不同，反應各

聖路易斯世博會上被展出的阿伊努人

異。一九〇四年的美國，排華法案已通過多年，對華人的蔑視無處不在。中國雖然是世博會參展國之一，但連赴美布展的人工，都遭遇重重阻撓和歧視。

具體策展，主要由掌控清朝海關的歐美官員負責。據張偉先生的《西風東漸：晚清民初上海藝文界》一書，主辦方曾委託海關官員找一名纏足女性，欲放到人類學館中，後因中方抵制而作罷。但在博覽會另一邊的「遊戲園」裡，商家竟租來一位隨夫赴美的纏足女子，在中國茶園中奉茶。此舉引來華文輿論抨擊，經幾位中國留學生長時間抗議，園方經理才同意撤去。活人雖然免於展覽，物品卻仍是獵奇的對象。一處中國展室，內有泥塑人偶一組，包括裹腳婦女、兵丁、乞丐、煙鬼、娼妓等等，還有煙槍、煙燈、刑具。大清海關的英國官員甚至帶著三百雙小腳弓鞋前來售賣。中方官員多次交涉，卻沒有結果。

沒有資料顯示中國人對種族進化圖的觀感，想來應該是不快的。但對本國形象表現的不滿，並不是對種族分類和進化觀本身的質疑。實際上，當時最具影響力的一批思想者是接受種族話語的，康有為甚至在《大同書》中主張滅絕黑人，讓黃種與白種通婚以達致「去種界同人類」。如果世博會展出的不是小腳，而是中國某個邊緣少數族群，也把他們和「中國人」作進化論意義上的切割，留學生和官員們是否也會強烈抗議呢？不清楚。

今天的學者大多同意，種族主義，以及在此基礎上的政治民族主義，是現代產物。當然，對人群差異的認知和偏見是普遍存在的，這種認知通常比較隨意：比如中原歷代都有《職貢圖》，記錄異族圖像；首位到日本的耶穌會士沙勿略，認為日本人和中國人都是白人；而美國主流在很長一段時間內，不把非盎格魯歐洲人（比如日耳曼人）看作白人。但種族／民族主義不一樣，它是一套以科學話語包裝，並與資本主義、殖民主義結為一體的現代意識形態。把人類按照「科學」方法區分人種，始自十八世紀瑞典自然學家林奈（Carl Linnaeus）。而人類學，特別是體質人類學的興起，又以種種測量術強化了種族理論的「生物學依據」。到了十九世紀，達爾文（Charles Darwin）自然演化論被用來解釋人類社會的差異。於是種、族，與文明進化緊緊聯繫，用以合理化殖民壓迫。這些理論在今天當然已經被否棄，但在一百多年前，則被奉為真理。

民族主義在東亞，是當時知識人的選擇性接受和創造。在日本，福澤諭吉改造了進化主義觀念，以「種族」區分「國體」，以「文明」為新道統。而接受德意志法學理論的加藤弘之、穗積八束等，則把國民、民族、國家作同一性解讀。王柯先生指出，後二者對於梁啟超影響至深：梁啟超根據瑞士法學家伯倫知理（Bluntchli Johann Caspar）的國家理論，提出中國最早的「民族主義」論述。他對伯倫知理的理解，即主要參考加藤弘之。「民族」一詞，直接來自日本人對nation的漢譯，本來它兼有政治意義上的「國民」，和語言、文化、血緣意義上的「族群」之意。但此後中國國內使用「民族主義」，常帶有很強的種族性，典型的如以章太炎、鄒容等為代表的排滿革命主張。

種族／民族主義在中國興起的另一條線索，是嚴復對社會達爾文主義的譯介。《天演論》號稱翻譯赫胥黎（Thomas Huxley），實際帶有很多嚴復自己的創作。特別是，達爾文本人從未試圖用他的生物演化論分析人類社會。但「物競天擇，適者生存」的口號實在符合當時國人救亡圖存、富國強兵的急迫需求，以致很多人誤以為這就是達爾文的科學主張，並把物種競爭的邏輯，曲解成近乎弱肉強食。

中國和日本又影響著朝鮮民族主義者。啟蒙史學重要人物申采浩便深受梁啟超啟發。他不但全盤借用梁重寫中國史的三階段理論（古代—中世—近代），而且特別突出歷史書寫的民族主體性。他認為「歷史」記錄的是「人類社會『我』與『非我』鬥爭在時空中展開的精神活動狀態」。朝鮮歷史記錄的就是韓「民族」鬥爭的精神狀態。申采浩這種對主體性的想像和對主觀性的強調，極大影響了二十世紀半島的民族主義史學。

東亞以民族主義改造自身，一個主要的刺激當然是殖民主義在話語和實踐兩方面的威脅。但殖民主義和民族主義看似一對敵人，其實是一個硬幣的兩面。被殖民者建構了一套反抗性民族主義，可依賴的仍是殖民者帶來的那套文明、進化邏輯。殖民者發明的這套壓迫理論，被反抗者用來求存圖強。問題是，獨立、富強之後怎麼辦？如果「物競天擇、適者生存」是文明準則，我們是否要將它施用於更弱的他者，包括國界內的與國界外的？

回到一九〇四年的聖路易斯。世博會舉辦之時，日俄戰爭正酣。俄國推辭參會，日本就勢把為俄國預留的展區要了過來。日本不但在世博會展示自己的文明高度，不久又在戰場上擊敗了一個歐洲大國。在他們看來，這場戰爭是「黃種人」對「白種人」的歷史性勝利。人類學的進化階梯要更新了：日本人超越了俄國人，朝著「最文明種族」，又進了一步。

合法與非法的亞洲

一九〇七年七月十四日，朝鮮志士李儁客死於荷蘭海牙。半個多月前，他和同伴李相卨、李瑋鍾，帶著大韓帝國高宗皇帝的密信抵達荷蘭，想要參加正在舉行的「萬國和平會議」。他們本想藉此國際場合，抗議日本剝奪韓國外交主權，宣告韓國為完全獨立國家。但會議主辦國拒絕他們列席，理由是韓國已是日本的「保護國」，不具備國際法承認的主權國家的資格。這個他們寄予希望的國際社會，卻公開宣告韓國獨立「不合法」。李儁不久憂憤而亡。關於他是否是自殺殉國，至今有不同說法。三位密使中，李儁曾任法部主事，又在日本修習過法律，對於這個由法律規範的國際社會，他恐怕是最感絕望的吧。

宗藩禮制在內外交困中解體後，東亞國家間交往規則被歐洲傳來的一套新機制取代。表面上看，這套規則以主權平等為核心，強調國與國之間以法制精神、平等協商解決糾紛。韓國密使希圖參與的海牙和平會議，就是這種協商平臺。它最初由俄國沙皇尼古拉斯二世（Nicholas II）提議，主要目的是對戰爭行為加以約束。一八九九年召開的第一次會議，有二十七國參加。當日取得的一些協定，大都在後來的一戰中被拋棄。值得一提的是，就是在那次會議上，設立了一個不具實體性質、由各國仲裁員組成的「常設仲裁法院」。二〇一六年的所謂「南海仲裁案」，就是由這個法院的臨時仲裁庭做出的。

受布爾戰爭和日俄戰爭耽延，第二次海牙會議遲至一九〇七年才召開。歐洲有二十國、美洲有十九國、亞洲有四國（日本、中國、波斯、暹羅）參加，非洲則無任何國家獲得承認。在韓國問題上，除了俄國因與日本敵對而表示同情外，其他歐美國家，連同日本一起，拒絕承認韓國是一個「國家」。要知道，當時日本尚未正式吞併韓國。這個國際法體制，晚至一九四五年二戰結束，才正式認可朝鮮半島上有獨立國家。即便如此，直到今天，半島南北兩個政治體的法律關係，都是個不易說清的問題。

國際法體系，並不是個開放的機制，它只承認「主權國家」具備主體資質。那麼怎麼認定主權國家呢？這又和上文提到的「文明」序列相關。和早期人類學等現代社會科學一樣，社會達爾文主義是國際法體系判定「文明」的邏輯基礎。基督教世界的殖民國家，當然是「文明國家」，很自然就是主權體。中國、日本這樣的非基督教「半開化」國家，也可以勉強列入。而被殖民地區的政治體，無論是否具有國家性質，都得不到國際法的承認。

起源於十七世紀的現代國際法，在隨殖民主義逐步擴張到世界的過程中，創制了一整套修辭，來為殖民活動提供理論支持。比如「保護國」（protectorate）這個概念，它來自一八八五年歐洲國家為瓜分非洲召開的柏林會議，剛果在此次會議中被定義為比利時的「保護國」。名義上，保護國不像「殖民地」那樣由宗主國直接統治，但實質與殖民地差異不大，無非是有沒有一個形式上的本土政府而已。此後，它也被法國用來定義其占領的北圻（越南北部）、安南（越南中部）、柬埔寨和老撾。日本在一九〇五年通過《乙巳保護條約》，剝奪韓國的外交權，即參照歐美之例，將韓國變為「保護國」，從法律上否定其本有的獨立地位。

現代殖民掠奪，必須披上合法的外衣，才符合「文明」的旗號。這就好像英法聯軍火燒圓明園，劫掠了大量器物文玩，又把搶來的文物拿到市場流通，將本來的贓物洗白成了合法商品。對土地的搶占也一樣。十九世紀的殖民占領，很多在後來以堂皇的國際法原則合理化。最典型的如所謂「無主地」（terra nullius）原則。無主地不是指無人居住的土地，而是原住民不具備主權資格的土地。這個概念的律法化，也與瓜分非洲有關。一八八八年，在瑞士洛桑召開的國際法協會大會上，德意志法學家Ferdinand von Martitz出於保障德國在非利益的需要，提議如此定義「無主領土」：「不被構成國際法共同體的主權國或保護國有效管治的任何地域，不論其是否有人居住。」這個提議當時引發很大爭議，但其基本邏輯成為日後「無主地」論述之濫觴。現代法學家認為，無主地原則可追溯到歐洲自然法傳統對土地「使用」的認定，比如開墾才是有效使用，採集或游牧則不算。但重要的是，現代無主地原則，強調的不只是土地是否被利用、如何利用，而且是被誰利用。按照Martitz的說法，如果使用者不是「構成國際法共同體」的成員，則即使土地已被開發，也仍然可被殖民者占有。

早在無主地原則被律法化之前，其邏輯就被日本拿來了。日本一八六九年拓殖北海道，一八七四年藉牡丹社事件出兵臺灣，都以此地屬化外無主為由，否定原住民的土地權利。實際上，日本在殖民擴張的過程中，特別在意歐美國家的觀感，其每一步都力圖證明自己遵守國際法制，符合「文明」規範。比如一八九四年，日本在豐島海面不宣而戰，擊沉清朝租用的英國運兵船高升號，起釁中日戰爭，事後就以此舉符合「戰時國際法」辯解，爭取英國輿論支持。到了日俄戰爭，日本更是在每一個集團軍中都配備國際法專家，還廣泛邀請歐美各國武官、記者隨軍觀戰，彰顯日軍「文明之師」的形象。

日本努力向化，得到英美的積極回饋。英國和美國為鼓勵日本與俄國纏鬥，視之為東方盟友。在日俄戰爭中，英國對日本多有資助；美國總統西奧多．羅斯福則出面調停，促日俄簽署《樸茨茅斯和約》，重新劃分勢力範圍。日俄在朝鮮和中國東北激戰，無數無辜的中、韓百姓死難。美國則與日本密談，相互承認對方在亞洲的勢力範圍。羅斯福總統還因調停有功，獲得一九〇六年的諾貝爾和平獎，成為第一位獲此獎的美國人。自然，躋身文明國家行列，就意味著有「野蠻或半野蠻」者被凌辱和損害。套用《動物農莊》（*Animal Farm*）裡的話：在國際法體制下，所有國家平等，但有的國家比別的國家更平等。

從一八七六年江華島事件以來，日本一步步把朝鮮拉出傳統的宗藩禮制，先用條約認定朝鮮「保有與日本國平等之權」，繼而以甲午戰爭迫使中國承認朝鮮為「完全無缺之獨立自主」。朝鮮一八九七年改國號為大韓帝國，日本強化對半島的控制和爭奪，並在日俄戰爭爆發後，逼韓國簽訂一系列條約，用同樣的國際法修辭，逐步把「平等獨立」的圭臬改造成不平等獨立。一九〇五年的《乙巳保護條約》，由韓國外部大臣朴齊純等五位親日派內閣成員簽署，韓國統監府據此設立，伊藤博文就任第一任統監，成為韓國實際的掌權者。高宗名為皇帝，實為傀儡。

當時的歐美輿論，紛紛祝賀日本為蠻荒的韓國帶去現代文明的曙光。當日本一九〇七年在海牙極力阻止韓國密使參會，此舉得到大部分國際法共同體成員的「理解」。倫敦《泰晤士報》在七月二十日評論說：「和這些野蠻或半野蠻君主打交道，我們自己就有很長的經驗，所以我們很容易讚賞日本對韓國的態度。說白了，就是一個非常聰明勤勉的人對一個始終老朽懶惰者的態度。」此時，英國人已經將日本視為「文明」的一分子，殖民帝國俱樂部的新貴。將其他國家貼標籤，顯示其「非法性」，在殖民和後殖民帝國是一致的。過去是「野蠻國家」和「落後國家」，今天則有「失敗國家」、「流氓國家」或者「邪惡軸心」等等。

東亞國家最早吸收現代國際法者，要算林則徐，他為禁煙而命人編選《各國律例》以備交涉。但歐美國際法被系統譯介，還是從美國傳教士丁韙良（W. A. P. Martin）一八六〇年代翻譯《萬國公法》等開始的。丁韙良後任同文館總教習，他的志向是以國際法為突破口傳播福音，讓中國人了解、接受基督教文明。和當年的利瑪竇類似，他想要彌合中國傳統文化與現代國際法之間的差異，宣稱國際法原則早在中國的春秋戰國時期就已產生，因此並不是什麼異類。清廷引公法為工具與西洋各國談判，但無意用它改造已實行數百年的東亞宗藩禮制。到了危機重重的一八八〇年代，李鴻章等試圖調和兩種體制，以國際法修辭包裝宗藩制度，仍希冀西洋各國承認東亞傳統秩序。甲午戰後，宗藩制度解體。隨即在一九〇〇年義和團事件中，中國和「國際社會」的衝突達到頂峰。在八國聯軍的武力懲罰、外交使團的「文明」規訓下，中國最終被改造成國際法共同體中「遵紀守法」的一員，沒有像印度、越南或朝鮮一樣，被直接剝奪國家資格。

日本從漢譯《萬國公法》開始系統學習國際法。但不同於中國，它很早就運用其原則重新定義、改造東亞區域秩序。在一八七四年牡丹社事件中，日本聘用美國顧問李仙得（Charles Le Gendre），套中國官員說出臺灣生番是「化外之民」的話，以此為據向「無主番界」出兵。兩年後又以主權平等原則與朝鮮簽下《江華條約》，間接否認朝清間的宗藩關係。一八七九年，日本以國內法原則吞併了琉球，改置沖繩縣，否定琉清間的朝貢關係。直至甲午戰後，最終完成了對東亞傳統宗藩制度的顛覆。這個過程同時也是它建立帝國殖民體系的過程。和種族／民族主義邏輯類似，國際法既可用來確認自身的獨立，也可用來推行帝國主義擴張。

一九〇七年，當三位韓國密使到訪海牙的消息傳來，身為韓國統監的伊藤博文大怒。他強迫高宗退位，由其子接任，是為純宗。隨後又迫韓簽署《丁未七條約》，進一步控制了韓國內政。最終，日本在一九一〇年吞併韓國，把它正式變成自己的殖民地。

日本成為殖民帝國，但自己又曾面臨被殖民的危機，對這個體系的兩面性有充分認知。即使在國際法共同體中獲得高於中國和朝鮮的承認，日本也常抱怨自己未得到應有的對待。比如甲午戰後，俄、德、法三國為自身利益，逼迫日本退回已經通過《馬關條約》到手的遼東半島，就被日本人視為奇恥大辱，埋下日後日俄開戰的伏筆。更何況自黑船來航以來，日本自身也一直受到不平等條約的損害。直到吞併韓國之後第二年，日本才最終完成了對所有不平等條約的改正，取得了與歐美列強形式上的平等。所以儘管日本成長為東方新帝國，但在這個過程中，部分知識精英對歐美殖民壓迫的不滿也與日俱增。

黑龍會的朋友們——一九一二年的「亞洲」想像

一九一二年七月，明治天皇駕崩。明治時代的終結，標誌著日本來到了「現代」的轉折點。就在前一年，日本終於完成對所有不平等條約的改正，成為名義上與歐美殖民帝國完全平等的國家。國內方面，大正民主亦初露曙光。在此前後，一種原本在野的、抵抗性的意識形態開始走上前臺，提出日本應有不同於歐美的歷史使命。這就是「亞細亞主義」（或稱泛亞主義），它提倡所有亞洲民族應團結一致、反抗歐美殖民霸權，同時也標榜日本在區域的領導地位。亞細亞主義最具代表性的團體是黑龍會。一九一二年前後，黑龍會的朋友們遍及東亞，深度介入日、中、韓三國的政治走向。

反思日本曲折的現代化道路，人們常常提到的一個詞是「脫亞入歐」，並把其思想源頭歸於一八八五年發表在《時事新報》上的〈脫亞論〉。不過，認為日本殖民擴張是出於對亞洲的唾棄而與歐洲為伍，這種說法需要商榷。首先，〈脫亞論〉並沒有提過「入歐」。這篇小文被認為是福澤諭吉所寫，可福澤一生都沒使用過「入歐」一詞。其次，直到戰後被重新發現、解讀，〈脫亞論〉並未產生過特別的歷史影響。再者，文章發表的背景，是朝鮮金玉均領導的甲申政變的失敗。而福澤諭吉本人，則是金玉均的支持者和同情者。就算福澤倡導

「脫亞」，他眼中的亞洲也是一個複雜的符號，其中失望與希望交織。在整個明治時期，日本精英群體都在一種複雜糾結的心態中，藉定義亞洲來重新定義自己。

明治時代的政治方針，大致是內政上強化集權，外交上（對歐美國家）韜光養晦。但融入殖民現代體系的同時，社會精英對這套體系帶來的內外弊病也日益不滿。從一八七〇年代開始，呼籲改革的聲音逐漸彙集成一股強大的社會政治潮流，稱為「自由民權運動」。其主旨，是強調引入憲政機制、創制憲法和國會、保證言論和集會自由、減輕地租，以及修改不平等條約。早期自由民權運動，參與者十分多元，既包括一些對政府政策不滿的官員大臣，也包括前藩閥武士、農民、記者和知識分子。政府對自由民權運動採取強硬鎮壓的態度，致雙方矛盾激化，在一八八〇年代出現了像靜岡事件、大阪事件那種暴力革命的苗頭。到了一八九〇年代，運動逐漸走入低潮，參與者後來分化成自由主義者、民粹主義者、社會主義者以及無政府主義者等。

其中也包括亞細亞主義者。他們主張日本應當協助朝鮮和中國的改革，合力抵禦歐美的擴張。其代表性理論家，是樽井藤吉。樽井出身商人家庭，早年修習國學，後因組黨從事政治活動，遭明治政府逮捕入獄。出獄後的一八九三年，他出版了《大東合邦論》。此書接受種族競爭理論，認為日本、中國、朝鮮是「單一種族」，在和歐洲那樣的異種族社會競爭時，必須團結親和。其基本訴求，就是日本與朝鮮平等合併為一「大東國」，與清國「合縱」抵抗白種人：「今日白人所以呈毒爪銳牙者，欲為宇內之嬴秦也，我黃人甘為六國乎？

余復何言哉！不甘為六國乎？征秦之策不可不講也。」《大東合邦論》以漢文寫成，目的是要影響朝鮮和中國的士人。它發表後，在東亞地區引起很大反響。

東亞親和的思想在日本一直有市場，軍界、政界、媒體都有人鼓動。比如一八八〇年成立的興亞會，以及一八九八年成立的東亞同文會，都由和政府關係密切的上層人士牽頭，以設立學校、研究機構的方式，增強東亞三國之間相互學習和了解。這些組織得到外務省等官方機構的資助。到了二十世紀初，思想界也出現形而上的亞洲論述，比如美術家岡倉天心在美國發表的《東洋的理想》。其開篇即聲稱：「亞洲為一（Asia is one）。」岡倉認為「亞洲種族」最大特性，在於對「終極、普世」的熱愛，這種精神讓亞洲成為世界主要宗教的發源地。而地中海和波羅的海地區的「海洋民族」，則更強調特殊性，強調生命的踐行方式而非終極結果。日本就是亞洲所有文明的集大成者。這篇發表於日俄戰爭前的論著，成為亞細亞主義最著名的美學、哲學源頭。

也有一批民間行動者，不滿足於調查學習或坐而論道，積極介入東亞國家的內部事務，推動革命和改革。在自由民權運動高潮期，平岡浩太郎、頭山滿等成立了以舊福岡藩士為骨幹的玄洋社，宣揚「敬愛皇室、愛戴本國、固守人民主權」。三國干涉還遼之後，玄洋社一批國家主義者出於對列強（特別是俄羅斯）的不滿，又以內田良平為核心，成立了黑龍會。

內田良平是平岡浩太郎的外甥、頭山滿的得意弟子，也是樽井藤吉「合邦」理念的擁護者。以他為主幹的黑龍會彙集了一批想法接近、能力超強的活動家，自詡為「東亞先覺志士」。黑龍會名稱來自於中俄界河黑龍江，其早期的政治主張就是日俄開戰、將俄國逐出東亞。為準備戰爭，內田良平修習俄語，並隻身赴俄遠東及西伯利亞探查，回國後在會刊和媒體上詳細介紹當地情況。一九〇四年戰爭爆發，黑龍會在韓國和中國東北發動民間力量，修鐵路、探軍情，援日反俄，終於實現了其戰略構想的第一步。黑龍會同時也收集中國東北和朝鮮的情報，並聯絡清、韓異見人士，謀劃推翻清政府、策動滿蒙獨立以及日韓合併。在內田的努力下，黑龍會影響力滲透到軍方、政界，開始從在野走向前臺，影響日本大陸政策。亞細亞主義從理念變成實踐之時，也由國際主義變為極端民族主義。

在中國，一九一二年是清帝遜位、民國肇始之年。孫中山、黃興領導的革命，終於推翻了中國實行了兩千年的帝制，創立了東亞第一個共和國。革命的領導機構，是成立於一九〇五年的中國同盟會。同盟會成立前，孫、黃等的活動各自為政，影響力都相當有限，而促成他們聯合者，就是內田良平。頭山、內田等人一直關注中國內部改革，也救助過康有為、梁啟超等維新領袖。但看到清政府實在無力領導中國對抗西方，他們轉而支持當時無錢無槍、又遭外國政府驅趕的革命者。中國同盟會整合了興中會、華興會和光復會等海外反清組織，它的成立大會，就是在內田良平位於東京的家中舉行的。

此後，日本亞細亞主義者，包括黑龍會以及宮崎滔天、北一輝等人，成了孫、黃革命最重要的贊助人和後援隊，幫助他們借款、運送武器。在袁世凱謀取政權後，也是他們積極支持孫中山的二次革命。亞細亞主義者對中國的期待不盡一致。黑龍會的戰略考慮，是促成「支那」與滿、蒙、藏各自獨立，加入到日本領導的東亞同盟中。孫中山提出的「驅除韃虜、恢復中華」口號，讓他們看到某種希望，冀圖以支援革命，換取孫許諾滿蒙自治。當然，這個計畫最後落空了。

在二十世紀初的中國，反殖民的新亞洲想像有著很大的號召力，孫中山本人就深受影響。辛亥革命後成立的臨時政府，聘請包括內田良平在內的多位日本人為顧問。雖然孫中山在二〇年代清醒地認識到「日本民族既有歐美霸道文化，又有亞洲王道文化之本質」，提醒日本勿作「西方霸道之鷹犬」，但他提出的「大亞洲主義」思想，亦高度肯定「東方道德」的優越性、強調歐亞競爭的種族色彩。這在邏輯上與日本亞細亞主義極為一致。

一九一二年，韓國已被兼併兩年。著名的「親日派」人物李容九在五月鬱鬱而終。李容九出身兩班階層，早年加入東學黨。讀過樽井藤吉的《大東合邦論》後，李深為折服，從此把振興韓國的希望，寄託在崛起的日本身上。一九〇四年，李容九與宋秉畯聯合組織了當時韓國最大的民間團體「一進會」，並在日俄戰爭中動員數萬會員為日軍提供幫助。一九〇五年日本設立韓國統監府，內田良平被伊藤博文統監聘為顧問，隨即又成為一進會的顧問。對於內田而言，這是實現日韓合邦最好的契機，而李容九則是他重要的盟友。李曾公開表達，平生最大志向，就是實現樽井藤吉的合邦理想，他甚至給自己的兒子取了一個日本名「大東國男」。

但伊藤博文反對馬上吞併韓國。對他來說，一進會不過是鞏固日本殖民韓國的「民意招牌」。一九〇九年，伊藤在哈爾濱被安重根刺殺，導致合邦進程加快。在內田良平鼓動下，一進會於一九一〇年發起請願，要求日韓「政合邦」。日本順水推舟吞併了韓國——這當然不是樽井當年提倡的平等聯合。失去了利用價值的一進會，很快就被解散了——即使是日本，也擔心這個標榜「進步」、動員力頗強的親日團體，有朝一日成為殖民韓國的障礙。李容九深感失望：請願合邦本是他復興韓國的希望，卻成為定義他一生的污點。他不久即住院、病亡。

值得一提的是，刺殺了伊藤博文、被韓國人奉為民族英雄的安重根，其思想也帶有深深的亞洲主義烙印。安重根在獄中撰寫《東洋和平論》，其核心理念是倡導東亞國家團結一致抵抗西方。他讚賞日本打敗俄國、甚至感激日本對韓國皇太子的教育。刺殺伊藤博文，是因為伊藤博文背叛了亞洲國家應當平等共進的理想。也因此，安重根在當時的日本有很多同情者。

黑龍會的朋友們不限於東亞。一九一二年十二月，英屬印度遷都新德里。儀仗行進中，一枚自製炸彈扔進了英國總督哈丁（Charles Hardinge）的坐轎，致其重傷。策劃刺殺的，是印度民族主義革命家拉什・貝哈里・博斯（Rash Behari Bose）。為了躲避英國追捕，博斯逃到日本，經孫中山介紹，結識了頭山滿和內田良平。內田一邊遊說日本政府撤銷對博斯的追捕，一邊協助他在日本各處躲藏。最後博斯為新宿中村屋的相馬愛藏、相馬黑光夫婦收留，還娶了他們的女兒為妻。博斯長期在日本從事印度獨立運動。二戰中，他參與建立反英的印度國民軍，為日本用來對抗英軍。

二十世紀早期，黑龍會的勢力還拓展至菲律賓、土耳其、衣索比亞及摩洛哥等處。以「日本人和黑人同屬有色人種」為由，他們甚至從三〇年代開始就在美國資助黑人民族主義運動，這對戰後的黑人平權運動也產生了影響。

黑龍會當然不代表亞細亞主義全部的理念和實踐，在它之外，日本還有很多受「興亞」感召投身「帝國洪業」的人，比如策劃九一八事變的石原莞爾、東洋史學家內藤湖南、哲學家西田幾多郎等。在近衛文麿政府提出「大東亞共榮」綱領後，「亞洲」成了法西斯主義的新修辭。一九四六年，駐日盟軍總司令部解散了黑龍會。這個風雲一時的社團，連同其代表的亞細亞主義意識形態一起，隨著日本戰敗退出了歷史舞臺。

站在戰後立場，亞細亞主義常常和帝國主義、殖民主義、軍國主義、極端民族主義、種族主義，以及法西斯主義這些標籤歸於一類。可是，如果想像我們站在一九一二年：大正時代開啟、中華民國成立、李容九抱恨而亡、博斯行刺哈丁……在那年前後，亞細亞主義看上去更像一個矛盾體，掙扎在殖民與反殖民、帝國與反帝、現實主義與理想主義、國家主義與國際主義、種族主義與族裔平等之間，並不像戰後看上去的那樣簡單。弔詭之處在於：它雖然批判殖民現代性，自身卻植根於其中，無法從根本上超越，只能以新壓迫來反舊壓迫，以新霸權對抗舊霸權。在這個意義上，亞細亞主義的失敗不可避免：它的亞洲振興必須以殖民亞洲為手段。儘管如此，它仍是亞洲人主動塑造「亞洲」身分的一次嘗試，它的困境和失敗也為今後的「亞洲」想像提供深刻的鏡鑑。

脫亞自救——轉折一九一九

從一月開始，一九一九年就不平靜。十二日，北洋政府外交總長陸徵祥抵達法國，率中國代表團參加巴黎和會。代表團的核心人物是先期到達的駐美公使顧維鈞。在歷時十天的跨大西洋航程中，顧精心準備了七項談判計畫，包括歸還租借地、取消在華領事裁判權、歸還租界、撤出外國軍隊等等。但其中最重要也是國人最為關心的，是中日二十一條和歸還德國在山東的權益問題。

與此同時，日本代表團也已到了巴黎。團長是前首相西園寺公望，實際負責人則是全權代表牧野伸顯男爵。和顧維鈞不同，牧野並不太擔心山東問題：在此之前，日本已同英法等私下交易，他們將支持日本繼承德國在山東的特權。牧野的重要使命，是要促請國際聯盟通過日本提出的《人種差別撤廢提案》。提案背景，是日本不滿於歐美殖民國家歧視有色人種，也反對美國、加拿大等國限制日本移民。

數日後，朝鮮京城（首爾）傳出一個不安的消息：已退位的高宗皇帝於二十二日暴亡。日本朝鮮總督長谷川好道聲稱死因是腦溢血。但很快有傳言說，這位曾向海牙和會派出密使、被逼退位的皇帝，是遭日人投毒致死。韓國獨立運動人士開始聯絡，打算借葬禮期間舉事，再度表達獨立訴求。

幾件事彼此相關，逐漸發酵，令一九一九成為東亞轉折之年。東亞幾個社會都希望藉大戰重創歐洲、世界秩序重組之際，重新劃定與「國際」的關係，但在不同程度上都遭遇失敗。之後，東亞內化了這一挫折，將它轉換成革舊闢新、自我救助的動力。

十九世紀，西發里亞體系擴張至全球，一戰是此體系下國際矛盾的一次總爆發。德奧與英法兩敗俱傷。美國趁機介入，打破了歐洲強國在國際格局中的壟斷地位。戰勝國們制定了凡爾賽和約體系，以國際聯盟為協調機構，暫時緩解了衝突。英法美等協約國瓜分了鄂圖曼土耳其的中東領土，迫使德國割讓部分領土，並託管其海外殖民地（包括山東）。

美國第一次站到了世界政治舞臺的中心。威爾遜（Woodrow Wilson）總統認為，動盪的根源在於傳統歐洲奉行的強調權勢平衡的現實政治（Realpolitik）。他提出了十四點和平原則，作為新國際體系的基本理念。這十四點理想主義原則本針對歐洲，但因包含「平等對待殖民地人民」及「（奧匈及鄂圖曼帝國內）民族自決」的精神，讓處於殖民或半殖民統治下的民眾倍受鼓舞。

但理想主義在現實政治面前遭遇尷尬。和會本來就只邀請了協約國一方參加，美英法三國又是實際的主導者。英國首相勞合・喬治（David Lloyd George）與法國總理克里蒙梭（Georges Clémenceau）一心想要削弱德國、攫取戰爭紅利。他們把亞洲盟國的訴求當作利益交換、妥協折衝的籌碼。

一月二十七、二十八日兩天，日本和中國分別在「十人會」上闡述對山東問題的立場。牧野伸顯發言簡短，強調山東問題應在中日條約基礎上解決。顧維鈞即席演講三十分鐘，據理力爭。他的精彩論辯獲得歐美國家的一致讚揚，令他對山東問題前景一度樂觀。

二月十三日，牧野伸顯在國聯委員會會議上提交了對國聯盟約的修正案，主張加入各成員國對不同種族、國籍的人不得差別對待的條款。此舉激起巨大反響。英聯邦內的澳大利亞跳起來反對。澳國內奉行白人至上，總理比利・休斯（Billy Hughes）聲稱「九成五的澳大利亞人反對平等」。種族平等雖與威爾遜十四點原則相符，但諷刺的是，美國本身就在執行種族隔離政策。威爾遜擔心此條款在國會遭到南方州民主黨議員的抵制，使美國無法加入國聯，遂以該提案干涉內政為由反對。

四月十一日，國聯委員會表決日本提案，十七位代表中的十一位（包括法國、義大利、巴西、中國等國）投票贊成，英美等阻撓。威爾遜作為會議主席，以事關重大必須一致通過為由，強行否決了提案。於是，日本轉而在山東問題上施壓威爾遜，並以退出會議相威脅。十一天後，威爾遜、克里蒙梭和勞合・喬治約見陸徵祥和顧維鈞，通知他們：最高會議大體同意日本的要求。

一九一九年，巴黎牽動著整個東亞世界。韓國獨立運動人士密切關注和會，受威爾遜主義的感召，他們重燃對「國際社會」的希望。三月一日，三十三名宗教界人士（基督教十六名、天道教十五名、佛教兩名）聚集在京城塔洞公園，宣讀了由作家崔南善撰寫的〈獨立宣言書〉。宣言以民族自決、國家平等為旗，向世界宣告朝鮮為獨立國家，朝鮮人為自由民族，強烈抨擊日本的殖民政策。三一運動席捲韓國，中國東北和俄羅斯的朝鮮移民也紛紛響應。就在牧野伸顯在巴黎大談種族平等之時，日本殖民政府卻強力鎮壓韓國民眾的和平抗議，至少七千五百人被殺，數萬人受傷和被捕。

三一運動的消息在中國廣為報導，加深了民眾對朝鮮的同情和對日本的反感。兩個月後，當巴黎和會處理山東問題的方案傳來，北京的學生和民眾掀起了聲勢浩大的五四運動，全國民意沸騰。一九一九年由此成為教科書中「現代史」的起始之年。

對日本而言，一九一九年是它躋身世界五強、同時與英美衝突開始加劇的年分。它提出「種族平等」的提案，為的是在殖民體系中爭取道德優勢。種族差序是殖民主義時代國際法的一個理論基礎，不論日本當時的實際動機為何，這都算是釜底抽薪。某種程度上，日本開了「人權外交」的先河。但那時歐洲殖民帝國最反對提人權，即使是理想主義籠罩下的威爾遜的美國，也不敢接招。日本精英對歐美主導的國際體系再次大失所望。此後，因為戰略利益的變化，日本和英美漸行漸遠。最終，日本以保護黃種人為道義藉口，發動了「大東亞聖戰」。

面對日本的壓迫，中韓尋求國際支持的努力，也同樣遭遇挫敗。新一代知識分子痛定思痛，認定持續失敗的根源不在器物或制度，而在朽壞落後的文化。必須從根本入手，拋棄傳統，才能自救。面對外在危機，將批判矛頭內轉，這在清初顧炎武、黃宗羲那批學人那裡也是一樣。所不同的是，一九一九年前後，激進思想者眼中的大敵，是以儒學為代表的整個東亞傳統，甚至包括承載此傳統的語言文字。「啟蒙」、言文一致、揭批「國民性」成了共同的文化、政治選擇。

在中國，新文化運動在五四運動中達到高潮。新生代知識精英以《新青年》等刊物為陣地，全盤否定傳統，甚至提出為廢孔學須廢漢文、漢字羅馬化的主張。胡適倡導文學革命，明言：「我們必須承認我們……不但物質機械上不如人，不但政治制度不如人，並且道德不如人，知識不如人，文學不如人，音樂不如人，藝術不如人，身體不如人。」一九一八年，魯迅發表了第一篇白話小說〈狂人日記〉，大聲宣告禮教「吃人」。

將挫折內化，也體現在把個體際遇置換為國家民族的整體際遇。郁達夫《沉淪》的主人公，由性苦悶而生發「中國呀中國，你怎麼不強大起來」的呼喊。魯迅留學日本時經歷的「幻燈片事件」也是如此。看到國人圍觀處決充當俄國間諜的東北土匪，他的理解是：「凡是愚弱的國民，即使體格如何健全，如何茁壯，也只能做毫無意義的示眾的材料和看客，病死多少是不必以為不幸的。所以我們的第一要著，是在改變他們的精神……」這種強烈的焦慮，正來自於對被欺凌的民族身分（「支那人」）的新發現。

自強的民族身分需要自強的民眾，為此必須推翻舊道統，改造「國民性」。魯迅等對此問題的思考，源自美國傳教士明恩溥（Arthur Smith）所寫的《中國人的性格》（*Chinese Characteristics*）。但「性格說」說到底，無非是指中國人如何不能符合「現代」的要求。如果一九〇四年的聖路易斯世博會展現的是他者對「東方」的種族主義奇觀化，那麼〈阿Q正傳〉對「國民性」的刻畫，則是自我奇觀化。所謂「國民性」與其說是需要改造的對象，不如說是被殖民現代性發明出來的想像。

韓國方面，啟蒙知識分子倡導用諺文（十五世紀創制的表音文字）取代漢文寫作。史學家申采浩等痛批「事大主義」史觀遮蔽了韓民族的主體性，力圖把韓國歷史從儒家敘述傳統中分離出來。韓國史不再是「中華」史的一個區域分支，而是以扶餘—高麗人種為中心的族裔鬥爭史。民族主義者在現實中抵抗日本，在歷史文化構建中則以「中國」為抽象的敵人。申采浩同時寄希望於塑造新國民，要他們學習白種人，發揮政治能力。一九一七年，韓國現代文學之父李光洙發表了長篇小說《無情》，藉對家庭與愛情的反思，抨擊儒家傳統價值觀對國人的束縛，直指民族文化中的劣性。

三一運動後，日本改變在韓統治策略，允許有限言論自由，培植文化親日派。韓國獨立運動走向分化：一部分人堅持抵抗，或者在上海成立流亡政府，或者在東北開展游擊戰爭；而另一部分人則逐漸由反日民族主義變為現實主義，走上同日本合作的道路。崔南善和李光洙就屬後者。

在一九一九一代激進知識人看來，殖民主義當然是大問題，但伴隨殖民主義而來的「現代」卻無疑是歷史的必然方向。如何使自己「現代」，有時是在擺脫殖民壓迫之上更重大、更本質的問題。加速「現代」，就要比西方的東方主義者更為堅定徹底地批判東方，不能有一點溫情脈脈。在這一點上，殖民者和被殖民者達到一致。

那一代中韓新知識人的民族、國家觀念，很多來源於福澤諭吉對國民國家改造和現代性的闡述。福澤的所謂「脫亞」，本質是對（相對於西歐文明的）儒學禮制的揚棄。如果「脫亞」曾經成為某種時代主題的話，這個主題在二十世紀一、二〇年代才真正成型，且最為激進的實踐者還不在日本，而在急求自救的中韓。

建設與失序——步入「現代時間」的東亞

「現代」不是某個時間段，而是一個特定的歷史情境和脈絡。在東亞，進入「現代」的過程複雜曲折，且與殖民主義相伴始終。一直到二十世紀二〇年代前後，我們所熟知的「現代」生活圖景：工業化、城市化、金融資本崛起、公共輿論日興……才變得日益明顯。這種強勢到來的殖民現代也破壞了原有的自然經濟和社會結構，令國家政治整體失序。

假想一下，你站在一九二五年的首爾。彼時這座朝鮮都城叫「京城」，是日本殖民者起的新名字。這一年，新建的京城火車站剛剛落成：紅色磚牆，配以灰白色條飾，綠色拱頂，氣派非凡。在這個既古老又新興的城市裡，它是最「現代」的一道風景。朝鮮時代的宮殿，有的被拆除，有的被遷移。城市的新地標，是前所未有的富麗堂皇的歐式建築——包括總督府、銀行、百貨大樓、飯店、醫院、公園等等。白天，寬敞的馬路上跑著有軌電車，到了晚上，東亞最早的路燈系統點亮了街市。一年前，京城帝國大學成立，成為日本帝國大學系統中的新成員。它是朝鮮半島上第一所綜合性大學，也是後來首爾大學的前身之一。京城居住人口不斷增加。這裡不但是殖民地的交通、文化和資本中心，更是工業中心。除了日本財閥開設的企業，幾年前民族實業家金性洙也在這裡創辦了「京城紡織」。借助殖民者的資本、技術和新湧入的城市勞動者，京紡逐漸崛起，成為日後韓國民族資本主義的起源之一。

十九到二十世紀，殖民主義背景下的這一輪資本擴張，靠著新的運輸系統——特別是鐵路——打通沿海與內陸。京城火車站作為朝鮮半島的交通樞紐，連接著南到釜山、北至新義州的鐵路網絡。它落成這年，朝鮮鐵路剛剛轉為由總督府直營。此前，總督府委託日本在中國東北的殖民機構——南滿鐵道株式會社——來經營鮮鐵。由滿鐵掌握東北和朝鮮的鐵路系統，極為方便地打通了資本、資源、商品和人員在殖民地間的流動，強化著帝國對新拓疆土的控制。

從京城乘火車北上，可以抵達京義鐵路的終點新義州。從那裡跨過鴨綠江鐵路橋到對岸的安東（今丹東），就進入了日本在中國東北經營的

鮮鐵京城站

南滿鐵路。滿鐵最早由俄國人修築，目的是把遼東半島南端的旅大港同縱貫東北的中東鐵路相連，再由中東鐵路接入跨西伯利亞鐵路，溝通俄羅斯帝國的腹地與邊疆。日俄戰爭後，日本獲得滿鐵經營權，並在鐵路周圍開闢附屬地，掠奪礦產，蠶食主權。滿鐵總部設在大連，而最大的車站，則是在奉天，也就是今天的瀋陽。

日本著名記者、歷史學家和政治評論家德富蘇峰在一九一七年就曾乘火車，用不到兩天的時間，由京城而至奉天。他眼中的鴨綠江鐵路橋「像一條巨龍一樣把大陸和半島連接起來」。如果你在一九二五年，也像他一樣，由京城站一路北上，跨鴨綠江接南滿鐵路，至奉天站下車，那麼在出站的一剎那，你可能會覺得恍惚：怎麼奉天火車站也是紅磚綠頂，從結構到樣式像極了你動身出發的京城站？這不奇怪：滿鐵奉天站的設計師是太田毅和吉田宗太郎，鮮鐵京城站的設計師

滿鐵奉天站

是塚本靖，他們共同的老師是日本第一代留洋的建築師辰野金吾。奉天站和京城站都是仿照老師設計的東京火車站而建。隨著日本軍事和資本拓殖東亞，辰野風格建築也遍及朝鮮、中國東北和臺灣，有著極鮮明的時代和政治烙印。

在奉天，滿鐵株式會社在火車站附近劃出附屬地，成為獨立王國。鐵路以東是市街區——和在京城一樣，你可以看到新規劃的齊整的馬路，電車、歐風建築、飯店、公園、百貨大樓和銀行。鐵路以西是工業區——日資開設工廠，多年以後這裡成為中國重要的工業基地：鐵西區。附屬地由滿鐵及日本軍警管理，中國政府無權插手。

其實在一九二五年，誰是「中國政府」本身就是問題。山海關內，軍閥廝殺混戰；孫中山當年三月逝世後，南方的國民革命政府於七月宣布成立，其時尚無力北伐統一。東北相對動盪較小——從袁世凱時期開始，張作霖就持續控制著東北，政治經濟秩序穩定。但張作霖也很警惕日本對東北的覬覦，他一面和日本保持一定合作，一面著力發展殖產，積累實力，希圖擺脫日本的束縛。

其中一項關鍵舉措，就是自主興建鐵路，以抗衡滿鐵。也是在一九二五年，張作霖開始修建從奉天到海龍再到吉林的鐵路。瀋海、吉海鐵路連接起清末建成的京奉鐵路，不但平行於途經長春的滿鐵，且直通關內，客運價格也較低廉。兩年以後，他開始在瀋陽另建一座屬京奉路系統的火車站，稱為奉天總站，也就是瀋陽人說的老北站，其規模和容量大大超過滿鐵奉天站。與此同時，他在靠近車站的位置開闢商埠區，吸納歐美資本的注入。商埠區南北兩市場緊圍滿鐵附屬地，同樣展開大規模的城市基礎設施建設，柏油路、下水道、電燈、洋樓、公園、市集湧現，城市風貌一新。

於是瀋陽的城市現代化，就在張氏帥府和滿鐵的複雜互動中開端。它的背景，是由鐵路串聯起的兩種資本型態的爭奪：殖民帝國資本和軍閥——民族資本。日本當然不能容忍這種公然挑釁，關東軍在一九二八年策劃皇姑屯事件，炸死了坐火車回奉天的張作霖。安放炸藥的地點在三洞橋，正是南滿鐵路和京奉鐵路的交叉點。但日本沒有料到，此事促使少帥張學良改旗易幟，加入蔣介石領導的南京國民政府，推動了中國名義上的政治統一。

京城和奉天，以及在殖民現代性中崛起的其他大型都市：上海、臺北、天津、南京等等，代表了第一次世界大戰後，東亞被納入了殖民帝國主導的資本主義世界。看看高樓、工廠、霓虹燈、有軌電車、現代通訊、大眾傳媒、電影院和商場，我們或許覺得，發展與建設是當時的時代潮流，東亞已經越來越「現代」。不錯，如果僅以經濟數據看，二十世紀二、三〇年代是東亞高速發展的時期。大正到昭和時期，日本本土的GDP年增長率超過三%。淪為殖民地的朝鮮半島，GDP年增長率在四%以上，超過日本，更遠超歐洲的一%。中國也是一樣，年增長約三．九%。所以有人用「黃金十年」來形容南京國民政府從一九二七年到一九三七年的建設成就。東亞經濟的急進，都市的脈動與歐美都會漸趨一致。隨著資本和資訊的聯合，東亞進入了全球性的「現代時間」序列。

但是，表面繁榮掩蓋了背後巨大的社會政治動盪。東亞進入「現代」有其契機，那就是第一次世界大戰對歐洲經濟社會的破壞。資本永遠尋求新的增長點，未受戰火摧殘的東亞世界成為新的應許之地。但資本又要衝破國家對它的控制，因此它的擴張必須輔之以殖民的深化。殖民勢力深度介入，使本就孱弱的國家政治能力更為弱化。

在朝鮮，以總督府、東洋拓殖會社為代表的日本殖民機構，以土地調查為名，大規模兼併農田，以擠壓傳統農業經濟的方式刺激城市工商業。大量失地的朝鮮農民或者進入城市成為工人，或者背井離鄉，遠赴中國東北、蘇俄和日本尋求機會。根據最新統計，到一九四四年，大約有一三％到二〇％的朝鮮人口移出半島、謀生海外。這批人的政治選擇，極大影響了戰後半島的政治狀況。朝鮮領導人金日成、金正日，韓國總統李承晚、朴正熙、李明博，都是一九四五年後由國外回到朝鮮半島的。

在中國，外國資本扶植在東北、江浙、華南、華北的地方勢力，相互勾結競爭，尋求政治上的代理。現代金融業在上海、天津興起，外資銀行開始將中國市場與國際市場對接，與軍閥混戰、國家政治能力衰微正相一致。各個地方的農村經濟都遭到工商業、金融業的侵入，傳統鄉村政治、社會結構開始鬆動、垮塌。但分裂的國家又沒有能力深入到農村基層建設新的秩序，只能任由金融資本的代理人左右其間，造成許多地區農村矛盾激化，這成為中國革命一個最核心的問題。

而在地方政權建設相對自主有序的地方，比如東北，殖民資本採取政治、經濟，甚至軍事上的壓制手段，防止本地國家能力過強。關東軍策劃的皇姑屯事件，就是這種壓制的表現。同理，民族資本和工人階級如不選擇合作，也被殖民資本抑制，以杜絕威脅。

即使是新興殖民帝國日本，國家能力也被削弱。大正時代，主導了明治政治的藩閥領袖逐步退場，代之而起的是政黨政治。後世學者稱這個時代為「大正民主」。可所謂「民主」的表象下，是毫無制約的金融資本擠壓農村和城市貧民，是大財閥左右國家權力、扶植利益代表，是政府能力的空洞化。由於政黨競爭架構，政治家行為能力有限，甚至由於暗殺事件頻繁，連自身安全都難保。而軍界人士，特別是強硬派軍人得以一步步擺脫國家控制，惡性膨脹。一九三二年石原莞爾等策劃九一八事變，侵占東北，強行綁架了日本政府的對外政策。

二十世紀二〇和三〇年代，是一個建設與動盪、發展與頹敗、秩序與失序並存的時代。不獨東亞，全世界幾乎都掙扎在這種矛盾和混亂之中：這是愛德華・卡爾（Edward H. Carr）稱之為「二十年危機」的時代。歐洲現代性危機在一戰第一次總爆發，它的政治和文化震盪經由一九一七年蘇維埃革命和一九一九年巴黎和會波及東亞，催生出韓國和中國知識精英們徹底告別儒家禮教、革新自救的巨大動力。在這之後，「破舊」的意識深入人心，但「破」之後「立」什麼，卻是一個更大的難題。本來，擁抱「現代」是個必然的選擇，可東亞進入「現代時間」之時，恰恰也是這個現代性暴露巨大危機之時。二〇到三〇年代，經濟蕭條和金融災難接踵而至，國際機制缺乏約束能力，歐美工人運動風起雲湧，社會批判思潮層出不窮，文學藝術領域的反叛浪潮（被冠以「現代派」之名）前赴後繼。本以為「現代文明」是解藥，可「現代」和「文明」本身失序了；本以為是民族的危機，原來是全球性危機的一個組成部分。

於是，東亞的思想者和實踐者提出了各種替代性的思路、方法和論述。他們面對的困境相似，但對問題的理解和解釋則大異其趣。從左翼的共產主義、社會主義，到右翼的國家主義、法西斯主義；從倡導個體解放，到重建鄉村社會，思想光譜異常複雜多元。東亞成為各種社會理論的試驗場。眾多思想都在訴諸實踐，很多直接失敗了，也有的在艱難摸索。在中國，以國共兩黨競爭為主線的歷史敘事，雖然簡化了當時情境的複雜性，但兩種不同的社會改造道路——以蔣介石為代表的國家主義和以毛澤東為代表的共產主義，的確可以說是當時最具代表性的對「現代」的探索。

在統一的時間序列中，東亞和歐洲面對的衝突和危機幾乎合拍：一戰後試圖規範、約束戰爭行為的國際努力最後都歸於失敗；經濟衰退，宣揚民族主義、種族主義的政治勢力在遭受重創的義大利和中部歐洲獲得中下層民眾的支持。一九三三年，希特勒經選舉上臺，隨即建立獨裁統治，德國由一個弱勢的民主共和國一變而為強勢的「第三帝國」。宣揚反共、國家至上、極端民族主義的法西斯主義迅速傳播到東亞，在日本和中國的青年軍官中頗有擁護者。一九三六年二月二十六日，日本皇道派軍官發動兵變，要清除元老、財閥、官僚、政黨這些「破壞國體之元凶」。兵變雖被鎮壓，但導致日後日本政治更受軍方把持，無可逆轉地倒向軍國主義。

第十章

從二戰到冷戰

用什麼「超克近代」？

「超克」是日語詞，對應英語中的overcome一詞。可以理解為超越、克服，甚至是征服。在二十世紀三、四〇年代，對殖民現代（所謂「近代」）的不滿，在日本的知識精英群體中日益增長，「超克近代」成為當時試圖掙脫西方束縛、尋找日本主體性的思想口號。

一九四一年十二月七日，當地時間清晨，日本聯合艦隊在山本五十六的精心策劃下，成功偷襲了美國在夏威夷珍珠港的海軍基地，重創美軍太平洋艦隊，「大東亞戰爭」爆發。此時距離馬修·培里率領美國軍艦首次「扣開」日本國門，將近九十年。

在中國人的歷史認知中，珍珠港事件是抗日戰爭及第二次世界大戰中的一個環節，它具有重要的轉折意義，但並不是歷史的起點。但在當時乃至今天許多日本人的認知中，它是同「滿洲事變」（侵占東北）、「支那事變」（全面侵華戰爭）完全不同的另一場戰爭，標誌著一個全新時代的打開。和培里的黑船來航一樣，這是使日本再度進入世界史的事件，也是日本對「近代」一次隆重的宣戰。

二戰當然是資本主義現代性危機的又一次總爆發，其根源是一戰後各種思潮和政治勢力在暫時掩蓋的危機中繼續發酵、撕扯。對它的分析理解，有不同的角度：經濟、政治、國際關係、社會、軍事等。其中一個不能忽視的視角，是思想。尤其是對於二戰中的太平洋戰場而言，這種思想的衝突至為激烈，至今也並未完全結束。

一九四二年七月，日美宣戰半年多後，日本一些知識精英在《文學界》雜誌召集下，在京都一家溫泉旅館，舉行了為期兩天的討論會，主題就叫「近代的超克」。這個日後被思想史研究者反覆提及的跨學科討論會，目的是探究「大東亞戰爭」的意義。站在今天，學者們的發言無疑是在美化侵略。但在當時，真正讓他們興奮的，並不只是戰爭本身，而是以對美開戰為標誌，徹底整理日本在近百年中的歷史定位。在他們看來，開戰並不只是對物質或權力的爭奪，而是日本對歐美主導的殖民現代體制，以及這個體制背後的一整套歷史文化觀，做一個徹底的了斷。用與會的京都大學哲學家高山岩男的話說，這代表了「非歐洲世界將要獨立於歐洲世界的趨勢或者事實」，而「滿洲事變、退出國聯、支那事變，貫穿這一連串具有世界史意義的」日本的意志，「不外乎是對立足於歐洲近代原理的世界秩序的抗議」。換句話說，對於當時這些知識人，這場戰爭的抵抗性更大於侵略性。

進入現代資本主義體系後，日本經歷了最初的經濟騰飛，也無可避免地遭遇到深重的社會危機。對歐美殖民現代性的質疑和批判，在十九世紀末二十世紀初就已經在日本的思想界、輿論界興起。亞細亞主義的訴求，是擺脫西方的殖民桎梏，建立一個獨立自主的亞洲共同體。這套邏輯又和「興亞」論結合，逐漸發展為日本對自身殖民亞洲的理論解釋。最早一批實踐亞細亞主義的政治家，包括創立了東亞同文會的貴族院議長近衛篤麿。他的兒子近衛文麿在二十世紀三〇年代後期和四〇年代前期數度出任首相，與東條英機一起創立了法西斯主義色彩濃厚的大政翼贊會。正是在近衛文麿任內，日本明確提出了建設「大東亞共榮圈」

的綱領和政策，發動了「大東亞戰爭」，使亞細亞主義思想與軍國主義實踐深度結合。

乍一看，日本的大東亞論述，以反現代的面目出現。可其根深蒂固的邏輯，仍然是殖民現代性帶來的。所謂「興亞」，正是「脫亞」的另一面向。它一方面反對歐美以種族主義、文明開化論為主基調的歷史觀，另一方面卻以標榜日本（或者東亞）的種族優越、文明獨特來對抗這種歷史觀。它一方面強調抵制歐美帝國、資本與殖民勢力的擴張，另一方面卻以「共榮」為名，大肆在中國、朝鮮和東南亞擴張自己的帝國、殖民和資本。也就是說，他們在用與「近代」完全一致的邏輯，完成「超克近代」的宏業。

日本的知識分子，尤其是那些對中國、對東亞有著深摯情感的知識分子，並非沒有意識到這其中的矛盾。著名的魯迅研究者竹內好（一九一〇—一九七七）就表達過這種困惑：「我們熱愛支那，熱愛支那的感情又反過來支撐我們自身的生命。支那成長起來，我們才能成長。這種成長的方式，曾經是我們確信不疑的。直至支那事變爆發，這確信土崩瓦解，被無情地撕裂。」「我們一直在懷疑，我們日本是否是在東亞建設的美名之下而欺凌弱小呢？」

以反殖為幌子的殖民侵略，反帝為藉口的帝國主義，這種理念與行為的分裂，只有在不斷擴大的戰爭中才能被暫時調和。這也就是為什麼，對美宣戰，成了彌合這種分裂的救命稻草。用日本思想家子安宣邦的話來形容：「支那事變」對於這些知識人來說，曾經像是黑夜裡沉重的、難以理解的晦暗；而「大東亞戰爭」則像一道明亮的光，快捷地消除了他們心中的這種晦暗。

在對美宣戰的一剎那，日本知識精英們被那種悲壯的抵抗意識所感召。珍珠港事件一個月之後，竹內好代表中國文學研究會發表〈大東亞戰爭與吾等的決意〉一文，歡呼「歷史被創造出來了！世界在一夜之間改變了面貌！」這與其說是對軍國主義的擁抱，不如說是對美宣戰讓他深深懷疑過的侵華戰爭改變了性質，他因此而如釋重負，「感動得發抖」：「正是在現在，一切都得到了證明……我們的疑惑雲消霧散……在東亞建立新秩序、民族解放的真正意義，在今天已經轉換成我們刻骨銘心的決意，」對他和他的同仁們而言，「大東亞戰爭成功地完成了支那事變，使它在世界史中獲得了生命」。「超克近代」，將西方，而非中國（以及亞洲其他國家）作為敵人，於是一切行為似乎有了積極的意義。

這是一種絕望的浪漫主義，書生氣的一廂情願。應該說，正是因為日本當時站在了殖民現代性的巔峰，收穫了巨大的工業和經濟成就，才更深刻地意識到這種現代性給這個世界帶來的巨大的危機。知識人的問題意識是對的，但藥方則錯得離譜。問題的癥結在於：用「大東亞」來超克「近代」，這個「東亞」，是以「非西方」的種族、文明界限來劃定的。而這個劃界的方法，正是構成殖民現代性理論的基本要素。它規避了資本主義、工業主義、殖民主義的跨地域性，把自身的現代困惑，歸結為兩個代表性空間（東方／西方）的種族、政治，和文化對立。不錯，「東洋的近代是歐洲強制的結果」（竹內好語），但殖民現代性並不僅僅屬人類某個特定文明，歐洲和亞洲也從來不是隔絕的。這種東西二元對立，根本抹殺了正被日本壓迫的中國、朝鮮等國的訴求，無視日本才是亞洲諸國最殘酷的殖民者的事實。

戰時的日本思想者，「守望著那一道彩虹一樣的彼岸光芒」（竹內好語）。可那個精神彼岸是虛幻的。日本走向全面戰爭，為此塑造了一個名為「西方／近代」的敵人，以彰顯自身的主體獨立。但所有的二元對立，都是相互映射、相互依存的。如果日本／亞洲是「西方／近代」的反題的話，那日本／亞洲就恰恰沒法脫離這個「西方／近代」而存在。在十八、十九世紀，歐美殖民者為了凸顯自身的優越性塑造了一個想像的「東方」，而二十世紀的日本為了精神獨立又塑造了一個與東洋對立的「西方」。向作為反面的「西方／近代」宣戰的同時，日本不可避免地把自身超越於東西對立的歷史經驗也否定了。就像江戶時代的日本知識精英試圖借用古學、國學完成「去中國的中國化」一樣，二十世紀上半葉的日本經歷著「去西方的西方化」。

以殖民「抵抗」殖民主義，以區域帝國主義回應全球帝國主義，無論在理論還是行動上，都被證明是不可行的。日本最終戰敗，它既沒有在思想上，也沒有在實踐上完成「近代的超克」，反而如美國思想史家哈里．哈若圖寧（Harry Harootunian）所言，「被近代超克」了。不但如此，它還使「大東亞」一詞成為負面資產，成了那個未完成的帝國幻夢的符號。

但是日本的侵略戰爭，卻有一個意料之外的結果，那就是使中國浴火重生。抗日戰爭是中國在近代以來遭遇到的最大危機，但也造就了一個契機，刺激了在重重困難中的全民政治動員。在二十世紀四〇年代，中國知識精英對國族構建的方向存在對立的兩種意見。以顧頡剛、傅斯年為代表的學者，認為中國應該加快現代國族的建設，強調「中華民族是一個」。

而翦伯贊、費孝通等透過戰時在西南的民族調查，主張認清中國族群的多樣性，正視中國概念的多元性存在，從政治平等入手實現團結。兩種民族構建的思路，在當時都有迫切性和合理性。前一種意見，得到蔣介石的支持和認可；後一種意見，則在中國共產黨的民族論述中找到同盟。

在社會革命背景下，種族／民族沒有成為中國政治的唯一單元。中國的現代民族國家建設，是在反對帝國主義和殖民主義的路徑上展開的，它強調在反帝反殖陣營中的人民聯合。即使是新中國成立後的民族識別工作，其目標也不是強化族群界限，而是以賦予各族平等政治權利為手段，最終實現消弭差別。在這個意義上，中國在抗戰以來的國族建構，雖然在很大程度上是以日本作為他者，但又與日本試圖以「西方」為鏡像的邏輯不同。其內含的革命性，有著超越狹隘民族／種族主義的特徵。在今天看來，這一歷史經驗，至少提供了一種思索超克殖民現代的可能。

從長崎到密蘇里號——日本的戰敗

一九四五年八月九日上午十一時零二分，美軍在日本九州的長崎，投下原子彈。長崎瞬間化為火海。

讓我們關注一個細節：長崎的原子彈（綽號「胖子」），投在浦上地區，原爆點在浦上天主教堂五百米的上空。浦上天主堂始建於十九世紀後期，由當地教徒籌資購地。此前，法國教士Bernard Petitjean在這裡發現，日本原來還存在大量的隱匿基督徒。浦上居民的祖輩就是在一六三八年島原之亂後躲避迫害來此。他們買下的這塊地，原屬村長。在兩個多世紀裡，隱匿基督徒不斷被帶到這個地點，被逼迫以「踏繪」宣示棄教。對他們的最後一次大規模迫害是在一八六七年。日本政府六年後終於解除了禁教令，被流放各處的倖存的基督徒回到浦上。他們為了紀念兩百多年的苦難，選擇在此建一座宗教家園。到一九二五年完工時，浦上天主堂為東亞地區最大的天主教堂。原爆時，教眾正在此作彌撒，慶祝聖母升天節。

長崎不但是十九世紀前日本對歐開放的唯一窗口，也是天主教在日本歷史最悠久的「聖城」，集中了本國大部分信教人口。它代表了日本在早期全球化中舉足輕重的地位和貢獻，目睹了日本天主教世紀的興衰，也孕育出最早向西歐學習的「蘭學」。在一九四五年八月九日十一時零二分那一瞬間，不只浦上天主堂的教眾，全日本三分之二的天主教徒被消滅，超過了此前三個多世紀殉教信徒的總和。加上三天之前的廣島原子彈，日本兩大城市裡有超過二十萬平民被戮。

兩顆原子彈，以及蘇聯紅軍八日對日宣戰，加速了日本接受無條件投降。八月十五日，日本昭和天皇首次「玉音放送」，透過廣播宣讀了〈終戰詔書〉。九月二日，盟軍受降儀式在停泊在東京灣外的美國海軍密蘇里戰艦上舉行。日本代表重光葵和梅津美治郎，以及盟軍代表道格拉斯・麥克阿瑟（Douglas MacArthur）等，分別在日本投降書上簽字。第二次世界大戰結束。

讓我們來關注另一個細節：九月二日密蘇里號上的受降儀式，在盟軍代表團身後的舷艙上，用鏡框掛著一面美國國旗。請仔細看：那面國旗是反掛的，而且星條數量較少。這是麥克阿瑟的有意安排。這面國旗是一八五三年美國海軍准將培里以炮艦入侵、迫日本「開國」時使用過的。因為旗的正面褪色嚴重，所以反掛。麥克阿瑟用這個姿態提醒著前來簽字的日本代表：請記住我們曾經來過，是我們把貴國國門打開的。現在，我們又來了。

於是，這場戰爭被這個符號定義了——日本必須再度接受「開國」，則或可在美國帶領下，重新進入「現代文明」。這代表了美國占領者對於日本為何發動戰爭、為何戰敗、戰爭性質為何、今後走向何方的最直截了當的解釋。

自那時起，日本進入了七年的美軍占領時期。「擁抱戰敗」的日本，接受了占領者全方位的改造。天皇重新成為虛君，其象徵性地位在戰後新憲法中確定下來；戰時的政黨、團體被解散；財閥解體；國家武裝被解除。但這段改造尚未完成，就因中國內戰結束以及韓戰爆發而中斷。冷戰格局籠罩東亞，美國對日政策，由抑制改為扶植，日本成為美國在東亞的冷戰前哨。戰前的財閥勢力和政治勢力被重新啟用，再武裝化的步伐也同時開始。一九五二年，在美國主持下，日本與部分同盟國簽訂《舊金山和約》，名義上恢復了主權，實則更緊密地依附於美國，成為美國天下體系中的一個「朝貢國」。

日本戰敗了，但七十多年來，日本的戰敗是以美國的戰勝來定義、解釋的。這場戰爭對

受降儀式中密蘇里號上反掛著的美國國旗（培里國旗）

1945年9月2日，美國海軍上將薩弗斯（John F. Shafroth）走過密蘇里號上的培里國旗。

於亞洲意味著什麼，對於被日本殖民的中國、朝鮮、東南亞意味著什麼，可說是晦暗不明。在日本如此，在美國如此，在整個西方世界也是如此。以至於到了二〇一三年，牛津大學歷史學家芮納．米德（Rana Mitter）要寫一本名叫《被遺忘的盟友》（*Forgotten Ally*）的書，提醒英語世界的讀者：中國是二戰太平洋戰場一個主要的角色。

以一八五三年培里帶來的美國國旗作為宣示，麥克阿瑟（以及戰後許多美國人）似乎認為，日本的錯誤僅僅在於它拒斥了「現代」，而美國要做的，是把它重新拉回「文明」。以哈佛大學賴世和（Edwin O. Reischauer）為代表的日本研究者，以「鎖國」到「開國」的「現代化」過程，作為理解日本歷史的主軸（這點與他的同事費正清的中國研究是一樣的），其影響至深。就連戰後大多數日本知識人，也是按照這個路徑來反省的。

可是怎麼解釋日本由文明的好學生，變成文明的敵人了呢？難道不恰恰是隨著培里來航，日本逐步接受了整套殖民現代的「文明教化」，並且沿著這個方向一路狂奔，最終走上軍國主義道路的嗎？在這條「現代化」道路上，美國一直是日本擴張的支持者，直到日本羽翼豐滿，拒絕了美國在亞洲的門戶開放，二者才由你儂我儂變為你死我活。

「你死我活」，只有這個詞可以形容太平洋戰場的殘酷。美國歷史學家約翰．道爾（John Dower）發現，二戰動員中，美國對待德國人和日本人的態度迥然不同。在區別「好德國人」和「納粹」的同時，美國兵常說「好的小日本就是死的小日本」。他在《毫無憐憫的戰爭》（*War without Mercy*）一書中認為，這來自於美國根深蒂固的種族主義、對東方人種的刻板偏見。宣戰後，美國將國內十一萬日裔美國人遣送集中營。戰爭宣傳中鋪天蓋地的種族話語、對日本人不加區分的妖魔化，體現了當時多數美國人對這場衝突的認知。

「文明教化」的邏輯，更無法解釋：為什麼要投下原子彈，為什麼要第二顆，為什麼是長崎？杜魯門（Harry S. Truman）的官方說法——儘快結束戰爭、減少五十萬到一百萬的美軍傷亡——是站不住腳的。美國歷史學家以詳盡的材料證明，剛繼任總統的杜魯門並沒有在這項決策中發揮多大作用，他很晚才得悉原子彈研製計畫。起決定作用的，是他仰賴的政治盟友、國務卿伯恩斯（James Byrnes）。日本在一九四五年夏已窮途末路，使用原子彈絕非結束戰爭的必要方式：蘇聯已承諾八月十五日出兵，而美國從截獲的情報中清楚地知道，一旦蘇聯宣戰，日本就會投降。伯恩斯不顧執行研究計畫的科學家的反對，執意把剛剛實驗成功的核彈投入使用。這位信奉種族隔離政策的南方政客的考量，是要趕在戰爭結束前，展示原子彈的威力，在心理上擊垮日本的同時，在戰略上震懾蘇聯。也因此，從一開始，原子彈要打擊的就不是軍事目標，而是開闊平敞、易於觀測、未被轟炸過的城市。核攻擊的命令，甚至在對日最後通牒《波茨坦宣言》發表前一天就已經下達了。

未經任何警告，美軍在廣島投下一顆鈾彈。意識到戰爭可能結束，蘇聯提早發動對關東軍的進攻，介入了太平洋戰場。美國又趕在日本政府做出反應之前，比原計畫提前兩天投下鈽彈。因為首選城市小倉天氣不佳，轟炸編隊遂轉至次選城市長崎。在編列目標時，軍方提出的最適合的城市，其實是京都。但戰爭部長史汀生（Henry L. Stimson）曾與妻子在那裡度蜜月，對這座古都格外喜愛，把它排除了。可長崎呢？長崎是最早向歐洲開放，也是接受西歐文化最久的城市，有什麼比長崎更能代表日本對西方文明的敞開呢？對這個莫大的反諷，張承志這樣概括：「……長崎的本質，是它與西歐的關係。這個港口，滿綴著日本與西歐的軼事，分娩過一部日本的開明史。最後，就在這塊生長著日本人『脫亞入歐』理想的土地上，西歐物質文明生產的原子彈瞄準了它，把它炸作了一個地獄。」

這場戰爭最根本的殖民性，被密蘇里號上的國旗掩蓋了。它成了一場普通的國家間對抗，只不過更為殘酷罷了。人類歷史上僅有的原子彈轟炸，以及最具破壞性的非核轟炸——東京轟炸，被理解為對日本偷襲珍珠港、屠殺鄰國百姓的正當報復，而不是和南京大屠殺一樣的反人類罪行。這樣一來，這場戰爭就被常規化了。從日本角度看，既然日本承受了人類歷史上最殘忍的對平民的虐殺，那麼自己在他國的罪行就算是得到了懲罰。日本不過是戰敗了，而且是它受到了更大的傷害。在道義和倫理上，日本沒有比美國更多的責任。

也是在這個意義上，美國主持的遠東國際軍事法庭，無法擔負起徹底清算戰爭罪責的任務。不要忘了，國際法本身就是殖民產物，四十年前它否定了韓國的主權，把歐美的殖民合法化，更沒有阻止日本踐踏亞洲。東京審判的十一名法官只有三人來自亞洲，其中又只有中國和菲律賓的法官來自受害國，剩下一位印度法官帕爾（Radhabinod Pal），出於批判英國殖民印度的立場，對打著反殖旗號的日本採取了無限同情的態度。由這樣的一個機構，來清算日本在亞洲的戰爭罪責，其虛弱、無力和不徹底的程度是可想而知的。日本右翼正是利用了這種虛弱性，試圖全盤否定東京審判，狡辯其為「勝者的審判」。

這的確是歷史認知最困難的地方：如果我們真要徹底追問南京大屠殺、七三一部隊、強徵「慰安婦」、重慶轟炸、三光政策、巴丹死亡行軍……我們就不能不同時追問廣島和長崎、東京轟炸，以及戰後對像岸信介、石井四郎這樣的眾多日本戰犯的包庇。否則，對戰爭性質的探究，勢必會被不疼不癢的法律、技術討論所遮蔽。而以對細節、數字和技術的窮究細考，來迴避對戰爭性質和政治意義的道義拷問，這不正是右翼最擅長的嗎？

對納粹的否定，不是在紐倫堡審判中完成的，而是在德國人不斷的倫理、歷史、文化、哲學拷問中完成的。對於日本的罪責，不是所有學者都能像反省奧斯維辛集中營那樣，從現代性危機，而不僅僅是發動戰爭的角度，來深刻反思它的起源。他們忽略了日本走向戰爭最深層的思維悖論：日本沒有拋棄現代，而恰是以一種掙扎的姿態，試圖「超克」現代。無法從這一點批判，就無法阻止右翼把戰爭浪漫化的衝動。

一九九三年，美國一批進步歷史學家，在史密森尼博物館舉辦展覽，反思原子彈對日本平民及人類的傷害，但遭到軍方和保守勢力的強烈阻撓，不得不撤下所有說明文字。今天，停泊在珍珠港紀念館外的密蘇里號軍艦上，培里國旗的複製品仍掛在那裡，它和那個拒絕徹底反省、仍不時為殖民主義招魂的日本，存在著必然和深刻的聯繫。

內戰，冷戰，熱戰

經由二戰，美國全面介入了東亞事務。戰後東亞，成為西方政治學界所謂「美國治下和平」（Pax Americana）的一個組成部分。不過「美國治下和平」這個詞對不同人有不同的含義。如果說，西半球大體上是在美蘇爭霸格局下維持著「冷」戰和平，那麼同一時期的東亞世界既沒有和平，其戰爭也絕非「冷」的。相反，冷戰東亞是由一系列殘酷的「熱」戰形塑的。這其中最具決定性、影響至今的幾場戰爭，是中國國共內戰、韓戰，和越戰。

這三場看似在不同時空下發生的衝突，有著很強的內在聯繫和一以貫之的脈絡。只不過不同立場的人對脈絡的理解大相逕庭。美國的主流論述，是把二戰後到蘇聯解體的歷史演進，看作是美國主導的「自由世界」與蘇聯主導的「共產主義世界」的對抗。東亞的戰爭，就是這種兩極對抗的局部表現，因此有不少人認為它們不過是美蘇陣營在東亞進行的「代理人戰爭」。但從東亞視角出發，這三場戰爭是二十世紀全球反殖、反帝、反霸鬥爭的組成部分，是東亞各民族尋求獨立自主、建設現代國家的過程。特別是，從二十世紀六〇年代起，中國就不再是蘇聯陣營的一分子，反而視蘇聯為霸權國家，完全超出了簡單的兩極框架。不同歷史認知混雜於地緣角逐的表象下，就出現了美國歷史學家布魯斯・康明思（Bruce Cumings）所說的「視差」：冷戰時代，美國當政者從來沒有理解東亞熱戰的真正意義。

一九四九年，毛澤東領導的共產黨贏得內戰，把國民黨逐出大陸，建立了中華人民共和國。幾乎沒有人能夠料到，在二戰結束僅僅四年後，曾經獲得世界所有大國支持的國民黨政權，會敗給一支主要由農民組成的革命武裝。中國在二戰中是美國最堅定的盟友，美國正是以此為前提，來安排戰後東亞秩序的。中國在這麼短的時間內倒向社會主義陣營，對美國而言是極大的挫敗。一九四九年後「誰丟失中國」（Who Lost China）的指責聲浪高漲，成為很長時間內討論中國問題的根本出發點。

在對「共產主義擴張」的恐懼中，參議員約瑟夫·麥卡錫（Joseph R. McCarthy）跳出來，大肆宣揚美國政府系統已經被共產黨滲透，並利用眾議院非美委員會等機構，在政府、學界、媒體以及文藝界大搞「忠誠」調查。二十世紀五〇年代的麥卡錫主義成為一場獵巫行動，一場打著愛國旗號，對左翼人士、社會主義同情者、甚至同性戀人士的公開迫害。在尋找「誰丟失中國」責任人時，許多中國研究者成了替罪羊。其中最突出的一位，是戰時曾擔任蔣介石顧問的歐文·拉鐵摩爾（Owen Lattimore）。麥卡錫宣稱這位著名的中國邊疆學家、蒙古學家是「蘇聯安插在美國的頭號間諜」。參議院內部安全委員會對他進行了長達十七個月的調查，試圖證明他在中國為蘇聯利益服務。儘管這些莫須有罪名幾年後都被推翻，但造成美國東亞學界普遍的緊張和恐慌。二十世紀六〇年代，拉鐵摩爾離開他工作多年的約翰·霍普金斯大學，遠赴英國。

調查中給拉鐵摩爾最大打擊的，是好友卡爾·魏特夫（Karl A. Wittfogel）的背叛。魏特夫是德國前共產黨員，他在遭納粹迫害後流亡美國，成了積極的反共人士。根據費正清的猜測，揭發檢舉拉鐵摩爾，是魏特夫不想再次忤逆當權者的意圖。諷刺的是，魏特夫最著名的觀點，卻是將整個東方的歷史概括為「專制」。冷戰時代，他的「東方專制主義」學說在美國和日本影響巨大。該學說把馬克思「亞細亞生產方式」理論曲解並極端化，認為農業帝國出於大面積水利灌溉的需要，強化中央集權的官僚體系，造成「東方」國家（比如中國、印度、俄羅斯）無可避免的專制性和停滯性。這個打著「社會科學」旗號，把種族主義與冷戰意識形態巧妙結合的理論，就像李約瑟（Joseph Needham）所言，是「只能與冷戰時期具體情況相聯繫才能理解的政治讀物」。

「誰丟失中國」與將日本「拉回文明」的思維是一致的，其前提即中國和日本都應該是（殖民現代）「文明」的一分子，只不過lost（「丟失」或者「迷失」）了。可是，正如杭士基（Noam Chomsky）所言：「只有你曾經擁有過這個東西，才可能談什麼丟失。」「丟失論」與其說是檢討，不如說延續了十八世紀以來歐洲思想界對東方的偏見。美國把太平洋戰爭僅看作是自由世界戰勝法西斯主義，卻並未認識到，對中國人來說，這是百年來反抗殖民主義和帝國主義的一個階段。

也因此，當一九五〇年韓戰爆發，美國自然視之為共產主義對自由世界的進攻。韓戰在美國常稱為「被遺忘的戰爭」。遺忘，並不是真的忘記了，而毋寧說，對於那場至今都沒有結束的慘烈衝突，美國從來沒有理解它的起因，所以更不清楚要如何表述。既然從未了解，又何談記憶？

一九四五年八月八日，廣島原爆兩天後，蘇聯對日宣戰，紅軍擊潰盤踞中國東北的關東軍，兵鋒直指朝鮮半島。十日，日本透過中立國表示願接受《波茨坦宣言》。十五日，在日本天皇發布終戰詔書當天，美軍迅速擬定了受降方案並提交蘇聯批准。在極為匆忙的情況下，來不及進軍朝鮮的美國，提出以北緯三十八度線為界，劃定蘇美在半島的受降區。

負責劃分工作的迪恩・魯斯克（Dean Rusk）後來回憶說，他和查爾斯・邦尼斯蒂爾（Charles Bonesteel）在十四日深夜接到任務，當時手上只有《國家地理》雜誌上的一張地圖。找不出半島上有什麼天然界限，他們便隨手把漢城以北的三十八度線拿出來作為分割方案。十六日，在接到美軍提交的受降方案後僅一天，蘇聯就批准了提議。一般認為，蘇聯之所以在攻勢正猛的情況下同意勒馬三八線，是想換取美國同意由蘇聯接管北海道。但共占日本的提議當時並未行諸文字，後被美國拒絕。

就這樣，作為軸心國的日本基本保全了傳統領土的完整；作為受害國的朝鮮，卻被莫名其妙地分割了。九月，美軍登陸半島，開始了在南方的統治。從一開始，占領軍就沒有把「朝鮮人希望什麼」放在考慮範圍內。美國最重要的戰略，是在東亞制衡蘇聯。因此和蘇聯在北方的做法相反，美軍政府拒絕承認朝鮮人自發組織的、主張自決的人民委員會，甚至為了鎮壓（在美國看來）有左翼傾向的人民委員會，大量任用曾為日本殖民機構效力的朝鮮人，並扶植長期在美居住、反共獨裁的李承晚。此舉在南方造成持續內亂。我們可以假想一下：如果在戰後的法國任用納粹扶植的維希政府官員來遏制抵抗組織，或者在中國任用原汪精衛政府的軍警鎮壓抗日一方，會是怎樣一番情景。

就這樣，三八線這條臨時劃定的受降分界線，在戰後四、五年裡，成了聚合朝鮮兩種敵對力量的政治分水嶺。北方由曾在滿洲從事武裝抗日的民族主義者領導，南方則充斥了曾參與絞殺他們的前日帝鷹犬。兩邊都認定只能以軍事手段統一全國。在朝鮮半島，殖民和反殖民的鬥爭沒有隨著日本投降而結束，反而隨著分治而內化、激化。這種對立必然走向內戰，至於是誰開第一槍，根本不是評判是非的關鍵。

六月二十五日，朝鮮人民軍發動攻勢，迅速攻克南方大部分地區。美國宣稱北方「侵略」，率聯合國軍介

韓戰中的姊弟

攝於1951年6月。

入朝鮮內戰，將戰線推到鴨綠江畔。在此後三年中，美軍在朝鮮投下比二戰中更多的炸彈，對平民使用了比二戰殺傷力更大的常規性武器。也是在朝鮮，美軍與中國軍隊正面交戰，卻陷入膠著。一九五三年，交戰雙方宣布停火（韓國並未在停火協議上簽字）。三八線這條日本受降線，逐漸演變成將朝韓正式分裂的國境線，以及朝鮮一方與美韓一方的軍事對峙線。韓戰是二戰後美國第一場沒有打贏的戰爭，但它刺激美國軍費猛增，促使國內軍工複合體系成型，成為日後影響美國政治的最大利益集團。

從二十世紀五〇年代後期直到九〇年代初，美國在韓國部署核武，朝鮮人在核陰影下生活了三十多年。我們當然應該反對今天朝鮮的核試驗，但正如康明斯所說，這個國家的行為並非毫無理性、不可理解。世界上很少有地方像朝鮮半島那樣，被一層疊一層早該解決卻並未解決的歷史問題糾結纏繞，同時展示著殖民、冷戰、後冷戰三個時代遺留的困境。直到今天，這場「被遺忘的戰爭」仍然被「遺忘」，甚至不僅僅是被美國人遺忘。

中國國共內戰和韓戰，刺激了美國擔憂東亞「赤化」的神經。美國從此改變對日政策，將日本由敵人改造成東亞冷戰的排頭兵。華盛頓與東京簽署安保條約，建立了維持至今的區域安全機制；同時扶植在臺灣和東南亞地區的反共勢力，構築圍堵中國的包圍圈。也正是為防範共產主義南下，美國的越南政策發生變化：儘管羅斯福（Franklin Delano Roosevelt）總統曾表示不支持法國繼續殖民印度支那，但從杜魯門到詹森（Lyndon B. Johnson），美國積極干涉越南的反殖抗爭，最終給越南（以及自己）帶來深重的創痛。

一九四五年，在二戰中曾受美國支持的越南獨立同盟發動八月革命，建立越南民主共和國。胡志明撰寫的《獨立宣言》，開篇即引用了美國《獨立宣言》和法國《人權宣言》，宣告越南人民和所有人一樣享有獨立自主的權利。但法、美卻似乎不認為越南人有權實踐法、美創制的公理，他們扶植日占時期的傀儡保大皇帝，先後軍事干涉越南的獨立運動。法國戰敗後，美國又複製在朝鮮的做法，在南越支持腐敗獨裁的天主教極端主義者吳廷琰，激化了南北矛盾。在蘇聯和中國的全力支援下，越盟在北方進行艱苦卓絕的抵抗，越盟支持的南方游擊隊也在農村展開人民戰爭，不斷打擊美軍和南越軍。

南越政府屢遭政變、虛弱不堪，於是美國親自上陣，逐步升級越戰，將自己拖入曠日持久的戰爭泥沼。美軍在南越開展「反叛亂作戰」，幾乎是在借鑑日本對付華北游擊隊的戰術，為切斷游擊隊與地方的聯繫，製造了多起震驚世界的大屠殺。為了破壞作為南北運輸線的「胡志明小徑」，美軍將戰火燃燒到毗鄰的柬埔寨和寮國，並使用化學武器，在叢林和農田中撒下後患無窮的橙劑，犯下嚴重的戰爭罪行。

以遏制共產主義為名的帝國擴張，最終讓美國在國內外的道義形象破產。六〇年代後期，反戰運動全球湧動，在美國國內更與民權運動相呼應，促使越戰一代年輕人重新檢視美國二十世紀以來的對外政策，強烈抨擊本國政府對亞洲人民的漠視。藉由民權和反越戰運動，美國戰後進步主義力量取得長足發展。一九七三年，美軍撤出越南。越戰成為美國歷史上最為徹底的一次軍事和政治雙重失敗。正是為了擺脫這種困境，尼克森（Richard Nixon）

政府最終選擇了對華接觸。

中國國共內戰、韓戰、越戰，中蘇由同盟走向分裂，以及中美走向和解，大致勾勒出東亞介入冷戰的方式。中國國共內戰促發美國將遏制戰略引入東亞，中美在朝鮮直接交戰，在越南間接對抗。中美與中蘇的博弈，而非美蘇間博弈，恐怕才是東亞冷戰的主線。中國與美蘇的博弈並不純是意識形態衝突，也不是純是國家利益的爭奪，而是十九世紀以來的殖民與反殖民、霸權與反霸抗爭的深化。一九四九年後中國國家建設的艱難和曲折、日韓經濟的借勢起飛，也只有放置在長期熱戰的背景下，才能被充分理解。

作為第三世界的「亞洲」

二〇一七年夏天，中國和印度在洞朗地區的軍事對峙，引發了全球關注。雖然洞朗並非爭議領土，但兩個新興大國之間的緊張，不由讓人聯想到一九六二年冬天中印邊境的那場戰爭。那是冷戰時代，擺脫殖民統治的亞洲大國之間第一次軍事衝突，而衝突的直接原因——主權與領土爭端，長期困擾兩國關係，至今未能解決。

關於一九六二年的中印邊境自衛反擊戰，已有諸多討論和研究。這場戰爭的意義，不能僅僅放在雙邊領土衝突的框架下認識，而必須置於更寬廣的視域中，看到殖民主義、冷戰，和民族主義之間的相互糾纏。它體現的是擺脫殖民後的亞洲國家，在新的歷史困境中的身分焦慮。「亞洲」概念在反殖前提下被賦予新的含義，但與此同時，也面臨新的挑戰。

冷戰，至少在亞洲，很難用美蘇兩極對抗的模式去理解。一九六二年的衝突之後，印度被美蘇兩國拉攏，在冷戰中後期，更靠近蘇聯陣營。中國則徹底脫離了蘇聯陣營，與美蘇同時對抗。中國的兩線作戰，在有的歷史學者看來，是再次自我孤立和封閉的佐證。這個說法有可商榷之處：中國同時被美蘇圍堵，恰恰使自己不依附任何一極。中國把反霸反殖當作歷史使命，積極推動第三世界國家的合作，做出拒斥冷戰格局的另類選擇。從二十世紀五〇年代，中國就提出並貫徹著「和平共處」的新國際關係準則，到一九七四年毛澤東完成了「第三世界」論述，這些原則和理念到今天已經被廣為接受。這段所謂「孤立」時代，恰恰是新中國在國際舞臺上話語實力（或者說「軟實力」）最強的時代。

而和平共處、實現第三世界在反殖反帝基礎上的合作，正是中國和印度這兩個最大的發展中國家，在二十世紀五〇年代共同提倡的。印度是最早承認中華人民共和國的大國之一。兩個國家的意識形態相近但不完全一致，它們的關係，是以反對殖民主義、倡導民族獨立為紐帶而連結的。印度總理尼赫魯（Jawaharlal Nehru）借用泰戈爾（Rabindranath Tagore）的泛亞主義浪漫表述，讓「中印是親兄弟」（Hindi-Chini bhai-bhai）的口號廣為流傳，但真正促成中印蜜月期的，並不是源遠流長的古代交往或者文化親緣，而是反殖獨立之後相似的國內外挑戰。

和平共處五項原則雖是普遍性的，但提出它的背景，卻一點兒也不抽象。它所針對的最緊迫挑戰，是新獨立的國家之間，如何處理殖民主義遺產，特別是殖民者為自身利益，人為劃定的邊界問題。一九五〇年代初，在中印、中緬邊界談判中，周恩來、尼赫魯及緬甸總理吳努共同提出處理雙邊關係的基本準則。「互相尊重領土主權、互不侵犯、互不干涉內政、平等互惠、和平共處」的精神，最早是用來處理中印、中緬雙邊關係，然後逐漸擴大為各國間普遍適用的一般準則。可以說，新中國成立以來貫徹始終的基本外交原則，是在具體處理與亞洲新獨立國家間關係的基礎上形成的。這成為中國及亞洲對當代國際社會最了不起的貢獻之一。

也是在這個背景下，我們才能理解，為什麼一九五五年萬隆會議能夠成為冷戰陰霾下一個難得的亮點。在尼赫魯首倡下，四月十八日至二十四日，部分亞洲和非洲國家，在印尼的萬隆，召開了首屆亞非會議。這是歷史上第一次沒有歐美殖民國家參與的、代表了世界半數以上人口的大會。也是在尼赫魯的堅持下，和大多數與會國並未建交的中國，受邀出席會議，首次在這種大型多邊的國際舞臺上表達求同存異、團結合作的政治理念。

當時全球冷戰格局已經形成，但與會者最終擱置意識形態分歧，把議題集中在亞非各國如何實現政治獨立、擺脫經濟依附上。「求同存異」並不是謀求妥協調和的權宜之計，而是各國面對獨立後政治、經濟並未真正自主的新問題，提出超越兩極格局、建設現代國家的第三條道路。中、印、緬三國首倡的和平共處五項原則，被完整納入會議公報和宣言中。經由此次亞非會議，「亞洲」的概念和「非洲」一道，成為反對一切形式（包括蘇聯）殖民主義的新政治概念。和日本二十世紀的「亞細亞主義」不同，這裡的「亞洲」超越了東西方對立，成為第三世界反殖獨立的標籤，這是對分割世界的冷戰兩極格局一個強有力的回應。

新亞洲概念不僅僅是一個口號。萬隆之後，第三世界國家開展了大規模的政治、經濟合作。這次會議為不結盟運動、南南合作奠定了堅實的基礎。冷戰時期的中國，「亞洲」常常作為反殖革命的概念而出現。中國把和平共處原則當作長期的外交基石，把促進亞洲、非洲和拉美國家的團結互助，當作外交工作的主軸之一。中國全力支援第三世界國家的經濟和社會建設，特別是為非洲提供了包括農業、醫療、基礎設施在內的大量援助。這種國際主義精神曾經在後冷戰時代受到嘲諷，但在今天看來，卻是那個年代留給崛起中國的最寶貴的歷史資產。

政府間倡導的互助合作又極大地刺激了民間的交往。在二〇一七年第三期的《亞洲研究學刊》上，美國歷史學者郭旭光（Arunabh Ghosh）利用新的數據編年，指出在二十世紀五〇年代，中印民間貿易、科技、文化交往遠比高層互訪頻密得多。文章質疑以往研究的問題取向，即過於強調中印高層外交或一九六二年的領土衝突，忽視了半官方和民間的密切互動。新興國家間的政治文化合作也拓展到體育領域：一九六三年，為抗議國際奧委會藉體育推行帝國主義與殖民主義議程，印尼另起爐灶，舉辦了第一屆「新興力量運動會」，除少數歐洲國家外，四十八個參賽隊伍主要來自亞非拉。萬隆會議精神成為與奧林匹克精神並列的賽會宗旨。

當然，我們也不應迴避，作為反殖概念的「亞洲」，在實踐過程中遇到重重困境，新興力量最終沒能實現它所期待的願景。其中一個原因是冷戰。霸權國家的競爭，一方面迫使不少國家屈從於現實政治壓力，另一方面把爭奪輸入這些國家的國內政治，導致政權顛覆甚至內戰。一九六五年，印尼發生軍事政變，蘇哈托推翻了親左翼的蘇卡諾政權，在美國介入下，建立獨裁的軍政府，血洗印尼共產黨及無辜華人。印尼由第三世界獨立的倡導者，變為美國東亞遏制戰略的一環。而冷戰在全球大部分地區結束後，不結盟運動也因為失去了主要著力點而漸入低潮。隨著新一輪全球化帶來的資源、財富重組，世界權力格局更為複雜。發達與欠發達同時出現在第三世界，甚至同時出現在一個國家內部。

但更為關鍵的是，以民族國家為基本單位的反殖民運動，其本身就存在難以克服的邏輯悖論：因為民族主義恰恰是從殖民主義中衍生出來的，許多新獨立的民族國家，本身就是殖民產物。民族國家賴以存在的諸多機制，比如邊界、國籍、族裔身分等等，是隨著殖民現代性的到來才到來的。不要說非洲、東南亞許多社群在被殖民者占領之前並不存在歐洲意義上的國家型態，就是印度，在被英國強行整合之前，也只是一個鬆散的區域概念而非嚴格的主權國家概念。亞洲、非洲的反殖民訴求，強化了各自國家內部的民族主義，帶來國家、族群邊界的固化和絕對化。「界而治之」，本是宗主國控制殖民地的手段，但當反殖民的民族主義也依照這套邊界想像自身，則必然令新獨立國家在處理內部族裔關係，以及相互間關係時十分麻煩。這也是為什麼，二戰後層出不窮的邊界、族群爭端，幾乎都和殖民主義歷史有著扯不斷的關係。

殖民者走了，但卻在世界各處埋下了日後種族衝突、國家衝突的禍根。一九四七年，末代英屬印度總督蒙巴頓（Louis Mountbatten）提出，把英屬印度分為印度教人口為主的印度，和穆斯林為主的巴基斯坦（包括孟加拉），以此實現印巴兩個新國家各自獨立的方案。印巴分治導致大量本在印度教地區居住的穆斯林，以及在巴基斯坦居住的印度教和錫克教徒，被強行遷徙。據統計，僅一九四七年幾個月間，總遷移人數就超過一千四百五十萬。短期內大規模的人口強制交換，造成本來混居共處的族群間慘烈的暴力衝突、種族仇殺和報復，留下難以癒合的傷口。再加上喀什米爾地區的領土爭議，印巴兩國世代交惡。

除了與巴基斯坦的主權爭端，印度還出兵占領錫金，控制不丹，並聲索由英國單方面劃給英屬印度的中國藏南地區。中印之間的領土糾紛，實際是英國殖民者統治印度次大陸、染指西藏、覬覦中國內亞邊疆的產物。但當這些殖民時代的遺留問題被新獨立的民族國家繼承，就演化成了在民族主義旗號包裹下的國家利益衝突。

當被殖民者以強烈的身分意識訴求主體獨立之時，他們沒有意識到，這個邊際清晰的主體，並不是他們以為的歷史的本然，而恰是藉由被殖民經驗而來的新發明。所以越是要以想像的主體身分來反抗，就越落入壓迫者的邏輯而無法自拔。這就像是陳光興所批評的後殖民論述：「即使是具有高度的批判意識，卻依然卡死在殖民史所侷限的範圍內，還沒有能夠擺脫寄生於殖民主義的命運。」

儘管如此，作為第三世界的「亞洲」概念仍然有其歷史意義，不能輕易地否定。它在嚴酷的兩極對抗環境下，指出當今世界的根本矛盾並非東西對立，而是南北差異。它的確更多是一種理想主義，在現實中也遇到諸多困難，但畢竟在很大程度上將和平互惠的基本理念付諸實施，提出了一種超越殖民現代性的路徑。更關鍵的是，它為中國展開了一個遠比中—西二元格局更宏大的視野，讓中國找到了作為「第三世界」一員的政治認同。在冷戰格局雖大體結束，但殖民資本主義體系仍然主導世界的今天，它為當代中國與其他國家和地區的合作提供了彌足珍貴的思想和政治資源，提示我們不斷探索不同於殖民現代性的另類發展觀。

從「東亞奇蹟」到「亞洲價值」

一九六四年十月，日本東京舉辦了第十八屆奧運會。在十日的開幕式上，十九歲的早稻田大學學生坂井義則，點燃了奧運火炬。坂井出生於原爆當天的廣島，選擇由他點燃火炬，宣示著一種歷史觀：戰後十九年，日本由痛苦地新生，已健美地長成。

經歷了初期的低迷之後，日本經濟從二十世紀五〇年代開始，從廢墟中快速崛起。一九六〇年，池田勇人政府推出國民所得倍增計畫，日本國內生產總值（GDP）實現高速增長。就在奧運會開幕前十天，世界上第一條商業運營的高速鐵路——東京到大阪間的東海道新幹線——正式開通運營。從一九五五年到一九七三年，日本年均GDP增長率超過九％。一九六八年，日本超過西德，一九七八年更超過蘇聯，成為世界第二大經濟體。這一紀錄一直保持到二〇一〇年。

不只是日本，在冷戰期間，從屬美國陣營的諸多東亞經濟體，都實現了工業化和經濟騰飛。在日本帶動下，東亞「四小龍」（韓國、新加坡、臺灣和香港）從六〇年代開始也迅速崛起，最高經濟增速達一〇％。東亞經濟的整體發展又在八〇年代之後帶動數個東南亞經濟體的快速增長，出現了所謂「四小虎」（馬來西亞、泰國、印尼和菲律賓）。一九九三年九月，世界銀行發布了名為《東亞的奇蹟》的報告，把這些國家／地區所取得的矚目的經濟成就歸結為「東亞模式」。這也是第一次，「東亞」與某種經濟增長現象掛鉤，代表了一種「成功」的發展主義觀念。

經濟學家們對東亞模式的內涵提出過不同理解。代表性的觀點，包括政府對產業的大力介入、依託開放的市場施行出口導向型發展、吸納外來資本、產業適時升級（由初期的勞動力密集型過渡到資本技術密集型）、實現比較優勢戰略等等。學者們還把東亞產業的梯次發展，總結成「雁行模式」：日本作為領頭雁，帶動了小龍小虎們的起飛。眾多關於「東亞奇蹟」的討論中，還有一種文化主義觀點，引發過很多討論。這是馬來西亞總理馬哈迪和新加坡總理李光耀提出的「亞洲價值」說。這個理論認為，儒家文化崇奉集體主義、尊重權威、選賢任能、重文教、尚節儉，是這個區域能夠在資本主義體系裡獲得成功的關鍵。它針對主流經濟學家們的市場中心主義，強調制度（特別是國家）和文化的重要性。

怎麼看待「東亞奇蹟」和「亞洲模式」，甚至到底有沒有「亞洲模式」，是個爭議很大的話題。日本經濟自二十世紀九〇年代以來陷入低迷。一九九七年的金融危機又重創了東亞不少新興經濟體。曾經引領一時風騷的奇蹟說和價值說，在出現後沒多久，就遭遇現實的尷尬。關於它們的討論雖然仍不時見諸報端，但冷卻了許多，「亞洲價值」也少了當年的理直氣壯。對東亞經濟體曾經的輝煌成功，到現在也沒有一個統一的理解。

其實當年的各種爭論，不過是將「亞洲」變成了一個承載不同社會經濟理念和意識形態的籮筐，從凱因斯主義到新自由主義，從新威權主義到制度經濟學，各思想流派都用自己信奉的一套價值系統來解釋亞洲。亞洲／東亞再次被相互矛盾的知識、概念系統所塑造，無論其成功與失敗，都成了證明某種超然理念的論據。關於它的討論，可以看成是冷戰到後冷戰時代，全球資本主義體系主導理論之間的一場觀念競爭。

本書想強調的是，對東亞所謂奇蹟的認知，不能僅從經濟發展角度出發，而脫離冷戰的歷史環境。美國為遏制蘇聯和中國，在東亞建立了舊金山和約體制，這是東亞「奇蹟」能夠發生的歷史前提。誠然，這種解釋並不新鮮，也並不是東亞經濟起飛的充分條件——就像許多論者指出，並不是所有受到美國支援的國家和地區都實現了經濟高增長——但它是日本和「四小龍」崛起的必要條件。它提醒我們不但要歷史地看待東亞經濟體取得的成就，也要歷史地看待同時代中國曲折艱難的工業化、現代化道路。

一九五二年，以美國為首的部分同盟國同日本簽訂的《舊金山和約》生效，日本名義上恢復了主權。和約簽署國中既沒有中國的代表，也沒有朝鮮半島的代表，因此在此後的幾十年中，中日、日韓之間諸多領土爭端，都與這個片面的條約相關。美國在被託管的沖繩駐紮大量軍隊，並且在一九七二年把沖繩主權移交日本後繼續保留軍事基地。同時，美國還在韓國、臺灣等地駐軍，形成掎制中國的包圍圈。

韓戰爆發後，美國在日本實施「特殊採購」政策，直接由日本為美軍提供戰爭所需物資和服務。此項政策令日本經濟由低迷迅速走向振興。特殊採購金額由一九五〇年的不到一點五億美元，增長到第二年的五點九二億美元，並在一九五二和一九五三年達到八點二四和八點一億美元。這是什麼概念呢？以一九五三年為例，僅此一項，就占了當年日本所賺外匯的二八・一%。韓戰結束後，特殊採購政策又持續了一段時間，之後美日在經濟上高度合作。為了冷戰，美國必須把日本緊緊維繫在美國主導的資本主義體系之中。向日本產品開放市場，實質上是讓日本的經濟深度融合於美國體制。

從二十世紀六〇年代開始，美日又把韓國和臺灣等地納入到這一體系中來。一九六五年，韓日建交，日本很快向韓國提供五億美元援助，幫助朴正熙政府走出經濟困境。和韓戰對日本經濟的意義類似，美國捲入的越戰，也成為韓國經濟騰飛的起點。越戰中，韓國不但派出了總數僅次於美國的作戰部隊，而且也得到美國支付的總計超過十億美元的特需費。韓國企業趁機紛紛進軍越南，從越南流回韓國的資金，極大地刺激了國內經濟建設，成為「漢江奇蹟」的重要催化劑。韓國人均國民生產總值（GNP）從一九六四年的一百零三美元，一躍而至一九七四年的五百四十一美元。也就是從這時候開始，韓國經濟開始超過朝鮮。

在東亞經濟起飛的過程中，殖民現代性的陰影始終揮之不去。日裔美籍學者酒井直樹指出：「美國（對中國）的封鎖政策成功與否，關鍵在於能否將作為資本主義模範生的日本維繫在自由主義陣營中……如何在中日之間打入楔子、在日本國內釀成對中國的反感，是美國遠東政策的核心所在。」他引用外交史專家弗雷德里克．丹（Frederick S. Dunn）的觀點，認為《舊金山和約》的起草人、後擔任美國國務卿的杜勒斯（John Foster Dulles），其基本對日戰略就是「利用日本人抱有的對中國、朝鮮、俄國人的社會優越感，強調成為自由主義陣營世界成員……的高度優越性，即可說服日本人留在自由主義陣營中」。這種殖民性的種族優越感也體現在參加越戰的韓國軍隊身上。韓國派出的青龍、白虎、白馬等兵團，參與了對越南平民的屠殺和強姦。據統計，韓軍虐殺的平民人數不低於九千，給越南留下深刻的創痛。

由於無法擺脫新殖民主義的桎梏，冷戰環境下長成的所謂「東亞奇蹟」，很快就暴露出虛弱的一面。一九七九年，哈佛大學教授傅高義（Ezra Vogel）發表《日本第一》（*Japan as No. 1*）一書，盛讚日本經濟取得的成就。沉浸在讚譽中的日本財閥，此時開始大規模登陸美國，收購了眾多企業、地產。索尼公司創辦人盛田昭夫和右翼政客石原慎太郎志得意滿，在一九八九年出版《日本可以說不》，高調批評美國的種族優越感，宣揚日本要在經濟、外交等各領域擺脫控制，實現真正的獨立自主。彼時，冷戰已近尾聲，隨著中美在東亞攜手，蘇聯威脅消退，日本在美國戰略中的重要性下降。日本資金的大舉湧入，讓感到威脅的美國轉而「敲打日本」，美國媒體開始不斷宣傳「日本威脅論」。一九八五年，美、英、法、西德與日本簽署《廣場協議》，干預日圓匯率，迫使日圓急速升值。陷入泡沫化的日本經濟從此再未能恢復元氣，步入一個接一個的「失去的十年」。不存在完整的政治主權，何來的底氣說不呢？

很長一段時間以來，論者們以「東亞奇蹟」對比同時代中國「落後」的經濟狀況，把日本和四小龍當作中國經濟發展的榜樣。但是，討論經濟發展從來不能脫離其時代環境。我們要看到，從二十世紀五〇年代到七〇年代，中國國家建設、經濟發展，是在怎樣的安全形勢下進行的。當日本、韓國、臺灣地區等的防務基本由美國代管時，中國必須把大部分力量用來確保主權領土不受侵犯；在時刻準備戰爭的條件下，國家不可能把全部重心放到經濟建設上。當上述地區可以依靠外國的資本技術注入、依靠外部市場實現發展，中國卻在大多數時間內被兩個超級大國遏制，既得不到外部資金，也得不到外部市場。

一窮二白的底子，加上只能自力更生的形勢，中國的社會主義經濟建設，就是在這種局面下展開的。新中國前三十年中曾犯下嚴重的錯誤，走過彎路，教訓慘痛，但就經濟社會整體發展而言，其巨大成就仍應肯定。一九五〇到一九八〇年的三十年間，中國的總人口增加了一點六倍，人均壽命預期也提高了一點六倍。哪怕一九八〇年出生的人只是維持二十世紀五〇年代的平均溫飽水準，其背後的實際經濟增長都是驚人的。更不要說，在嚴峻的壓力下，中國建成了世界上只有少數國家才有的自主、完整的工業體系（儘管當時整體水準還不高、輕重工業比重也不合理）。美國歷史學家馬思樂（Maurice Meisner）指出，從一九五二年至一九七七年，中國的工業生產以年均一一・三%的速度增長，是世界現代史中任何一個國家在相似的時間段內都從未達到過的最高增速。以一個貧窮的農業大國，在不依靠殖民掠奪、外部援助也很少的情況下，完成了初級工業化，歷史上鮮有先例。這在很大程度上，是靠全民維持低收入水準、「勒緊褲腰帶」實現的。雖然它也反映出建國初期經濟政策在績效、資源分配上的諸多弊病，但從另一方面看，社會主義體制下，社會整體公平程度顯著改善，尤其是醫療和教育大為普及，女性地位也顯著提高。這不但保證了國家大體穩定，也為後來的市場化改革，培養了大批身體和文化素質很高的勞動者，奠定了改革開放後經濟起飛的社會基礎。

一九六四年十月十六日，在坂井義則點燃東京奧運會火炬後的第七天，中國成功試爆了第一顆原子彈，安全形勢極大改觀。之後中美相互接近，終於在一九七八年實現關係正常化。中國領導人也因此做出了「和平與發展是時代主題」的戰略判斷，把工作重心轉移到經濟增長、提高效率上。在引入市場機制初期，美、日的支持雖不可否認，但發揮更大作用的，則是過去數百年來形成的、覆蓋東亞和東南亞的華商網絡。依託他們的資金、技術和供銷渠道，中國出口加工產品順利接入國際市場，積累起改革時代的第一筆資產。某種程度上說，中國的經濟起飛不是轉而依靠殖民現代性，更像是回歸到從早期全球化時代就已發端的歷史脈絡。

在重重壓力下不斷修正錯誤，不依附於帝國，也不靠某種超驗的「價值」。或許中國起起伏伏的崛起之路，才是更值得學者們探討的「東亞奇蹟」吧。

如何記憶東亞現代

全球化時代，國家間日益相互依存，區域整合也在以不同的方式深化。而在東亞，儘管目前除朝鮮外的各個經濟體都是全球化的重要參與者，且體量已超過北美和歐洲，但區域合作卻異常艱難。這其中有外部因素：美國一直試圖以「亞太」概念消解「東亞」作為政治區域的有效性。但同樣重要的是內部因素。還不要說頻繁引爆公眾輿論的領土爭端（釣魚臺、獨島、南千島群島、東海和南海……），東亞的每個國家之間、每個政治體之間，甚至一國之內的不同社會之間，都存在矛盾重重的歷史記憶。歷史問題成為東亞合作最難以克服的障礙。

當我們作為遊客，走進不同國家的紀念館，就能立刻體會到，現代國家塑造的歷史記憶，是如何與現實中的政治對立相互包裹的。九一八紀念館、南京大屠殺紀念館對日本軍國主義的控訴，靖國神社遊就館裡對「大東亞戰爭」的粉飾，以及為在東京審判中主張日本無罪的印度法官帕爾豎立的紀念碑，廣島原爆紀念館裡「錯誤不會再犯」的誓言，首爾的韓國戰爭紀念館裡對壬辰戰爭和韓戰的解讀，以及今天遍布世界各地的「慰安婦」少女雕像……這些錯綜複雜的記憶呈現，很難用一個整齊劃一的框架來認知。作為觀察者，我們必須把它們一一還原到各自的歷史情境中，並且結合東亞社會在現代史上的整體際遇，才能大略體會它們看上去那麼難以協調的原因。

和歐洲與北美不同，東亞和「現代」的關係始終是糾結不清的。串聯這種關係的，不僅僅是冷戰的對峙、日本從明治到昭和的擴張，更是十九世紀以來殖民現代性對區域的徹底改造。這既包括政治、經濟、社會關係上的全方位衝擊，也包括對原有知識體系和自我認知的顛覆。因此，僅批判日本逃避戰爭罪責是不夠的，把東亞矛盾簡單歸結為民族主義也是不夠的。我們需要看到，對區域歷史認知的模糊，從東亞受到殖民現代衝擊之初就已開始。日本的脫亞，和東亞自認「封閉落後」、「閉關鎖國」的邏輯高度一致。我們對自身歷史的否棄，有時並不輸於日本對其侵略歷史的否棄。

困擾今天東亞的歷史認知問題，歸根結柢不是對於某一場戰爭、某一個（群）人、某一件事的責任認定，而是我們對於現代性觀念的認定。從十九世紀後期開始，東亞逐漸接受了一種以民族國家為單位的、單向流動的、發展主義時間觀：歷史是不斷走向「進步」的過程；人類從「野蠻」走向「文明」；未來要比過去更「先進」；我們挨打的原因在於「落後」，而落後的原因在於「封閉保守」。這套邏輯要求我們永遠站在「文明的勝利者」角度，否定「蒙昧的野蠻人」。只是，誰代表文明和勝利，誰代表蒙昧和失敗？如果只能以力量、財富、技術作為評判標準——所謂富國強兵——那麼這種「文明」裡還有沒有道義、公平和正義的位置？如果一個有機的社群，在力量、財富和技術上處於弱勢，是否意味著這個社群在種族上是低劣的、在文明層次上是低等的？當他們遭到侵犯和凌辱，我們是應該指責侵略者不義，還是被侵略者不夠「先進」？

幾十年來，「落後就要挨打」的邏輯，是鞭策國人努力發展的動力。今天，中國比過去一百年來的任何時候，都更接近復興。如果目前的發展勢頭持續，那麼在可見的未來，中國一定會在國際社會承擔越來越舉足輕重的角色。中國人的歷史觀、發展觀和世界觀，會在人類社會產生指標性意義。正是在這個歷史節點，我們需要反思：發展主義的現代化史觀，會怎樣塑造人類社會的未來？我們也需要重新探索中國及東亞走向現代的路徑，認識到它如何和其他區域一起，共同締造了全球化，又如何對不公不義的殖民主義和帝國主義堅決抵抗。

隨著中國經濟的崛起，中國恐怕必然會面臨當年曾經困惑過日本知識人的、如何超越（殖民）現代的問題。日本近代的亞洲想像，本身帶著揮之不去的殖民主義和帝國主義色彩，其實踐無疑是失敗的。但它當年意識到的資本主義、殖民主義困境並不一定是個假問題。它的失敗是它選擇了與殖民帝國相同的邏輯，即仍然以想像中東方與西方、文明與野蠻的對立來試圖超越。但這個失敗並不證明殖民現代性的正確，而是凸顯了超越它的艱難。戰後的日本，不少知識人主張重新發現「中國」的意義，以「中國為方法」。在他們看來，恰恰是被日本蔑視的中國，從晚清到五四，從魯迅到毛澤東，在對傳統和殖民現代性的雙重批判中，實現了自我改造，走上了一條不依附歐美的、獨特的現代化道路。也許其中包含某種理想化的願景，但這種他者的思考，也是對今天走在世界前沿的中國的期待。

任何一種發展都必然伴隨著危機。隨著東亞／中國與世界體系的高度融合，這個體系的任何一種危機，都會在東亞區域乃至中國國內產生震盪。貧困問題、環境變遷、核戰陰影、金融風險、平等缺失、身分認同、主權爭端、宗教極端主義……幾乎所有這些現代性困境，都反映在東亞區域甚至中國內部的問題上。因此應對這些環環相扣的問題，只能超越靜態的民族國家框架，看到形成它們的全球性根源以及歷史縱深。反過來，中國和東亞區域對這些問題的求解，也就具有了世界性意義。近年來中國學界對何為東亞、何為中國的討論日漸增多，正體現了知識界對重新探討歷史認知、區域認知的迫切要求。

越是要說清楚東亞，越無法離開產生它的這個現代時間觀。越要釐清它在現代時間中的展開，越不可避免地要檢討現代時間觀念本身存在的問題。在歷史學界，批判「歐洲中心主義」已經是老生常談。但所謂歐洲中心主義的要害，並不在於從（作為空間單位的）歐洲出發看歷史，而在於起源於十八世紀歐洲的那種想像時間展開的方式：歷史是一個指向特定方向、實現特定價值的進化過程。這種時間觀念是工業主義、資本主義式的：機械、統一、標準化，並且與基督教世界觀有著深刻的內在聯繫。人類社會極為多樣的歷史經驗，以及理解這些經驗的方式，都被排列在一條線性時間軸上。可是，不同人對歷史發展怎麼可能有相同的節奏感、過渡感和斷代感呢？比如，「中世紀」、「啟蒙」、「文藝復興」這些產生於資本主義時代的歷史分期，不但和非歐世界的時間脈絡關聯不大，就是生活在那些時代的歐洲人也感受不到。即使是對某一自然年的「客觀」表述，當採用「一八四〇年」、「庚子年」、「（清）道光二十年」、「（日本）天保十一年」，或是「（朝鮮）憲宗六年」時，其背後指向的時空感和意涵也大相逕庭。

時間並不是統一的。在物理學如此，在歷史學就更是如此。觀察者對歷史材料的介入，很大程度決定了歷史呈現的形態。時間感也是主觀介入的結果。破除歐洲中心主義，本質上是打破殖民主義藉由近代工業文明帶來的那種單一線性史觀的壟斷。但需要強調的是，打破歐洲中心主義，一定不是用另外的中心主義進行替換（比如中國中心主義或者日本中心主義）。破除線性時間的神話，並不意味我們要回到復古的儒家時間觀、循環的佛教時間觀或者是朝代史觀。就好像我們今天反省民族國家體系的問題，並不意味著要回到「天下」體系。所謂打破，是說我們應嘗試用多元的時間觀看待世界，以各種不同的視角審視過去以及現在，在相互交叉、影響的網絡下，歷史的意義方能更完整地顯現。

回到東亞和現代的關係。我們是否「現代」過？我認為是的。東亞世界很早就開始了自身的現代轉變，它是人類社會整體轉型的一個組成部分。只是這種進入現代的方式，在歐洲殖民主義到來後被否定了，變成了很扭曲的東西。人類的現代不是由某一個局部起源、再擴展到全球的，而是在不同社會間緊密交往、彼此相遇的過程中共同塑造的。沒有同東亞、南亞、美洲、非洲的互動，歐洲的現代化也不會以我們所知的方式呈現。因此，「現代」是內在於東亞的。討論東亞現代，既不必言必稱西方，也不必刻意迴避西方。正視外部世界帶來的衝擊，但不把這種衝擊看作是唯一的歷史推動力，而要探尋外部衝擊如何在遭遇、反應過程中內化為本土歷史動力的過程。

黑格爾以來的主流歷史觀，是把時間絕對化，地方相對化，不同的人類社會成為絕對時間軸上的一個個階段性組成。而「發現東亞」，則試圖做一個反向努力：從一個區域視角出發，探討世界歷史時間如何在這個空間展開。歷史不是走向某個統一終點的過程，甚至不一定是一個「向前」的線性過程。「現代」的多元性也體現於此。轉換視角的結果，則是發現無論「東亞」還是「中國」，都不是固定不變的、本質性的實體，更不為某種文化本質論（比如漢字、儒家、佛教）所概括。中國或東亞是一個動態過程，塑造它們的過程持續到當下，而且恐怕永遠也不會結束。正如美國史家濮德培所言：「我們描述東亞地區的豐富收穫，並不是得出一個固定的概念，而是用這個分類去探究複雜的文化身分形成過程。『東亞』各個社會並非一定要共享某些相同的價值或制度結構，但它們都介入了相互交換、拒斥和爭論的過程。東亞區域的歷史應該首要關注社會交往的貫穿渠道。」

追尋東亞的現代歷程，是探索現代這個歷史情境在東亞的內在展開，以及它和十九世紀到來的「殖民現代」的複雜關係，打破後者對現代的壟斷性闡釋。這樣做的目的，並非為了論證東亞或者中國的特殊性，更不是要抬高東亞而貶低歐美，而毋寧說是提示歷史發展的另一種路徑，為認識昨天、今天、未來提供一個新的維度。如果我們可以從東亞視角提供認識歷史的另類線索，那麼我們同樣也可以從南亞、中亞、中東、非洲、拉美，或者從跨區域的視角來提供解讀。只有在這種多元碰撞下，才能形成比較完整的人類記憶的網絡。而借助發現另外的可能，我們或可對未來有更多的期許。

主要參考書目

中文

白永瑞，《思想東亞：朝鮮半島視角的歷史與實踐》，北京：生活・讀書・新知三聯書店，二〇一一。

濱下武志，《中國、東亞與全球經濟：區域和歷史的視角》，北京：社會科學文獻出版社，二〇〇九。

布魯斯・卡明斯，《視差：美國與東亞的關係》，北京：生活・讀書・新知三聯書店，二〇一六。

陳光興，《去帝國：亞洲作為方法》，臺北：行人出版社，二〇〇六。

費正清，《中國的世界秩序：傳統中國的對外關係》，北京：中國社會科學出版社，二〇一〇。

葛兆光，《宅茲中國：重建有關「中國」的歷史論述》，北京：中華書局，二〇一一。

溝口雄三，《中國作為方法》，北京：生活・讀書・新知三聯書店，二〇一一。
拉鐵摩爾，《中國的亞洲內陸邊疆》，南京：江蘇人民出版社，二〇一七。
李伯重，《火槍與帳簿：早期經濟全球化時代的中國與東亞世界》，北京：生活・讀書・新知三聯書店，二〇一七。
孫歌，《我們為什麼要談東亞：狀況中的政治與歷史》，北京：生活・讀書・新知三聯書店，二〇一一。
汪暉，《現代中國思想的興起》，北京：生活・讀書・新知三聯書店，二〇〇四。
竹內好，《近代的超克》，北京：生活・讀書・新知三聯書店，二〇〇五。

英文

Blusse, Leonard. *Visible Cities: Canton, Nagasaki, and Batavia and the Coming of the Americans.* Cambridge, Mass.: Harvard University Press, 2008.

Crossley, Pamela Kyle, Helen F. Siu, and Donald S. Sutton. eds., *Empire at the Margins: Culture, Ethnicity, and Frontier in Early Modern China.* Berkeley: University of California Press, 2006.

Duara, Prasenjit. *The Global and Regional in China's Nation-Formation.* London: Routledge,

2009.

Elverskog, Johan. *Our Great Qing: The Mongols, Buddhism, and the State in Late Imperial China.* Honolulu: University of Hawaii Press 2006.

Holcombe, Charles. *A History of East Asia: From the Origins of Civilization to the Twenty-First Century.* 1st edition. Cambridge: Cambridge University Press, 2010.

Liu, Lydia He. *The Clash of Empires: The Invention of China in Modern World Making.* Cambridge, Mass.: Harvard University Press, 2004.

Perdue, Peter C. "Eurasia in World History: Reflections on Time and Space." http://worldhistoryconnected.press.illinois.edu/5.2/perdue.html.

Rawski, Evelyn. *Early Modern China and Northeast Asia: Cross-Border Perspectives.* Cambridge: Cambridge University Press, 2015.

Takeshi Hamashita, Giovanni Arrighi and Mark Selden. eds., *The Resurgence of East Asia: 500, 150 and 50 Year Perspectives.* London: Routledge, 2004.

Zhao Gang. "Reinventing China: Imperial Qing Ideology and the Rise of Modern Chinese National Identity in the Early Twentieth Century." *Modern China* 32, no. 1 (2006): 3-30.

歷史大講堂
發現東亞：現代東亞如何成形？全球視野下的關鍵大歷史

2019年10月初版　　定價：新臺幣390元
2021年12月初版第二刷

著　　者　宋念申
叢書編輯　張　擎
校　　對　吳美滿
內文排版　極翔排版公司
封面設計　許晉維

出版者　聯經出版事業股份有限公司
地址　新北市汐止區大同路一段369號1樓
叢書主編電話　(02)86925588轉5305
台北聯經書房　台北市新生南路三段94號
電話　(02)23620308
台中分公司　台中市北區崇德路一段198號
暨門市電話　(04)22312023
台中電子信箱　e-mail：linking2@ms42.hinet.net
郵政劃撥帳戶第0100559-3號
郵撥電話　(02)23620308
印刷者　世和印製企業有限公司
總經銷　聯合發行股份有限公司
發行所　新北市新店區寶橋路235巷6弄6號2樓
電話　(02)29178022

副總編輯　陳逸華
總編輯　涂豐恩
總經理　陳芝宇
社長　羅國俊
發行人　林載爵

行政院新聞局出版事業登記證局版臺業字第0130號

本書如有缺頁，破損，倒裝請寄回台北聯經書房更換。　ISBN 978-957-08-5400-8 (平裝)
聯經網址：www.linkingbooks.com.tw
電子信箱：linking@udngroup.com

本書中文繁體字版由新經典文化股份有限公司授權出版

國家圖書館出版品預行編目資料

發現東亞：現代東亞如何成形？全球視野下的關鍵大歷史/
宋念申著．初版．新北市．聯經．2019年10月．344面．14.8×21公分
（歷史大講堂）
ISBN 978-957-08-5400-8（平裝）
[2021年12月初版第二刷]

1.歷史　2.東亞

730.1　　108016127